Illisibilité partielle

VALABLE POUR TOUT OU PARTIE DU DOCUMENT REPRODUIT

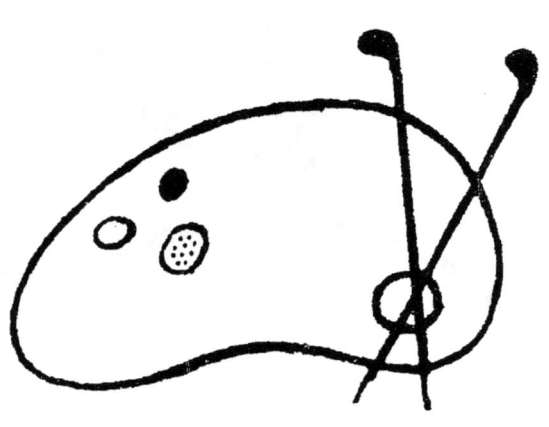

Début d'une série de documents en couleur

BONS AUTEURS A **1** FRANC LE VOLUME

XAVIER DE MONTÉPIN

LES
VIVEURS
D'AUTREFOIS

PARIS
A. DEGORCE-CADOT, ÉDITEUR
9, RUE DE VERNEUIL, 9

A l'étranger 1 fr. 25 et par poste

ŒUVRES DE GUSTAVE AIMARD

A 3 fr. le volume

LES CHASSEURS MEXICAINS, avec gravure. . . . . 1 vol.
DONA FLOR. . . . . 1 vol.
LES FILS DE LA TORTUE, 2e édition, avec gravure. . . . . 1 vol.
L'ARAUCAN, 2e édition, avec gravure. . . . . 1 vol.

A 2 fr. le volume

UNE VENDETTA MEXICAINE, avec gravure. . . . . 1 vol.

OUVRAGES GRAND IN-4° ILLUSTRÉS

(VOIR LE CATALOGUE GÉNÉRAL)

GUSTAVE AIMARD ET JULES D'AURIAC

A 1 fr. 25 le volume

L'AIGLE-NOIR DES DACOTAHS. . . . . 1 vol.
LES PIEDS-FOURCHUS . . . . 1 vol.
LE MANGEUR DE POUDRE. . . . . 1 vol.
L'ESPRIT BLANC. . . . . 1 vol.
LE SCALPEUR DES OTTAWAS. . . . . 1 vol.
LES FORESTIERS DU MICHIGAN . . . . 1 vol.
ŒIL-DE-FEU. . . . . 1 vol.
CŒUR-DE-PANTHÈRE . . . . 1 vol.
LES TERRES D'OR. . . . . 1 vol.
JIM L'INDIEN. . . . . 1 vol.
RAYON-DE-SOLEIL. . . . . 1 vol.

F. AUREAU. — IMPRIMERIE DE LAGNY

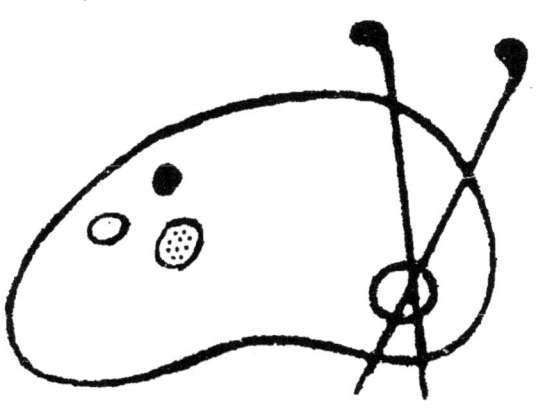

Fin d'une série de documents en couleur

LES
VIVEURS D'AUTREFOIS

LIBRAIRIE DEGORCE-CADOT

COLLECTION DES BONS AUTEURS
à 1 fr. le volume
Étranger et par Poste, *franco*, 1 fr. 25

GUSTAVE AIMARD
Le Lion du Désert....... 1 vol.

ÉLIE BERTHET
Le Nid de Cigognes..... 1 vol.
Les Mystères de la famille 1 vol.
L'Étang de Précigny..... 1 vol.
Le Garde-Chasse........ 1 vol.
Le Roi des Ménétriers... 1 vol.

CHAMPFLEURY
La Succession Le Camus. 1 vol.

ERNEST CAPENDU
Marcof-le-Malouin........ 1 vol.
Le Marquis de Loc-Ronan 1 vol.

CHARLES DESLYS
La Jarretière rose....... 1 vol.
L'Aveugle de Bagnolet.. 1 vol.
Simples Récits.......... 1 vol.

ARMAND DURANTIN
Mariage de Prêtre........ 1 vol.
Un Jésuite de robe courte 1 vol.

Marquis DE FOUDRAS
Les Deux Couronnes.... 1 vol.
Soudards et Lovelaces... 1 vol.
Tristan de Beauregard.. 1 vol.
Les Gentilshommes chasseurs............... 1 vol.

DE GONDRECOURT
Médine................ 2 vol.

HENRY DE KOCK
Les Amoureux de Pierrefonds................ 1 vol.
Les Mystères du Village. 2 vol.

Ninie Guignon........... 1 vol.
Une Coquine............ 1 vol.
La Fée aux Amourettes.. 1 vol.
Ma Petite Cousine....... 1 vol.
Marianne............... 1 vol.
Les Quatre baisers...... 1 vol.
Je me tuerai demain.... 1 vol.
Mlle Croquemitaine...... 1 vol.
Qui est le Papa ?....... 1 vol.

ALEX. DE LAVERGNE
Le Comte de Mansfeld... 1 vol.
La Recherche de l'inconnue............... 1 vol.

XAVIER DE MONTÉPIN
La Sirène............... 1 vol.
Les Amours d'un fou.... 1 vol.
La Perle du Palais-Royal. 1 vol.
Sœur Suzanne.......... 2 vol.
Les Viveurs d'autrefois.. 1 vol.
Les Valets de Cœur..... 1 vol.
Un Drame en famille.... 1 vol.
La Duchesse de la Tour-du-Pic................ 1 vol.
Mam'zelle Mélie......... 1 vol.
Amour de grande dame.. 1 vol.
L'Agent de police....... 1 vol.
La Traite des Blanches.. 1 vol.

LOUIS NOIR
Jean Chacal............. 1 vol.

B.-H. RÉVOIL
Chasses et Pêches de l'autre monde......... 1 vol.

ADRIEN ROBERT
Léandres et Isabelles.... 1 vol.

A partir d'Octobre 1879, la Collection s'augmentera mensuellement de deux ou trois volumes d'Auteurs choisis.

F. Aureau. — Imp. de Lagny

XAVIER DE MONTÉPIN

LES VIVEURS D'AUTREFOIS

PARIS
A. DEGORCE-CADOT, ÉDITEUR
9, RUE DE VERNEUIL, 9

Tous droits réservés

PROLOGUE

Près du Pont-Neuf.

C'était en 1764, et par conséquent dans les dernières années du règne de Sa Majesté Louis XV, surnommé *le bien-aimé*, environ un quart de siècle auparavant, dans une de ces heures de fol enthousiasme qui sont comme le premier amour des peuples.

Qu'on n'aille pas supposer, en nous voyant donner une date précise à notre récit, que nous ayons le moins du monde la pensée de nous lancer dans le très-épineux et très-vaste champ du roman historique. Notre préférence du moment, nous l'avouons sans le moindre détour, est pour la libre et capricieuse fantaisie du roman d'intrigue, de même qu'il nous arrive quelquefois d'être plus réellement charmé par un simple médaillon de Boucher ou de Watteau que par une grande toile de Lebrun. Le passage du Granique est, à coup sûr, une fort belle chose, nous n'en disconviendrons pas, mais une bergère qui dort coquettement sur un gazon parsemé de primevères et de violettes en est une ravissante... Passons...

L'hiver touchait à sa fin, dans l'almanach du moins, car, du reste, le temps était froid et humide ; neuf heures du soir sonnaient successivement à toutes les horloges de Paris ; la nuit était profonde, et la mèche fumeuse des réverbères inventés par M. de la Reynie ne jetait, de distance en distance, que d'incertaines lueurs dans l'obscurité.

Aujourd'hui, quand vient le soir, le gaz s'allume, les magasins resplendissent, la foule est plus animée, et devient à chaque instant plus nombreuse ; on dirait, en un mot, qu'une surabondance de vie s'est tout à coup répandue dans le sein de la grande cité, qui tressaille de plaisir. A cette époque il s'en fallait de beaucoup que les choses se passassent ainsi, et à dater de la fin du crépuscule du soir, jusqu'au commencement de celui du matin, la plupart des rues restaient silencieuses et désertes, ce qui n'était ni gai ni sûr.

Sur le quai qui longe le vieux Louvre des Valois, un peu avant le fameux balcon du haut duquel le badaud parisien croit sérieusement que Charles IX a fait feu sur son peuple, un homme marchait avec une rapidité inégale, preuve certaine d'un esprit en proie à une vive agitation. Il allait, s'arrêtait encore. Son allure avait quelque chose de heurté, de saccadé, si l'on peut se servir de ces expressions en pareil cas, et certainement une ronde du guet qui eût passé près de là aurait observé cet homme pour tâcher de découvrir quelles craintes ou quels projets causaient l'incohérence de ses mouvements.

Du reste, les ténèbres, plus opaques encore en cet endroit que partout ailleurs, en raison des brouillards qui s'élevaient incessamment du fleuve, n'eussent pas permis de distinguer les traits du promeneur solitaire ; seulement, à la rigueur, on aurait pu voir qu'il s'enveloppait d'un court et sombre manteau jeté sur l'épaule gauche, suivant la mode espagnole, et qu'il avait rabattu sur la partie supérieure de son visage un chapeau de feutre aux bords larges et flexibles. Ces détails trahissaient certainement une intention ou une nécessité de mystère, assez gauchement combinées.

Cependant l'homme au manteau, comme s'il eût tout à coup oublié les précautions dont il voulait s'environner pour n'être pas reconnu, s'était mis à fredonner du bout de ses lèvres ce fragment d'un des plus célèbres *ponts-neufs* du temps de la Régence :

> De l'argent
> Du régent
> Dubois se sert à sa guise ;
> Cardinal
> Sans égal,
> Nul mieux que lui ne se grise.

Puis, de même qu'il avait fait pour la marche, il s'interrompait et recommençait bientôt cet autre couplet :

> Mousquetaire
> Ne peut taire
> Les conquêtes qu'il sait faire,
> Et du sexe en cotillon
> La Fillon
> Garde maint échantillon.

Voyons maintenant ce qui se passait en même temps à quelques centaines de pas plus loin.

Deux gardes-françaises, ivres comme des courtisans de monseigneur le duc d'Orléans, régent du royaume, venaient de traverser, *en festonnant*, le pont Neuf, et maugréaient entre leurs dents contre l'insuffisance de la largeur du quai.

— Sacrebleu! morbleu! palsambleu! que le pavé du roi est gras! s'écria l'un de ces ivrognes qui se relevait péniblement après être tombé tout de son long.

— C'est le parlement qui en est cause, répliqua l'autre entre deux hoquets.

— Fleur-d'Amour, mon camarade... Fleur-d'Amour... on dirait... o...u...i, le diable m'emporte... on dirait... presque... que nous sommes... gris... et pourtant nous n'avons... guère bu...

— Pompon-d'Or, mon ami, répondit impétueusement l'irascible Fleur-d'Amour, quel est le malôtru qui oserait dire cela? Montre-le moi, que je le démolisse *subito*, comme disait ma petite brune de Guastalla, tu sais bien?

En ce moment, un homme passa près d'eux, les regarda furtivement, fort étonné de leurs gestes et de leurs exclamations, puis continua son chemin en pressant un peu le pas.

C'était un petit vieillard chauve et de débile apparence. Il était vêtu avec une certaine recherche sous la houppelande qui le garantissait du froid, et il assurait sa marche sur le pavé glissant, en s'appuyant sur une haute canne d'ébène à pomme d'or ciselée.

— Holà ! ho! l'ami ! dit le premier des gardes-françaises, c'est-il toi...

Le petit vieillard marcha encore plus vite.

— Si tu ne viens pas ici, je vais aller te chercher, répéta le soudard, en fortifiant sa menace d'un juron trop peu parlementaire pour que nous nous permettions de le répéter ici.

Le petit vieillard s'arrêta, car il ne sentait pas en lui la force de fuir si on le poursuivait.

— Est-ce à moi, messieurs, que vous parlez ? demanda-t-il d'une voix doucereuse et quelque peu tremblante.

— Et à qui donc parlerions-nous, bourgeois de Paris ? répondit le second garde-française. Serait-ce à ces maisons qui dansent en dormant, ou au cheval de feu le roi Henri IV, qui piaffe sur son piédestal ? c'est à toi... à toi seul... et voilà mon camarade Fleur-d'Amour, qui va t'expliquer... comme... comment... de la manière... Voyons, Fleur-d'Amour, explique donc à ce petit vieux... moi je ne peux pas, j'ai le gosier trop sec.

— Voilà la chose, l'ancien, balbutia Fleur-d'Amour : comme dit très-bien mon camarade Pompon-d'Or ici présent, nous avons... c'est-à-dire nous avions... oui nous avons... ah ! sacrebleu !... mille diables ! je tourne... tout tourne... tu tournes aussi, vieux Gaulois; veux-tu bien rester tranquille !

Et en parlant ainsi, Fleur-d'Amour s'était emparé du bras droit du petit vieillard, tandis que Pompon-d'Or exécutait la même manœuvre de l'autre côté.

— Vilains ivrognes, voulez-vous bien me lâcher? s'écria le petit vieillard en se débattant avec plus d'énergie que l'on n'eût pu en attendre de sa chétive apparence.

Mais les deux soudards n'avaient garde d'abandonner le point d'appui que le ciel leur avait envoyé, et plus le vieillard se débattait, plus les soldats se cramponnaient à lui en jurant : c'eût été vraiment une lutte tout à la fois comique et pénible à contempler.

— Qu'est-ce à dire, mon fils aîné, grogna Pompon-d'Or, nous nous *rébellionnons* contre la discipline de l'armée française! nous n'aimons donc pas le roi Louis XV? ah! fi donc! fi donc!

—Ah! fi donc! répéta Fleur-d'Amour comme un écho.

Et il saisit le petit vieillard par sa cravate, qu'il se mit à tourner en spirale, ce qui pouvait devenir dangereux à la longue.

— Donne-nous des nouvelles de ton épouse, vieux...

Le mot un peu leste se perdit heureusement dans un hoquet formidable de Pompon-d'Or, qui allait le prononcer.

— Viens nous payer à boire ou sinon... reprit Fleur-d'Amour d'un ton tout à fait menaçant.

— Infâmes canailles! beugla le pauvre prisonnier en s'arrachant par un brusque et dernier effort à l'étreinte de ses oppresseurs chancelants; je vais aller porter plainte à M. le lieutenant de police, et nous verrons s'il est permis à des soldats du roi de...

— Ah ! vil bourgeois, tu traites les gardes-françaises de canailles, interrompirent les deux soldats, et tu veux aller te plaindre au lieutenant de police, dont nous nous fichons pas mal, par parenthèse! Eh bien ! va le prier de raccommoder les boutonnières que nous allons faire à ta houppelande? Voyons, flamberge au vent! nous sommes bons enfants et nous te permettons de te défendre ; en garde donc !

En même temps ils attaquèrent leur victime, qui s'était acculée contre la prochaine muraille, et qui se mit en devoir de parer avec sa canne les coups d'espadon qu'on allait lui porter, tout en criant de toute la force de ses poumons :

— Au secours! au secours! on assassine un pauvre vieillard sans défense! au secours! au secours.

Revenons au jeune homme dont nous avons parlé d'abord.

Après avoir continué, pendant quelques moments encore, sa bizarre promenade, il avait semblé se décider tout à coup à prendre un parti qui ne manquait point d'une certaine originalité. Il descendit lentement le talus formé par la rive du fleuve, qu'un parapet ne bordait pas comme aujourd'hui ; arrivé au bord de l'eau, il dégrafa son épée qu'il posa par terre ; ôta son large feutre qu'il mit à côté de son épée, et détachant son manteau, il le jeta sur le tout avec un mouvement rempli d'insouciance. Cela fait, il recula de trois ou quatre pas, comme pour prendre son élan et se précipiter la tête la première dans la rivière, très-profonde en cet endroit. Une seconde de plus, et il se lançait dans l'éternité !... un bruit soudain, lamentable, arriva jusqu'à lui. Il s'arrêta, prêta l'oreille, et entendit ces mots, distinctement prononcés à peu de distance :

— Au secours ! au secours ! on assassine un pauvre vieillard sans défense ! au secours ! au secours...

Après un rapide instant d'hésitation, le jeune homme reprit son épée, regrimpa le talus avec une agilité merveilleuse ; puis arrivé sur le quai, il s'arrêta un moment pour prêter l'oreille. De nouveaux cris lui parvinrent ; nous en savons l'origine.

Sans réfléchir ni écouter plus longtemps, il courut à toutes jambes du côté du Pont-Neuf, et il aperçut bientôt, à la lueur tremblante d'un réverbère, la lutte de nos trois personnages. L'inégalité apparente d'un pareil combat le révolta d'abord, et il s'apprêtait à se jeter résolûment sur les gardes-françaises, quand, en les examinant avec plus d'attention, il reconnut que les pauvres diables étaient ivres à ne pouvoir se tenir sur leurs jambes, et que la manière gauche dont ils se servaient de leurs armes rendait celles-ci au moins aussi dangereuses pour eux-mêmes que pour le vieillard qu'ils attaquaient. Toutefois, comme ce dernier semblait prendre sa position au sérieux, et qu'en définitive un malheur est bientôt arrivé, le jeune homme tira son épée, se mit en garde ; et après deux ou trois passes vigoureuses, fit sauter à dix pas les espadons des deux soldats.

Tandis qu'ils s'en allaient à tâtons, chancelant comme des aveugles et jurant comme des renégats, ramasser leurs rapières dans la boue, le petit vieillard se jeta presque dans les bras du jeune homme, en lui disant d'une voix encore toute frémissante d'anxiété :

— O mon gentilhomme, mon cher seigneur, vous m'avez sauvé la vie, et j'en suis bien reconnaissant; mais, de grâce! soyez bon, soyez grand, soyez généreux jusqu'au bout, en me permettant de vous accompagner jusque chez vous, ou dans quelque lieu que vous alliez! vous le voyez, je suis sans armes; de plus mes forces se sont épuisées dans le combat que j'ai soutenu : si vous me laissez seul, ces mécréants m'attaqueront de nouveau, rien n'est plus certain, et si je ne meurs pas de quelque coup d'épée, la peur me tuera, c'est sûr... je me connais.

— Je ne puis en conscience vous emmener avec moi, dit le jeune homme, et le temps me manque pour vous reconduire chez vous, monsieur; mes moments sont comptés.

— Ne me reconduisez pas si vous avez des affaires d'un autre côté, reprit le vieillard; mais souffrez que j'aille avec vous... je vous jure que je serai discret, s'il s'agit, comme je n'en doute pas, d'une affaire d'amour. J'ai connu cela autrefois, continua-t-il en baissant la voix et en faisant un geste mystérieux.

Le jeune homme sourit avec amertume, et la lueur du réverbère donnant en plein sur son visage, le petit vieillard remarqua ce sourire, et il ajouta :

— Laissez-vous attendrir, mon beau, mon cher seigneur du bon Dieu! vous ne vous en repentirez pas, je vous le promets!

—Venez donc avec moi si vous le voulez absolument, répondit le jeune homme en souriant de nouveau ; mais en me rappelant votre contenance de tout à l'heure, je puis être bien sûr que vous ne me suivrez pas jusqu'au bout.

— Et où donc allez-vous, mon gentilhomme?

— Vous le saurez bientôt si vous me suivez, comme vous l'avez dit il n'y a qu'un moment.

— Au bout du monde s'il le faut! s'écria le vieillard en jetant un coup d'œil à la dérobée sur les deux gardes-françaises, qui semblaient se consulter à quelque distance sur ce qu'ils devaient faire : malgré leur ivresse, la menace d'une plainte au lieutenant de police leur paraissait une chose très-grave, et c'était sérieusement que, pour l'empêcher, ils avaient voulu tuer le vieillard. Les ivrognes ne voient jamais qu'un côté des questions.

— Eh bien! venez donc, dit une seconde fois le jeune homme en se mettant en mouvement.

Suivi de près par le vieillard, qui lui marchait sur les talons, il reparcourut le chemin qu'il avait fait quelques minutes auparavant, et parvenu au bord de la Seine, il redescendit le talus, juste à l'endroit où gisaient encore son feutre et son manteau.

— Qu'allez-vous faire, bon Dieu? lui demanda son compagnon en voyant qu'il se débarrassait de son épée.

— Ce que je vais faire, mon cher monsieur? me baigner, pour savoir si je réussirai à me noyer.

— Vous ne parlez pas sérieusement, j'imagine, dit le vieillard, qui reprit une grande partie de ses terreurs.

— Très-sérieusement, je vous jure; je suis las de la

vie, et pour en finir plus vite avec elle, j'étais venu ici pour me jeter dans la rivière, lorsque j'ai entendu vos cris. Ces drôles sont partis, je pense ; vous n'avez plus besoin de moi, je reviens donc à mon projet. Voyons, monsieur, reculez-vous un peu, je pourrais vous éclabousser.

— Vous noyer ! miséricorde divine ! s'écria le petit vieillard avec force. Je l'empêcherai, mon gentilhomme ! je l'empêcherai, dussé-je m'accrocher à vos vêtements, pour savoir si vous aurez le courage de m'entraîner dans la rivière avec vous. Vous noyer à votre âge ! êtes-vous donc tout à fait abandonné des hommes et du ciel ?

— Oh ! pour cela, rien n'est plus certain, répondit froidement le jeune homme, en cherchant avec douceur à se débarrasser des mains du vieillard qui l'avait saisi à bras le corps.

— Et vous n'avez ni père, ni mère, ni sœur, ni maîtresse que votre mort mettrait au désespoir ?

—Rien de tout cela que je sache, monsieur ; et excepté un brave homme nommé Peritus, qui m'a élevé, personne ne se soucie assez de moi pour s'inquiéter si je vis ou si je meurs. Ainsi donc ne vous mêlez plus de ce qui ne vous regarde pas, et laissez-moi me noyer tout à mon aise.

En ce moment une petite brise qui s'éleva dispersa quelques-uns des nuages flottant dans le ciel, et un rayon de la lune frappant sur la main gauche du jeune homme, fit étinceler un anneau d'or à son doigt.

—Ah ! ah ! murmura-t-il à demi-voix, j'avais oublié qu'il me restait encore cette bague ! mais alors tout n'est pas encore perdu... je pourrai revenir demain si c'est indipensable.

En faisant cette réflexion, il avait remis son chapeau sur sa tête, son manteau sur ses épaules, puis, tout en rebouclant le ceinturon de son épée, il dit à son compagnon :

— J'ai changé de résolution, monsieur, je ne me noierai pas aujourd'hui.

— Que le ciel en soit loué, mon gentilhomme ! et puissiez-vous demain n'avoir plus de ces idées lugubres dans la tête. Maintenant, me ferez-vous l'honneur de venir souper avec moi à l'auberge du *Chariot d'Or*, le cabaret le plus en renom de la rue Saint-Honoré, près de la barrière des Sergents ? Là je pourrai du moins vous remercier comme il convient du service signalé que vous m'avez rendu.

— Puisque je ne me passe pas la fantaisie de me noyer ce soir, répondit insoucieusement le jeune homme, je n'ai rien de mieux à faire, ce me semble, que d'aller souper avec vous. Ainsi j'accepte sans aucune espèce de façon l'invitation que vous me faites.

Et il suivit le vieillard, en chantonnant encore comme quelques instants auparavant :

> Mousquetaire
> Ne peut taire
> Les conquêtes qu'il sait faire !...

Ils arrivèrent bientôt à la porte de l'illustre taverne ci-dessus nommée. La clarté des lumières qui brillaient à l'intérieur illuminait aussi la rue par les fenêtres du rez-de-chaussée, et l'on entendait d'instant en instant, à travers la porte, un joyeux cliquetis de verres et de bouteilles, et de longs et bruyants éclats de rire.

Nos personnages entrèrent, s'assirent en face l'un de l'autre à l'extrémité d'une longue table où plusieurs places étaient vacantes, ce qui leur permettait de s'isoler un peu de la foule ; et le plus jeune, pour appeler un des garçons qu'on voyait courir çà et là, frappa la table du pommeau de son épée, qu'il posa ensuite devant lui, mais un peu par côté.

La figure de ce jeune homme était expressive et belle, mais très-pâle. Ses traits, nobles et réguliers, portaient la profonde empreinte de cette fatigue qui est comme une sorte de flétrissure physique appliquée sur un visage. A l'éclat déjà terni de ses grands yeux bruns, qu'entourait un cercle marbré, on voyait que bien des insomnies succédant à de longues veilles d'orgie et de débauche avaient usé ce regard, et laissé sur ce jeune front leurs ineffaçables stigmates. On trouvait aussi, par moment, les traces d'une pensée fugitivement douloureuse sur cette physionomie qui semblait cependant s'étudier à n'exprimer que l'insouciance.

Quant aux traits ridés du petit vieillard, ils ne peignaient pour le moment que la frayeur qui venait de les contracter non loin du Pont-Neuf.

Cependant, comme il commençait à se rassurer, il adressa d'un ton assez dégagé cette question à son compagnon :

— Est-ce qu'il y aurait de l'indiscrétion, mon gentilhomme, à vous demander votre nom ?

— Il y en aurait beaucoup, monsieur, répondit l'autre laconiquement, et je vous engage à...

— Vous me permettrez au moins, interrompit le vieillard un peu désappointé, de vous donner votre titre, et de vous appeler monsieur le marquis ; le reste viendra plus tard.

— Comment savez-vous ?...

— Les armoiries gravées sur la bague que je vois à votre main gauche et sur le pommeau de votre épée, supportent toutes deux, si je ne me trompe, une couronne de marquis.

— Vous savez le blason, monsieur ?

— Eh ! eh ! répondit le vieillard, après avoir toussé deux ou trois fois comme quelqu'un qui veut gagner du temps pour arranger une phrase, il faut bien savoir un peu de tout si l'on ne veut pas s'ennuyer quelquefois.

Nous allons maintenant quitter pour un instant nos deux personnages, et mettre nos lecteurs au courant des faits antérieurs à cette soirée, qui avaient déterminé notre héros, le marquis Hector de Cout-Kérieux, à venir se noyer dans la Seine par une sombre et froide nuit de l'hiver de 1764.

Et voyez un peu, s'il vous plaît, comme la Providence dispose tout pour le mieux dans ce bas monde : si le petit vieillard à canne d'ébène n'avait pas pris le Pont-Neuf pour rentrer chez lui, et rencontré près dudit pont deux soudards ivres, dont les violences l'obligèrent à crier au secours de toute la force de sa peur, nous n'aurions plus de héros, et par conséquent plus de roman. Nous ne pouvons donc nous empêcher de bénir la Providence, les gardes-françaises, le vin et les peureux.

Puissiez-vous, ami lecteur, en faire autant !

PREMIÈRE PARTIE

UN FILS DE FAMILLE

I

Hector.

Le château de Cout-Kérieux, berceau de la famille d'Hector, était situé dans une des plus pittoresques contrées de cette vieille Armorique, si chère aux poètes et aux chroniqueurs. C'était une lourde et féodale demeure, de construction mi-partie ancienne et mi-partie moderne, qui présentait dans son ensemble une réunion de beautés bizarres, dont l'irrégularité n'était pas dépourvue de charmes. Le parc d'une vaste étendue, n'était nullement dessiné dans le goût quelque peu maniéré de l'époque. On n'y voyait, par exemple, ni boulingrins, ni statues mythologiques, ni vieux ifs transformés en animaux de toutes les espèces, ni charmilles taillées en arcades, ni bassins, ni jets d'eau ; mais de larges pelouses, ornées, de distance en distance, de groupes d'arbres séculaires, étendant leurs rameaux au loin, et de vieilles futaies aux allées pleines de mystère et d'ombre. Vu des fenêtres du château, ce parc offrait dans toutes les directions d'admirables perspectives, et le château, à son tour, quand on le contemplait de certains points du parc et à certaines heures, semblait plus imposant encore. Il y avait surtout un moment où son aspect était magique : c'était le soir, lorsque les rayons du soleil couchant illuminaient ses irrégulières façades de briques, et faisaient resplendir comme autant d'escarboucles les vitres enchâssées de plomb de ses nombreuses fenêtres de toutes formes. Cout-Kérieux était bâti assez loin dans les terres et cependant, quand le vent d'ouest soufflait, il apportait d'imposants murmures dans lesquels les hôtes passagers du manoir eux-mêmes reconnaissaient d'abord cette grande voix de l'Océan, dont les accents ont tant de charmes, malgré leur profonde tristesse, pour les âmes rêveuses et les imaginations poétiques.

Quand Anne-Victoire de Kersac, marquise de Cout-Kérieux mourut, Hector n'avait que quinze ans environ ; mais ces années d'enfance avaient suffi à la noble et vertueuse femme pour déposer dans le cœur d'Hector le germe des sentiments les meilleurs et l'instinct de toutes les choses élevées. Il était bon, charitable, bienveillant, capable de dévouement et de sacrifice : nous ne parlons ici ni de bravoure ni de loyauté, vertus depuis longtemps héréditaires dans les deux races dont le sang coulait mêlé dans les veines d'Hector. Mais toute médaille a son revers, et dans l'âme de ce jeune homme, candide encore, sommeillaient des passions violentes qui n'attendaient que le choc d'un événement pour s'éveiller d'une façon terrible. Comme elles ne se trahissaient par aucun signe extérieur, la marquise ne soupçonnait pas leur existence mystérieuse, et elle était morte parfaitement tranquille sur l'avenir de son enfant.

On parle beaucoup, aujourd'hui, des désordres du siècle passé, et nous conviendrons franchement que ce n'est pas sans raison. Tout ce qui tenait de près ou de loin à la cour était plus ou moins atteint de la corruption de cette époque, fertile en scandales, qui commence à la régence de Philippe d'Orléans, et qui finit au premier échafaud de la révolution. Mais, au milieu des honteuses turpitudes de ce temps, un grand nombre de familles d'antique origine et qu'avaient illustrées de longs services rendus à l'État, donnaient, dans leurs terres où elles vivaient retirées, l'exemple des plus belles et des plus touchantes vertus. A Paris, à Versailles, à Choisy, partout enfin où les courtisans et la cour servaient de modèles à la foule, le vice s'étalait avec un cynisme triomphant, et il ne se trouvait pas même une voix courageuse pour le flétrir. Les liens de famille étaient relâchés quand ils n'étaient pas rompus tout à fait ; le mariage se transformait au bout de quelques mois d'indifférence en une sorte de convention, réciproque entre les époux, de fermer les yeux sur leurs

2

mutuels écarts ; on se voyait à peine tant qu'on vivait, on ne se pleurait pas lorsque venait l'heure de l'éternelle séparation. Un respect glacial, infranchissable comme les barrières de l'étiquette, traçait une ligne de démarcation entre les pères et les enfants, quelquefois, de plus, en rivalité entre eux. Dans les provinces, tout se passait autrement, à peu d'exceptions près. Les existences de château étaient grandes et simples à la fois comme celles des anciens patriarches. Les familles y vivaient unies dans une tendresse qui n'avait rien de trop familier, et dans un respect qui n'avait rien de trop sévère. L'affection des époux était grave et sainte comme la religion par laquelle elle avait été consacrée. Les femmes n'allaient jamais à la cour ; les hommes ne se séparaient d'elles que pour courir sur les champs de bataille, et, la guerre finie, il n'y avait ni remords pour celles qui avaient attendu le retour, ni déceptions pour ceux qui étaient revenus.

Aussi, après vingt-cinq ans d'une vie à deux, d'une vie de tendresse et presque de passion, le marquis de Cout-Kérieux n'avait-il pu résister longtemps à la douleur profonde que la mort de sa femme lui avait causée. Usé, d'ailleurs, par les fatigues de dix campagnes, il s'était éteint, un an après la marquise, ayant la conscience qu'il laissait, pour soutenir son nom et perpétuer sa race, un fils noble de cœur comme ses ancêtres, beau de corps, élevé d'esprit, merveilleusement adroit à tous les exercices, maniant un cheval difficile avec la hardiesse et l'aplomb d'un centaure, ardent à la chasse comme un descendant de Nemrod, et tirant l'épée à devenir un jour le rival du célèbre chevalier de Saint-Georges.

Un peu avant de mourir cependant, le marquis de Cout-Kérieux s'était dit que l'éducation toute physique que le jeune Hector avait reçue n'était pas suffisante pour un gentilhomme, et qu'il serait peut-être bon que chez lui l'esprit fût cultivé comme le corps. Il se décida donc à placer auprès de cet enfant si cher un homme excellent, fort vieux, fort sale, fort chauve et très-simple, mais d'une moralité et d'une science tout à fait respectables. Ce personnage chargé de meubler convenablement la vive intelligence du jeune marquis se nommait Chrysostome Peritus.

Était-ce à sa naissance et de ses parrain et marraine qu'il avait reçu ce beau prénom de *Chrysostome*, qui, comme on le sait, veut dire en grec *bouche d'or?* Nous l'ignorons complètement, mais nous prendrons la liberté de supposer qu'il ne lui avait été donné que beaucoup plus tard, alors qu'on avait vu qu'il était naturellement silencieux : c'était se conformer à ce sage précepte du Koran, qui, pour encourager la sobriété de la langue, dit quelque part, que *si la parole est d'argent, le silence est d'or.*

Revenons au marquis de Cout-Kérieux, que nous allons bientôt quitter pour toujours.

Après avoir pourvu, ainsi que nous venons de le dire, à tout ce qui pouvait, selon lui, manquer à son fils, M. de Cout-Kérieux mourut l'âme en repos, car il ne se croyait plus nécessaire dans ce monde, et il sourit doucement à la mort, parce qu'il pensait qu'il allait rejoindre la compagnie aimée des plus beaux jours de sa vie. Les yeux déjà voilés par l'ombre qui précède l'aube du jugement éternel, il tenait la main d'Hector dans ses mains, et ses dernières paroles furent celles-ci :

— Vis toujours comme j'ai vécu, mon enfant, c'est-à-dire en homme d'honneur et de courage, et Dieu te bénira.

Hector pleura beaucoup la perte qu'il avait faite, sans en comprendre toutefois l'immensité. Puis il se consola : à cet âge, hélas! on prélude à la vie par l'oubli, parce qu'on sent vaguement qu'on aura souvent besoin de recourir à ce moyen de guérison.

Après quelques semaines données aux larmes et aux affaires, quand les premières commencèrent à se tarir, et les secondes à se débrouiller, il fallut songer à l'accomplissement d'une des dernières volontés du défunt marquis, c'est-à-dire à l'éducation intellectuelle et morale de son jeune et brillant héritier.

Certes ce fut une rude et terrible besogne pour le bon Chrysostome, que celle de courber l'impétueux jeune homme sous le joug fatigant de l'étude : la seule vue d'un livre faisait fuir Hector, qui disparaissait quelquefois des journées entières. Peritus courait à la recherche de son élève ; mais lent, gauche, distrait comme tous les savants, il ne parvenait jamais à retrouver Hector, qui revenait le soir, sa carnassière pleine de gibier sur l'épaule, ou le meilleur cheval de ses écuries entre les jambes. Alors l'aimable enfant sautait au cou du vieux pédant avec le plus affectueux abandon ; il lui contait ses prouesses du jour, lui promettait d'être plus sage le lendemain, et le bon précepteur, enchanté d'une docilité si grande, se contentait de marmoter entre les dents d'ébène *de sa bouche d'or* : Il faut bien que jeunesse se passe.

Mais ce qu'il n'avait pu faire, ce digne homme, le hasard, ce charmant intrigant, le fit dès qu'il voulut s'en mêler. Un jour, un livre, non pas de ceux qu'on voulait faire lire à Hector, mais peut-être un de ceux qu'on lui cachait soigneusement, tomba entre les mains du jeune marquis. Comme on lui avait dit : *Vous ne lirez pas ceci*, il se dit à son tour : *Pourquoi ne lirai-je pas cela?* C'était un de ces ouvrages étincelants d'esprit, remplis de science, brodés de paradoxes, comme le dix-huitième siècle en produisait tous les jours. Hector le dévora : il y trouva la preuve d'une multitude de mauvaises choses qu'il ne faisait que soupçonner, mais il y prit aussi un certain goût pour l'étude. Peritus, en sa qualité de savant, vit l'effet et ne s'inquiéta pas de la cause, qui méritait cependant moins d'indifférence, il se borna à exploiter de son mieux les excellentes dispositions de son élève.

Quatre années s'écoulèrent. Hector partageait, sans se plaindre qu'il fût trop long, son temps entre les livres, l'avare conversation de Peritus, la chasse, l'équitation, et quelques rares visites chez les hobereaux du voisinage : il vivait enfin de la vie d'un gentilhomme campagnard, dans toute l'acception qu'on donnait à ce mot à cette époque-là.

C'était du reste un charmant cavalier que le jeune marquis, et à quatre ou cinq lieues à la ronde, il n'y avait personne qui ne le connût et ne l'aimât. Nous avons parlé de ses qualités morales, et nous nous bornerons à dire qu'elles ne s'étaient pas sensiblement altérées. Quant au physique, Hector était grand sans l'être trop ; il avait le teint blanc, mais point efféminé ni fade ; les cheveux du plus beau châtain, les yeux bruns plein de feu, de fierté et d'expression, une taille svelte et souple, la jambe fine et bien prise, le pied petit et cambré ; on ne pouvait donc désirer chez lui que ce qui s'acquiert facilement, c'est-à-dire un peu de cette gracieuse désinvolture que donne l'usage du grand monde, et qui caractérisait particulièrement alors les *roués* de la cour et les habitués de l'Œil-de-Bœuf.

Il va sans dire que ce n'était pas l'honnête Peritus qui trouvait que le jeune marquis pouvait encore gagner quelque chose, car à son avis il ne lui manquait rien, ce qui pouvait à la rigueur se soutenir, puisque la grande recherche des manières nuit quelquefois à leur aisance naturelle.

Le plus souvent, cette calme et monotone existence de province satisfaisait le jeune marquis, dont le caractère avait pour base un très-grand fonds d'insouciance ; mais quelquefois aussi, quand arrivait jusqu'à lui quelques bruits lointains des fêtes de Versailles, ou quelques récits des splendeurs de la cour, il sentait battre violemment son cœur où s'éveillaient de vagues désirs, et des rêves brillants traversaient son imagination et la laissaient excitée pour plusieurs jours. Peu à peu sa pensée s'accoutuma à ne plus considérer les lieux où il avait vécu jusqu'alors, comme devant lui servir toujours d'asile. Les bruits du monde qui étaient parvenus jusqu'à lui bourdonnaient sans cesse à son oreille et jetaient le trouble dans son âme. Paris, la cour, étaient des mots magiques dont la vibration faisait tressaillir son cerveau ; enfin, un jour, il prit un parti qui lui sembla une inspiration du ciel, ou plutôt un avertissement de la destinée, et il entra résolûment dans le cabinet de Chrysostome Peritus, autrefois son gouverneur et maintenant son ami.

Ce digne personnage était un homme de cinquante-cinq à cinquante-huit ans, paraissant en avoir soixante et dix ; quelques mèches éparses de cheveux grisonnants se dressaient par devant sur son crâne chauve et poli, et d'autres retombaient par derrière sur le collet de son habit gris de fer, habit assez remarquable pour mériter une mention toute particulière. Sa couleur primitive avait presque entièrement disparu sous les innombrables taches de graisse, d'encre et d'autres liquides de toute nature. Après dix ans de laborieux services, cet habit, au lieu d'être mis à la réforme à laquelle il avait des droits incontestables, avait été retourné par les soins de Peritus lui-même, et il était, à l'époque dont nous parlons, à la cinquième année de ce nouveau bail. Presque tous les boutons en étaient absents, ou seulement suspendus à quelques fils ; les coutures avaient une teinte blanchâtre et craquaient dans une multitude d'endroits ; les poches béantes formaient de vastes et sombres cavités au fond desquelles on apercevait quelques vieux bouquins, quelque sale manuscrit, mêlés à des coquilles de noix, à des croûtes de pain, à des pièces de menue monnaie, sans compter un chapelet rustique dont Peritus faisait un fréquent usage, car il avait encore plus de piété que de savoir. Pour en finir avec l'habit du docte et pieux personnage, nous dirons que les manches trop courtes et trop larges laissaient voir un bras et une main d'une maigreur phénoménale, et d'une teinte bistrée dont l'origine était moins que douteuse ; une cravate blanche, noircie par l'usage, encadrait un visage ridé, aux joues saillantes, et supportait un menton proéminent. Des bésicles à monture de cuivre pinçaient un nez mince et crochu, et voilaient, sous leurs verres nuageux, deux petits yeux gris clignotants et fatigués par le labeur des nuits. Si nous passons au reste du costume, nous ajouterons encore que le gilet, la veste comme on disait alors, de la même couleur que l'habit, attestait les nombreux outrages du temps, qui n'avait pas respecté non plus la culotte. Des bas de soie noire à teinte rougeâtre dissimulaient mal, malgré leurs plis nombreux, l'absence complète de mollets, et de larges pieds osseux ballottaient dans d'immenses souliers avachis et éculés, à boucles de fer battu, jadis argenté.

Jamais Hector, qui possédait tous les instincts de l'élégance, n'avait pu obtenir la moindre modification à ce costume, fort pittoresque sans doute pour un peintre de genre, mais très-peu *confortable,* comme on dirait de nos jours.

Quant à l'appartement de Chrysostome, il nous faudrait, à défaut du pinceau d'Hogarth ou Rembrandt, la plume de Scott ou de Balzac, pour en donner une idée même imparfaite. Le célèbre Capharnaüm de l'*Antiquaire* du romancier écossais n'était rien, nous le pensons du moins, auprès de l'antre favori du digne Peritus. Tout ce que l'on peut rêver de plus impossible en fait de désordre se trouvait là réalisé et surpassé. C'était l'amas le plus inouï, le plus fantastique de mille choses les plus incohérentes : vieux livres, vêtements sordides, instruments de physique et de chimie, armes, curiosités, manuscrits, brimborions sans nom et sans forme d'où s'échappaient au moindre choc des nuages de poussière nauséabonde, composaient un tohu-bohu dont la hotte d'un chiffonnier n'offrirait qu'une incomplète image. Dans cette pièce et au milieu de ce désordre, devant un bureau recouvert d'un maroquin noir, tout taillé de coups de canif, et écrasé sous des piles d'in-folio, trônait Chrysostome Peritus, la plume à l'oreille et enfoui dans la méditation d'un bouquin quelconque ouvert devant lui.

Hector entra dans cette chambre sans que Peritus s'aperçût de sa présence. Ce que voyant, le marquis lui frappa sur l'épaule. Le savant tressaillit, se retourna, et reconnaissant son élève, il se leva avec vivacité et gaucherie, et lui fit un profond salut.

— Que veut monsieur le marquis de son très-humble serviteur ? demanda-t-il.

— Vous apprendre une nouvelle qui vous étonnera fort, mon bon maître, répondit Hector de sa voix la plus caressante, et en posant familièrement la main sur l'épaule du savant.

Peritus s'inclina sans proférer une parole, et Hector poursuivit :

— Je suis las de la vie que je mène ici ; je veux voir le monde, la cour, briller sur un autre théâtre ; je pars donc pour Versailles, et, comme j'ai grande confiance dans votre zèle et dans vos lumières, je vous emmène avec moi.

Peritus jeta autour de lui un regard désolé.

— Où serons-nous mieux qu'ici? dit-il enfin mélancoliquement après quelques secondes de silence.

Hector sourit à la pensée que Peritus regrettait sa chambre et son mobilier.

— Je tâcherai, répondit-il, que rien ne vous manque dans notre nouvelle résidence.

— Oh! monsieur le marquis, s'écria le savant, ce n'est pas à moi que je pense! mais la cour... le monde... M. votre père ne les fréquentait pas.

— Mon père était colonel, il avait une carrière, la croix de Saint-Louis : son ambition était satisfaite; mais moi, moi, mon bon Peritus, il faut que je végète ici ; et alors à quoi me servira l'instruction solide et brillante que vous m'avez donnée?

La figure de Peritus s'épanouit sous le souffle de cette délicate flatterie, c'est-à-dire que de très-laid qu'il était il devint horrible.

— Il est certain, répondit-il avec un naïf orgueil, que monsieur le marquis peut se montrer partout avec avantage, et qu'il serait vraiment fâcheux d'enfouir dans ce vieux château des facultés qui peuvent le pousser aux premiers emplois; ainsi, s'il juge convenable de partir pour la *capitale* ou pour la cour, son très-humble serviteur Chrysostome Peritus est prêt à le suivre partout.

— Merci! merci, mon bon maître, mon digne ami ! s'écria Hector ; mais je n'attendais pas moins de votre affection et de votre dévouement. Maintenant, laissez-moi vous dire que si vous envisagez avec un certain effroi le changement d'habitudes auquel notre départ donnera nécessairement lieu, je ne négligerai rien pour vous en dédommager. Versailles n'est pas loin de Paris, où vous trouverez la bibliothèque du roi, et celle, admirable aussi, dit-on, fondée par le cardinal Mazarin...

— Je pourrai donc encore travailler, interrompit le savant avec un sourire radieux.

— Mieux qu'ici, mon bon Peritus; sans compter que vous serez à même de rencontrer une foule d'hommes célèbres qui seront trop heureux de faire avec vous un échange de lumières.

— Et je ne quitterai pas monsieur le marquis? demanda Peritus avec une certaine inquiétude.

— Ceci dépendra de vous, répondit Hector d'un ton moins résolu.

— Monsieur le marquis sait bien...

— Oui, mon bon Peritus, je sais que rien n'égale votre attachement... mais votre costume... mon vieil ami...

— Mon costume! mon costume! interrompit Peritus avec l'accent d'un profond étonnement, qu'a-t-il donc de si extraordinaire?

— Il est très-bien, très-convenable pour Cout-Kérieux, mon bon maître; mais pensez-vous qu'à Versailles on ne le trouvera pas un peu trop simple? je m'en rapporte à vous.

— Je ferai ce que monsieur le marquis voudra, repartit Peritus avec résignation.

— Eh bien! on vous apportera demain d'autres vêtements; vous les mettrez pour l'amour de moi, n'est-ce pas, mon ami? Mais soyez tranquille, ils auront toute la gravité qui convient à un homme comme vous, vous pouvez vous en rapporter à moi aveuglément.

— Je mettrai ces habits, monsieur le marquis ; mais je pourrai laisser ceux-là ici pour les retrouver quand nous reviendrons, car nous reviendrons quelquefois, j'espère...

— Faites plus que l'espérer, Peritus ; et laissez ces vieux habits ici si vous le voulez : j'aime à croire que les vers les respecteront.

Peritus ne remarqua pas le sourire qui accompagna ces dernières paroles d'Hector : il n'était plus préoccupé que de la crainte de n'avoir pas le temps de mettre un peu d'ordre dans ses livres avant son départ.

— Quand quittons-nous le château, monsieur le marquis ? demanda-t-il d'un ton timide.

— Nous partirons après-demain, et nous voyagerons à cheval pour faire moins de dépense. Vous monterez la vieille Fanchon, qui est bien douce, comme vous savez ! A bientôt, mon bon Peritus ; je vais tout disposer pour le voyage.

II

L'hôtellerie.

Hector mit une si grande activité à faire tous ses préparatifs pour une longue absence, que, le jour du départ venu, il n'y eut pas le plus petit obstacle à l'accomplissement de son projet. Il se rendit donc de bonne heure à la salle à manger, où Peritus devait venir le joindre, revêtu de ses habits neufs. Le marquis, occupé d'une multitude d'affaires sérieuses depuis l'avant-veille, avait oublié ce détail du changement de costume de son gouverneur, de sorte qu'il en eut toute la surprise, ce qui doubla l'hilarité que lui causa la petite scène qu'on va lire.

Quand Peritus entra dans la pièce où le marquis l'at=

tendait, ce dernier était appuyé contre un panneau de boiserie qui séparait deux hautes et larges glaces de Venise. Le vieux savant, chaussé de longues bottes à l'écuyère et tenant un énorme fouet de chasse à la main, s'approcha d'Hector qu'il salua d'abord profondément ; puis, inclinant à droite et à gauche la tête vers les deux glaces, il fit deux nouveaux saluts aussi profonds que le premier. Hector, qui le contemplait avec une vive curiosité, ne put s'empêcher de lui dire :

— A qui diable adressez-vous donc toutes ces révérences, mon bon maître ? Vous exerceriez-vous déjà à faire votre entrée dans les salons de Versailles ?

— A qui ? à qui ? balbutia Peritus, mais à ces deux messieurs qui veulent bien me rendre mes saluts avec toute la courtoisie possible.

Hector fut saisi d'un fou rire, et il lui fallut quelques minutes pour reprendre son sang-froid.

— Mais, dit-il enfin, quand il put prononcer quelques paroles, c'est à vous-même, mon bon Peritus, que vous témoignez tant de déférence et de respect. Ne reconnaissez-vous donc pas votre image, deux fois réfléchie dans ces glaces ?

Peritus joignit les mains, et, quand il vit son geste deux fois répété, il fut convaincu et il s'écria :

— C'est pourtant vrai, mon Dieu, que c'est bien moi ! Qui m'aurait dit qu'à mon âge je changerais au point de ne pas me reconnaître moi-même ?

Et il examinait chaque partie de son costume neuf avec une douloureuse stupéfaction.

— Vous êtes très-bien comme cela, mon ami, reprit le marquis, et si vous êtes un peu changé, je vous jure, foi de gentilhomme, que c'est à votre avantage. Ces habits ont vraiment toute la gravité désirable, et je vois avec plaisir que mes ordres ont été ponctuellement suivis. Maintenant que votre identité est bien reconnue, mettons-nous à table, car nous avons une terrible journée à faire pour commencer notre voyage.

Le repas fut triste et silencieux. Hector chercha vainement à l'animer par quelques joyeux propos, sa gaîté ne fut pas communicative, parce qu'elle n'était pas de bon aloi. Le marquis touchait, il est vrai, à l'accomplissement de son premier grand désir ; mais une inquiétude vague s'élevait dans son âme au moment de l'exécution, et il se demandait si le parti qu'il allait prendre était bien sage, et surtout bien conforme aux conseils qu'il avait reçus au lit de mort de son père. Comme cette question se formulait dans son esprit, il leva les yeux ; son regard rencontra les visages expressifs de deux ou trois portraits de famille suspendus en face de lui, et il lui sembla que l'expression de leurs physionomies avait une tristesse et une sévérité dont il ne s'était jamais aperçu. Il voulut chasser cette pensée, mais elle se reproduisit sous d'autres formes, et finit par lui causer un profond découragement. Si, dans cet instant, Peritus eût été un autre homme, il aurait deviné le trouble intérieur de son élève, et qui sait si de cette découverte ne serait pas résulté l'abandon de ce projet de voyage et d'absence. Mais Peritus songeait à la bibliothèque royale, aux grands hommes qui le traiteraient en confrère, à ses habits neufs surtout, et il ne vit rien. Alors la mobilité d'Hector reprit le dessus, et, quand on vint lui annoncer que ses chevaux étaient prêts, il salua de nouveau avec transport cet avenir dont le mirage trompeur l'avait séduit.

Quelques vieux serviteurs en larmes, qui l'attendaient au bas du perron pour lui faire leurs adieux, lui causèrent encore un moment d'émotion. Il les embrassa, leur promit de revenir bientôt, les assura de sa constante protection, puis il enfourcha sa monture, salua tout le monde par un geste affectueux, et, suivi de Peritus et de deux valets, il s'engagea sous les ombrages séculaires du parc de Cout-Kérieux.

Après avoir dépassé le mur d'enceinte, il atteignit un petit mamelon au sommet duquel passait la grande route. Arrivé là, il se retourna une dernière fois et aperçut, au milieu de la sombre verdure des bois qui l'environnaient, le vieux manoir où il avait vécu jusqu'à ce jour heureux et honoré ; deux grosses larmes jaillirent alors de ses paupières et coulèrent lentement sur ses joues, passagèrement pâlies par l'émotion. Au-delà du parc, deux points blancs brillaient parmi les arbustes d'un petit enclos : Hector reconnut le cimetière du village et les deux croix de marbre blanc qui marquaient les tombes jumelles de son père et de sa mère... Ce fut sa dernière et sa plus cruelle épreuve ! malheureusement pour lui, il eut la force de la supporter !... machinalement peut-être, son éperon effleura les flancs de son cheval, qui fit un demi-tour et marcha pendant quelques moments à une allure rapide. Quand Hector songea à le ralentir, tout avait disparu en arrière, et le jeune gentilhomme ne voyait plus devant lui que la route qui devait le conduire au but qu'il avait rêvé depuis si longtemps... tout était consommé !

Nous ne suivrons pas jour par jour la marche des voyageurs ; nous résisterons même à vous montrer Peritus, grotesquement juché sur la vieille Fanchon, excitant, sans s'en douter, l'hilarité des passants. Nous aimerions assez nous amuser à ces détails, mais nos lecteurs ne seraient peut-être pas de notre avis, et comme nous les supposons désireux de savoir quelques-uns des événements qui attendent Hector à la cour, nous nous y transporterons avec eux le plus promptement possible.

Cependant il est un épisode du voyage de notre héros que nous ne pouvons passer sous silence, parce qu'il se rattache au fond même du récit : nous allons donc le raconter.

Un soir, la petite cavalcade, après une journée de marche plus longue que de coutume, arriva à la porte d'une hôtellerie isolée. Bêtes et gens étaient exténués de fatigue et mourants de faim. Hector, qui avait conservé un peu plus de vigueur que ses compagnons, sauta à bas de son cheval, jeta la bride à l'un de ses valets et entra dans la maison.

Il n'eut pas fait quatre pas dans une espèce de corridor conduisant à la cuisine de l'auberge, que son odorat fut agréablement chatouillé par un fumet de viandes à la broche. Il poussa une porte, et les premiers objets qui frappèrent ses regards furent un grand feu, une grosse femme et quatre dindons embrochés les uns au-dessus des autres.

Le feu pétillait, la grosse femme ruisselait, les quatre dindons tournaient avec une majestueuse lenteur en s'arrosant réciproquement ; l'ensemble de ce tableau devait être ravissant pour un homme qui avait faim.

— A souper! à souper, madame l'hôtesse! je retiens deux de ces dindons pour moi et mes gens, s'écria Hector.

L'hôtesse s'essuya le front et les joues avec son tablier de cuisine, peut-être dans l'espoir de calmer l'papétit du marquis qu'elle regarda d'un air consterné.

— Hélas! mon bon seigneur, lui dit-elle enfin, je ne puis disposer de rien! tout est retenu par un gentilhomme qui est arrivé ici il y a deux heures.

— Un gentilhomme! il a donc une suite bien nombreuse avec lui?

— Deux domestiques, pas davantage.

— Quatre dindons pour trois personnes! et je mourrais de faim pendant ce temps-là! nous verrons, madame l'hôtesse! Dites provisoirement à ce gentilhomme qu'un voyageur demande à partager fraternellement avec lui ce qu'il y a de vivres dans cette maison. Tenez, je paye d'avance, ajouta Hector.

Et il glissa deux pièces d'or dans la main de l'hôtesse, qui sortit après avoir fait une magnifique révérence.

Quelques minutes après, elle rentra, la figure toute effarée, en disant :

— Ce seigneur ne veut pas consentir à partager... faut-il rendre à monsieur ce que monsieur vient de me donner?

— Non, ma brave femme! mille fois non! s'écria Hector, car je vous jure par les cendres de mes aïeux que je mangerai ma part de ce festin, quand je devrais, mordieu, la découper avec mon épée! Retournez vers ce gentilhomme si peu obligeant, et dites-lui qu'on le demande ici...

— Mais, mon bon seigneur, il m'a déjà très-mal reçue la première fois, et je ne sais si je dois...

— Allez toujours ; je réponds de tout, reprit Hector, qui déjà ne doutait plus de rien.

Chysostome Peritus était entré pendant ce colloque, et par hasard il l'avait entendu, grâce à la faim et à la fatigue qui l'arrachait à sa distraction habituelle.

— Pour l'amour de Dieu, monsieur Hector, soyez moins impétueux dans vos désirs ! s'écria le bon précepteur. Qu'allez-vous faire ? vous attirer une querelle, une affaire d'honneur pour deux malheureux dindons ! Ah ! funeste voyage ! mais si vous vous battez, vous serez tué comme un poulet, mon pauvre enfant ! Est-ce donc pour cela, *bone Deus!* que je vous ai élevé, instruit ? que grâce à moi vous lisez aussi couramment dans Virgile et dans Homère que dans votre livre d'Heures ? Ah ! monsieur Hector, nous ne souperons pas s'il le faut, mais au nom du ciel et pour l'amour de votre vieux gouverneur, ne cherchez pas querelle à ce mangeur de dindons...

— Tranquillisez-vous mon bon Peritus, nous souperons et je ne serai pas tué, interrompit froidement Hector : il ne s'agit que d'une explication amicale à avoir.

En ce moment le gentilhomme parut sur le seuil de la cuisine de l'auberge, où Peritus était venu rejoindre Hector.

C'était un beau cavalier de trente ans à peu près, ayant la mine hautaine et le regard parfaitement dédaigneux et provoquant. Il était mis de la façon la plus élégante, et ses manières avaient une insolence tout à fait distinguée.

— Qui donc veut me parler ici? demanda-t-il en jetant sur Hector et sur Peritus un coup-d'œil d'une rare impertinence.

— Moi, répondit Hector en prenant une attitude ferme et digne qui contrastait avec la pose quelque peu méprisante de son interlocuteur.

— Vous, monsieur? et qui êtes-vous, je vous prie?

— Le marquis Hector de Cout-Kérieux.

L'inconnu s'inclina et dit :

— Et moi, monsieur, je suis le vicomte Ferdinand de Langeac.

Hector s'inclina à son tour.

— Je vous prierai maintenant, monsieur le marquis, poursuivit poliment le vicomte, de vouloir bien m'apprendre ce que je puis faire pour vous être agréable.

— Consentir à me céder la moitié de votre souper : il me semble que c'est là une de ces choses qu'on ne se refuse guère entre gentilshommes.

— Mon Dieu! ce serait avec le plus graind plaisir, dit Langeac avec une certaine bonhomie; mais tout à l'heure on est venu me demander la même chose, j'ai dit non, et je me suis fait une loi de ne jamais revenir sur une détermination prise et exprimée. Vous voudrez bien m'excuser, j'espère.

Le rouge monta au visage d'Hector, qui fut au moment d'éclater ; mais il jeta un coup d'œil sur Peritus dont la figure était bouleversée, et il se contint :

— Je crois, monsieur, dit-il en s'efforçant de parler avec calme, qu'il est des circonstances où les caractères les plus forts peuvent sans inconvénient se départir de leur fermeté, et celle où nous nous trouvons en est une, ce me semble.

— J'en juge autrement, monsieur le marquis.

— Libre à vous, monsieur le vicomte; mais vous me permettrez de vous dire que cette façon tyrannique d'accaparer tous les vivres d'une hôtellerie est indigne d'un gentilhomme.

— Monsieur le marquis, vous me rendrez raison de cette insulte! s'écria Langeac en allant prendre son épée, qu'il avait déposée, en arrivant, dans un des coins de la cuisine.

— C'est justement ce que j'allais vous offrir, monsieur le vicomte, répondit Hector en dégaînant froidement la sienne, qui était toujours à son côté.

C'étaient de singulières et folles, mais de nobles et vaillantes mœurs que celles de ce temps, où l'on ferraillait à propos de tout et quelquefois à propos de rien.

Les épées s'engagèrent. Hector, nous l'avons dit, était d'une force tout à fait remarquable, grâce aux leçons du défunt marquis; au bout de quelques passes, il désarma son adversaire.

— Eh bien! monsieur le vicomte, partagerons-nous? demanda-t-il à Langeac en lui rendant courtoisement son épée.

— Je vous dirai cela tout à l'heure, répondit le vicomte en se remettant en garde.

Le combat recommença, et cette fois Hector fut désarmé à son tour.

Son adversaire lui tendit la main, en lui disant avec une franchise qui avait quelque chose de chevaleresque :

—Nous partagerons, et, si vous le voulez, nous serons amis, monsieur de Cout-Kérieux, car, vous êtes un brave et noble jeune homme.

—J'accepte tout de grand cœur! répondit Hector en secouant cordialement la main qu'on lui tendait.

— Eh bien ! mettons-nous à table ! s'écria le vicomte avec le plus aimable abandon. Monsieur est votre ami, ajouta-t-il en montrant le pauvre Chrysostome, qui avait contemplé cette scène avec une muette horreur, que la réconciliation des deux adversaires n'avait pas encore calmée.

— C'est mieux que cela, vicomte, repartit chaleureusement le marquis : c'est le seul être qui m'aime au monde ; c'est aussi celui que je chéris le plus.

Et il présenta régulièrement Peritus à Langeac, qui eut toutes les peines du monde à s'empêcher d'éclater de rire à l'aspect de la figure hétéroclite du vieux précepteur.

Quand l'hôtesse avait vu les épées rengaînées, elle s'était empressée de tirer les dindons de la broche et de les porter dans une salle voisine, où le couvert était tout dressé.

Un repas commencé sous de tels auspices ne pouvait être que très-gai. Les deux gentilshommes furent bientôt en confiance, et à la seconde bouteille, Hector raconta au vicomte de Langeac ses désirs, ses projets et ses espérances.

— Tout cela me semble fort sage, répondit le vicomte ; mais vous devez vous attendre à quelques difficultés, en votre qualité de nouveau venu de la province.

— Elles ne m'effrayeront pas, repartit résolûment mais sans jactance le marquis.

— C'est parce que je le crois que je vous le dis. Par exemple, si vous voulez faire votre chemin à la cour, il ne faut pas être trop prompt à tirer l'épée.

— Je croyais, au contraire...

— Détrompez-vous, marquis, interrompit Langeac. Écoutez, puisque le hasard nous a réunis, continua-t-il, il faut au moins que ce hasard vous serve à quelque chose. J'ai acquis de l'expérience, un peu à mes dépens, comme cela arrive toujours : eh bien ! cette expérience, je veux que vous en profitiez.

Hector prit une attitude grave, et le vicomte ajouta aussitôt :

— Ce sera d'abord une excellente leçon que de vous apprendre la cause de notre rencontre dans cet endroit perdu : je suis attaché à la cour, où j'ai joui pendant quelque temps d'une assez grande faveur.

L'attention d'Hector redoubla.

— Mais j'ai le malheur d'être querelleur et d'aimer à me battre, vous avez pu vous en convaincre, il n'y a qu'un moment. A Versailles et à Paris, j'ai eu quelques duels assez malheureux pour mes adversaires, ce qui a déplu au roi et *à messieurs du point d'honneur*, vieilles bonnes gens qui ont tous été jeunes. On m'a plusieurs fois averti que j'abusais de la permission qu'a tout gentilhomme de tuer son semblable ; on m'a conseillé d'être plus sage, et quand on a vu que je ne faisais pas plus de compte des avertissements que des conseils, on a fini par m'exiler dans une de mes terres. J'y passais le temps assez joyeusement à boire et à chasser ; mais je suis marié depuis peu et très-amoureux de ma femme, qui, attachée à la maison de madame la dauphine, n'a pu me suivre dans mon exil. Elle est jeune, jolie, un peu coquette, la cour de S. M. Louis XV est un séjour périlleux, et, ma foi, je prends le parti de revenir incognito. Nul ne saura que je suis là-bas, excepté ma femme, et encore, avant de lui apprendre mon retour, me donnerai-je le plaisir de m'assurer de sa manière d'agir à mon égard pendant mon absence. Toute cette comédie ne sera pas longue, puisque mon exil finit en réalité dans quelques semaines ; mais, tout en me cachant, je pourrai peut-être vous aider de mon expérience, et vous guider sur ce terrain brûlant, où vous allez poser le pied pour la première fois : cela vous convient-il ?

— On ne saurait davantage, et je bénis le ciel de notre rencontre, répondit Hector avec gratitude.

— Nous continuerons donc notre route ensemble, poursuivit Langeac ; nous passerons quelques jours à Paris, où vous échangerez ce costume de province contre les modes du jour, et nous partirons pour Versailles : je présume que vous y avez quelqu'un pour vous présenter, car moi je ne pourrais le faire tant que je serai obligé de me tenir à l'écart.

— J'ai un vieil oncle maternel, le commandeur de

Cardillac, qui occupe un poste élevé dans la vénerie du roi, dit Hector.

— J'ai l'honneur de le connaître, et vous serez en bonnes mains, si toutefois il veut s'occuper sérieusement de vous, car l'excellent commandeur, comme tous les vieux courtisans et même comme beaucoup de jeunes, est très-égoïste; mais, sans compliment, vous flatterez sa vanité, et alors je suis sûr qu'il se fera un plaisir de vous produire dans le monde et à la cour, où il jouit d'une grande considération. Aimez-vous le jeu?

— Je n'en sais rien, répondit naïvement Hector.

— Tâchez de conserver cette heureuse ignorance, mon cher marquis, et bornez-vous à la galanterie; c'est beaucoup plus agréable et bien moins cher.

— Est-il donc nécessaire de... de... se hasarda à dire Peritus, qui n'avait pas encore prononcé une parole, bien que, contre son habitude, il n'eût pas perdu un seul mot de la conversation que nous venons de rapporter.

— Ce n'est pas seulement nécessaire, c'est indispensable, répliqua Langeac du ton le plus sérieux. Il n'y a que deux manières de faire son chemin à la cour : le jeu et les femmes.

Peritus pâlit, et Hector sentit dans tout son être des tressaillements inconnus : ses passions venaient de recevoir le choc qu'elles attendaient pour s'éveiller.

— Allons nous coucher maintenant, dit Langeac en se levant de table, et demain mettons-nous en route dès le point du jour.

Le surlendemain, les deux gentilshommes virent sur

le soir les brumes de la Seine au milieu desquelles se dessinaient vaguement les tours de Notre-Dame et la masse imposante des Tuileries.

Quelques heures après, ils arrivèrent, et descendirent dans une des grandes maisons garnies du quartier Saint-Honoré. Hector et Langeac étaient déjà liés comme s'ils avaient passé leur vie ensemble.

III

Le masque noir.

Après moins d'une semaine de séjour à Paris, Hector, grâce aux soins de M. de Langeac, n'était plus reconnaissable. La métamorphose était aussi complète que l'est celle de l'immobile et hideuse chrysalide devenue tout à coup le léger et brillant papillon.

Avec le costume élégant de la cour, Hector avait pris comme par enchantement les manières élégantes et aisées des courtisans, et à le voir au bout de deux ou trois jours, on eût dit qu'il avait passé sa vie à glisser sur les parquets de Versailles, une main sur le pommeau de son épée, l'autre dans la ceinture de sa culotte de petit velours gros bleu.

Tout le charmait à Paris, depuis l'Opéra jusqu'au Palais-Royal ; mais il ne s'étonnait de rien, parce que son imagination lui avait à peu près tout révélé.

Quant à Peritus, il était comme enivré de tout ce qu'il voyait et entendait : les splendeurs de la bibliothèque royale surtout lui causaient des ébahissements extraordinaires, et, quand il entrait dans ces vastes salles, remplies depuis le plancher jusqu'au plafond de livres rares et de manuscrits précieux, il lui fallait toujours un quart d'heure pour en arriver à se convaincre qu'il n'était pas le jouet d'un rêve.

Sa satisfaction était telle, que le pauvre homme ne s'apercevait pas qu'il ne voyait presque plus son élève, et qu'il s'inquiétait plus de ce que pouvait devenir le précieux rejeton des Cout-Kérieux.

Il va sans dire que le marquis et le vicomte ne se quittaient plus, et ils faisaient de si bonnes parties ensemble, que le projet d'établissement à Versailles était chaque soir ajourné au surlendemain.

— Il serait ridicule, disait Hector à Ferdinand, de me montrer à la cour avant d'être parfaitement initié à la vie du gentilhomme d'aujourd'hui. Je pourrais y faire quelque gaucherie dont je serais inconsolable.

— Si vous n'êtes plus retenu que par cette considération, mon cher marquis, répondait Langeac, vous pouvez vous lancer dès demain : je regarde votre *initiation* comme aussi complète que possible.

— Sauf un point essentiel.

— Et lequel, s'il vous plaît ? n'avons-nous pas...

— Nous n'avons pas encore joué, interrompit Hector avec une vivacité sombre ; et vous m'avez dit lors de notre première rencontre qu'on ne pouvait s'avancer à la cour que par les femmes ou par le jeu.

— C'est vrai, mais je croyais que nous étions tombés d'accord que nous n'userions que d'un seul de ces moyens.

— Je voudrais aussi essayer de l'autre, ne fût-ce que pour les comparer. D'ailleurs, mieux vaut avoir deux cordes à son arc qu'une seule, comme dit Peritus, quand il met à la fois sur son assiette une tranche de bœuf et une aile de volaille.

— Eh bien ! nous jouerons donc, puisque cela vous sourit : si vous allez trop loin je serai là pour vous retenir.

Le soir même, Langeac présenta Hector dans une maison d'une honnêteté quelque peu douteuse, où l'on jouait des sommes folles au lansquenet et au pharaon. La société y était nombreuse et mêlée : elle offrait un assez curieux assemblage de chevaliers de Malte équivoques et de marquises problématiques.

Hector, nous le savons, avait la conception prompte. Après quelques minutes d'attention, il connaissait la marche du pharaon et du lansquenet, et il se dit qu'il pouvait risquer sur le tapis vert quelques pièces d'or, qui brûlaient ses doigts enfoncés dans la poche de sa veste de satin blanc pailleté.

Langeac, qui l'observait, fut enchanté de sa bonne tenue et de son calme : il se dit : « *Voilà un garçon qui ira loin, si rien ne l'arrête en route.* »

Un joueur en s'en allant laissa une place vide autour de la table ; Hector s'en empara, et, pour constater ses droits à cette espèce de prise de possession, il engagea deux louis avec l'aplomb d'un hanteur de brelans consommé.

Il gagna ; ce qui lui faisait quatre louis, qu'il rejoua aussitôt : la chance était pour lui, il gagna encore.

Alors il tripla, quadrupla, quintupla sa mise sans pouvoir lasser la fortune, ce à quoi, du reste, il ne tenait pas le moins du monde. Bientôt il eut des sommes considérables devant lui, et toutes les marquises fantastiques qui se trouvaient là l'assaillirent de leurs œillades et le favorisèrent de leurs sourires.

Langeac, émerveillé de ce bonheur, pria Hector de jouer pour lui. Il le fit, et la chance lui resta constamment favorable. L'or s'entassait, le gain était énorme, les autres joueurs avaient l'air consterné. Aucun d'eux ne s'était jamais vu dans une veine de gain aussi soutenue.

En apparence, Hector était impassible ; mais on eut bientôt la preuve que ce sang-froid n'était qu'apparent, car tout à coup l'heureux joueur pâlit, sa tête s'inclina de côté, et sans le vicomte, qui se précipita pour le soutenir, il serait tombé à la renverse sur le dossier de son fauteuil.

Mais, tout en cédant à cet évanouissement, Hector avait étendu les mains comme pour couvrir son or. Elle était désormais indomptable, cette passion que la marquise de Cout-Kérieux n'avait pas su entrevoir dans l'âme encore engourdie de son enfant.

De retour chez lui, le jeune marquis répandit sur son lit tout l'or qu'il avait gagné. Il y baignait ses mains avec une sorte de délire ; des exclamations entrecoupées sortaient de sa bouche ; une joie surnaturelle, satanique, faisait étinceler son regard. Peritus était étonné de voir toutes ces richesses et toute cette folie.

Pendant plusieurs jours, Hector continua d'avoir le même effrayant bonheur. Soit qu'il remuât des cartes ou qu'il secouât des dés, la chance était également favorable. Langeac, qui avait peur de la voir tourner, pressait le jeune marquis de partir pour Versailles, où, disait-il, sa bonne fortune trouverait un théâtre plus digne de lui; Hector imaginait toujours des prétextes pour reculer le moment du départ.

— Si nous attendons encore, dit enfin le vicomte, la cour partira pour Fontainebleau, et Dieu sait quand vous pourrez être présenté.

— Eh bien! demain! dit Hector. Je vous donne ma parole de gentilhomme que je ne changerai plus d'avis.

Le lendemain, Hector s'exécuta de bonne grâce, et les deux amis arrivèrent à Versailles.

Le vicomte de Langeac alla s'établir dans un cabaret obscur de la vieille ville; Hector prit un logement dans le beau quartier, et il s'y installa avec Peritus et ses deux laquais.

Puis il alla se présenter chez le commandeur de Cardillac, qui le reçut fort bien et lui promit de s'adresser le jour même au premier gentilhomme de la chambre pour sa présentation à Sa Majesté.

Le lendemain, M. de Cardillac envoya un de ses gens chez son jeune parent, pour lui faire savoir que le roi avait dit qu'il serait charmé d'admettre, le jeudi suivant, à l'honneur de lui faire sa cour, le jeune marquis de Cout-Kérieux. Sa Majesté avait ajouté gracieusement qu'elle se souvenait encore de la belle conduite du défunt marquis à la bataille de Fontenoy.

Le jeudi suivant, et on était au vendredi ; c'était donc une semaine presque entière qui restait à Hector pour admirer à son aise les splendeurs de Versailles, ou retourner jouer à Paris.

Il alla en compagnie de Peritus consulter Langeac, qui lui tint ce petit discours :

— Tout vous a réussi, jusqu'à présent, mon cher marquis ; il est donc sage de penser que vous ne tarderez pas à voir le revers de la médaille. Avec l'or que vous avez gagné, vous pourrez faire une brillante figure à la cour et vous y pousser beaucoup plus vite. Laissez un peu reposer le jeu et essayez de l'amour. Si vous êtes malheureux de ce côté, vous reviendrez aux cartes pour vous consoler. Ceci n'est pas de la morale bien sévère, ce me semble. Qu'en pensez-vous, monsieur Peritus ?

— Admirablement écrit, monsieur le vicomte, répondit Peritus, qui avait pris sur une table un nouveau volume de Buffon.

Hector sourit de la distraction du vieux précepteur, et il convint que rien n'était plus sage que les conseils du vicomte ; puis, pour être conséquent, il rendit la liberté à Peritus, et il annonça à son ami qu'il le quittait pour visiter le parc dans les plus grands et les plus petits détails.

Quelques minutes après, il errait sous les beaux ombrages de la magnifique allée qui longe sur la gauche le bassin du char embourbé. Il réfléchissait à tout ce qui lui était déjà arrivé depuis qu'il avait quitté la Bretagne, et surtout à ce qui pouvait lui arriver encore, car le marquis était de ces hommes dans l'âme desquels le souvenir tient moins de place que l'espérance.

Tout à coup il fut arraché à ses méditations par le frôlement d'une robe de soie et un chuchotement de voix féminines.

Il se retourna avec une vivacité qui annonçait plus de curiosité que de savoir-vivre, et aperçut, à quelques pas derrière lui, deux femmes, jeunes, charmantes, vêtues avec une élégante simplicité, et ayant tout l'air d'appartenir au meilleur monde de la cour, car elles semblaient être dans le parc de Versailles comme chez elles.

Hector les salua profondément, bien qu'il n'eût pas l'honneur de les connaître, et les deux jeunes femmes, qui avaient déjà souri de la pétulance d'enfant avec laquelle Hector s'était retourné pour les voir, sourirent encore de son salut, car elles avaient compris que ce manque d'usage avait pour origine un trouble très-flatteur pour elles.

D'abord, le marquis prit la résolution de régler sa promenade de manière à ne plus rencontrer ces personnes, qui avaient paru se moquer de lui. Il prit donc une direction opposée à celle qu'il avait suivie jusqu'alors ; mais peu à peu, il ralentit son pas, il s'arrêta, se retourna ; bref, voyant les deux femmes s'engager dans une allée sur leur gauche, il manœuvra de façon à se croiser avec elles, et par conséquent à les voir en face. Il y réussit, et tout en s'assurant qu'elles étaient toutes deux charmantes, il remarqua particulièrement la beauté de l'une d'elles. Cette dernière était grande, svelte, blonde avec des yeux bleus ; son pied et sa main étaient d'une petitesse adorable, avantages aristocratiques s'il en fut.

Quatre fois, dans une promenade d'une heure, les savantes manœuvres d'Hector le mirent, sans trop d'affectation et d'inconvenance, sur le chemin des deux belles promeneuses : un témoin désintéressé de cette petite chasse eût pu facilement supposer que si la poursuite était vive d'un côté, le désir d'échapper n'était pas très-grand de l'autre.

Cependant, à une cinquième rencontre, Hector crut remarquer une expression de mécontentement sur le visage de la plus jolie des deux inconnues, et, concluant de là qu'on le trouvait indiscret, il se résigna à abandonner le champ de bataille, et alla s'asseoir à l'écart sur un banc, où il se mit à rêver à la belle blonde.

Il en rêva tout le jour, il en rêva toute la nuit, et le lendemain courut parler de son aventure (le mot était un peu ambitieux) à son ami le vicomte de Langeac.

— Faites une conquête, mon ami ! s'écria Langeac ; rien ne vous mettra mieux en cour, croyez-moi.

— Mais elle a eu l'air de me trouver fort ridicule.

— Bravo !

— Comment, bravo !

— Sans doute ; l'essentiel était qu'elle fît attention à vous ; mais si elle eût eu l'air de vous trouver, dès le premier abord, charmant, cela me serait fort suspect. Elle vous a ri au nez, mon cher : c'est une femme de la cour à laquelle vous ne déplaisez pas.

— Vous avez une manière d'envisager les choses....

— Qui est la vraie, interrompit vivement Langeac. Vous comprenez, mon ami, que quand cette femme, qui a commencé par se moquer de vous, et qui vous prend peut-être pour un gauche provincial, vous rencontrera dans la grande galerie de Versailles, les jours de réception, elle sera un peu confuse de sa méprise. Alors vous vous ferez présenter juste au moment où votre vue l'aura fait rougir; vous lui direz quelques paroles très-vives; elle voudra réparer ses torts, et quand les femmes se mettent à réparer, cela va un train, un train...

— Vous n'y allez pas doucement, vous-même, interrompit à son tour Hector.

— Il y a cent à parier contre un, que les choses se passeront ainsi : enfin vous me le direz, n'est-ce pas ? Je tiens beaucoup à connaître la fin de l'histoire.

Ce jour-là, à la même heure que la veille, Hector retourna dans le parc. Le cœur lui battait de crainte et d'espoir; bientôt il lui battit d'émotion, car à l'extrémité d'une longue allée, il vit de loin venir deux femmes, qu'il reconnut bien vite pour les charmantes promeneuses, dont il avait entretenu Langeac.

Hector s'était dit qu'il leur parlerait, résolution un peu téméraire, puisqu'il n'est guère d'usage d'accoster des femmes que l'on ne connaît pas.

Néanmoins il se tint prêt à tout hasard, car le hasard était son Dieu depuis qu'il avait gagné au lansquenet et au pharaon. Donc, Hector jeta son chapeau sous son bras gauche, d'une façon tout à fait galante, puis il répandit quelques grains de tabac d'Espagne sur son jabot de dentelles, et ayant passé sa veste et son habit, il se mit à marcher lentement, les yeux tantôt fixés sur le feuillage des grands arbres, tantôt errant sur le gazon des pelouses ou le sable des allées, mais toujours avec un air distrait et rêveur du meilleur effet; toutefois, plus les belles promeneuses approchaient, et plus Hector sentait son attitude cavalière se transformer en contenance gauche et embarrassée. Son cœur battait violemment, les phrases qu'il avait préparées se disloquaient dans sa mémoire, de manière à ne plus présenter un sens intelligible; il était rouge comme un écolier qui vient de voler des pommes; bref, il se faisait pitié à lui-même. Pour l'achever, les deux femmes l'ayant croisé, Hector leur fit un salut qui sentait Cout-Kérieux incontestablement plus que Versailles, et le sourire moqueur de la veille vint lui donner le coup de grâce. Alors le pauvre garçon s'accabla de malédictions véhémentes et de reproches sanglants; il se dit qu'il serait plus brave à la première occasion, et qu'après tout, ce n'était pas chose si difficile que de dire à une femme : *Madame, vous êtes charmante!* L'occasion se présenta une seconde fois, elle se représenta même une troisième; Hector ne se sentit pas plus de courage, et il allait abandonner la place, quand un événement inattendu lui vint en aide.

Un palefrenier de la grande écurie promenait dans le parc deux magnifiques chevaux que le roi d'Angleterre avait récemment envoyés au roi de France. Celui qui était en main s'effraya du passage d'une bête fauve, et faisant un violent écart, il cassa le bridon qui le retenait. Se sentant libre, il commença par gambader sans changer de place, comme s'il essayait ses forces, puis il s'élança avec la rapidité de l'éclair, revint bientôt sur ses pas avec la même vitesse, rua, se cabra, fit des bonds furieux à droite et à gauche, et devint bientôt l'effroi des quelques personnes qui se trouvaient là. Les deux jeunes femmes ne furent pas les dernières à s'alarmer, et la plus jolie, celle qu'aimait Hector, quitta le bras de sa compagne et se mit à fuir; mais son émotion paralysant ses forces, elle ne fit que quelques pas, et elle se laissa tomber sur un banc où elle s'évanouit.

Hector n'avait pas attendu ce temps pour se mettre à la poursuite du fougueux animal. Léger, intrépide, vigoureux, il était parvenu à le saisir, et il le conduisait au palefrenier, lorsqu'il aperçut la jeune femme évanouie, et son amie qui lui prodiguait les soins qu'on donne en pareil cas.

L'occasion était trop bonne pour la laisser échapper. Hector, ayant rendu un premier service, se croyait tout à fait en droit d'en offrir un second; c'est ce qu'il fit à l'instant même.

La jeune femme rouvrit les yeux, sourit légèrement à son amie penchée sur elle, et adressa à Hector son remercîment dans un regard rempli de douceur et de reconnaissance.

Puis elle voulut se mettre debout, mais ses jambes fléchirent, et elle retomba sur le banc.

— Si madame veut le permettre, dit Hector d'une voix frémissante d'émotion, je puis la porter jusqu'à sa voiture, qui l'attend sans doute à une des issues du parc.

— Merci, monsieur, dit la jeune femme d'une voix

harmonieuse qui fit tressaillir Hector; j'espère que je pourrai marcher tout à l'heure et cela me fera du bien; je me sens déjà beaucoup mieux.

— Je puis du moins avertir vos gens.

— C'est inutile ; mais de grâce, monsieur, dites-nous à qui nous sommes redevables de tant de bonne grâce.

Hector se nomma.

— Nous ne vous avons pas encore vu à la cour, n'est-ce pas, monsieur le marquis? demanda l'autre jeune femme.

— Mon oncle, le commandeur de Cardillac, doit me présenter jeudi prochain. Je suis depuis très-peu de temps à Versailles.

— Vous êtes neveu du commandeur de Cardillac ? dit la jeune femme blonde : je le connais beaucoup et je le vois presque tous les jours chez moi.

Hector fut ravi de cette découverte, dont il se promit bien de profiter.

— Puisqu'il en est ainsi, continua la jeune femme en riant, vous danserez avec moi le premier menuet du premier bal de la cour où nous nous rencontrerons.

Hector s'inclina avec le plus hypocrite respect, puis il courut à toutes jambes au logis de Langeac pour le mettre au fait de cette seconde phase de *son aventure :* pour cette fois, l'expression n'était pas exagérée.

Le vicomte l'écouta attentivement.

— Maintenant, dit-il, si vous savez conduire votre barque, mon cher marquis, dans huit jours vous aurez un rendez-vous.

— Vous croyez !

— J'en suis sûr, et même je mets les choses au pis.

A la cour de S. M. Louis XV, ces sortes d'affaires vont très-vite.

— Pour vous, peut-être, qui êtes un roué ; mais pour moi...

— Vous, on vous traitera mieux encore, si c'est possible. On ne voudra pas vous décourager pour votre début.

— Mais enfin, si j'étais tombé sur une femme très-vertueuse, très-attachée à ses devoirs...

— Je ne connais guère que la mienne qui soit dans ce cas, interrompit Langeac.

— Très-amoureuse de son mari, ajouta Hector.

— Vous auriez alors une excellente chance de plus.

— Qu'entendez-vous par ces paroles ?

— Ce serait trop long à vous expliquer, au lieu que la pratique vous mettra au fait très-promptement.

— Ainsi, vous m'encouragez à persévérer ?

— Certainement, et je réponds des résultats.

— Eh bien ! j'essayerai.

Chaque après-midi, quand le temps le permettait, Hector se rendait dans le parc ; il y trouvait son inconnue et causait longtemps avec elle.

— Comment vous appelez-vous donc, madame ? se hasarda-t-il à lui demander un jour.

— Vous le saurez plus tard.

— Pourquoi pas dès à présent ?

— C'est un caprice, mais je vous crois trop galant pour ne pas le respecter.

— Eh bien ! j'attendrai, dit Hector avec un soupir.

Comme on vient de le voir par ce lambeau de conversation, le mot d'amour n'était jamais prononcé entre le marquis et la belle inconnue, et cependant tous deux savaient qu'ils s'aimaient et que viendrait le jour où ils pourraient se le dire.

Enfin, ce fameux jeudi où Hector devait paraître à la cour, et par conséquent savoir le nom de celle qu'il adorait, ce fameux jeudi arriva. Le soir, après la réception, il devait y avoir bal et même bal masqué dans les grands appartements.

— Après le bal, pensait Hector, on soupera, elle ôtera son masque, et mon oncle le commandeur me dira qui elle est.

Comme il caressait ce doux rêve, un de ses gens lui remit un billet qu'avait apporté, dit cet homme, un laquais sans livrée, ce qu'on appelait alors un *grison*.

Voici ce que contenait ce billet, dont l'écriture était évidemment déguisée :

« Ce soir, à onze heures, si le temps reste aussi beau, je vous attendrai dans le bosquet d'Apollon, près de la statue de l'Amour. Je serai déguisée en bergère et mon masque sera noir. N'oubliez pas notre menuet. »

IV

— A merveille! à merveille, mon cher Hector! s'écria le vicomte de Langeac quand son ami lui montra le billet de la belle inconnue, maintenant n'allez pas faire de gaucheries, je vous en conjure! au surplus, je serai près de vous ce soir, et si je vous vois prendre une fausse route, je vous remettrai dans le bon chemin. Il ne saurait me convenir qu'un gentilhomme qui m'a honoré de son amitié soit dupe d'une coquette.

— Quoi! vous supposeriez...

— Je ne suppose rien, interrompit Langeac, mais il est bon de se préparer à tout, et quoique les coquettes soient rares par le temps qui court, il ne serait pas absolument impossible... enfin convenez qu'il y aurait, pour votre belle inconnue, matière à rire de vous si vous alliez l'attendre dans le bosquet d'Apollon pendant qu'elle jouerait de la prunelle avec un autre dans le bal.

— Pourquoi me tromperait-elle? je ne suis pas encore son amant en titre.

— Ceci ne laisse pas que d'être assez profond, répondit le vicomte : cependant, mon cher Hector, vous me permettrez de vous déclarer que la première partie de votre question ne me semble pas avoir le sens commun : il ne faut jamais dire d'une femme, quelle qu'elle soit : *Pourquoi me tromperait-elle?*

— Et la raison de cela? demanda Hector d'un ton qui trahissait une certaine inquiétude.

— Est la plus simple du monde : on trompe sans nécessité afin de tromper plus adroitement quand il est indispensable de le faire... Au reste, mon cher marquis, ceci n'est qu'une supposition, et je crois votre inconnue de très-bonne foi ; ce qu'elle fait est d'une grande hardiesse, il faut en convenir ; mais l'inexpérience a souvent de ces témérités-là : c'est peut-être une femme à sa première aventure.

— Plût à Dieu! dit Hector entre ses dents.

— J'aimerais mieux le contraire pour vous ; mais je vous le répète, je serai, en cas de besoin, à portée de venir au secours de vos deux innocences.

— Vous serez là! expliquez-moi comment : puisque votre exil n'est pas fini, vous ne pouvez pas vous montrer à la cour, repartit Hector.

— C'est vrai : mais quoique nous soyons en plein été,

le bal de ce soir est masqué pour tous ceux qui le veulent.

— Comment entrerez-vous ?

— Très-facilement : les huissiers chargés de reconnaître à la porte les personnes de la cour ignorent si mon exil est ou n'est pas fini ; puis si mon escapade fait assez de bruit pour arriver jusqu'aux oreilles du roi, madame la dauphine, qui aime beaucoup la vicomtesse de Langeac, ma femme, demandera ma grâce ; ainsi je me risque ! C'est une bonne folie à faire, je la ferai... et puis, comptez-vous pour rien le plaisir de reconnaître et peut-être d'intriguer ma femme ? A propos, quel costume comptez-vous porter ?

— Celui de Lekain dans Orosmane.

— L'idée est assez originale ; se déguiser en jaloux pour aller à un premier rendez-vous, c'est dire à celle qui le donne : *Si vous me trompez, vous savez ce qui vous attend*. Marquis, vous tournerez toutes les têtes avant un mois.

— Pour le moment, je n'en veux tourner qu'une.

— Eh bien ! dit Langeac, je prendrai un costume tout pareil au vôtre.

— Moi, je n'aurai pas de masque, répondit Hector.

— Et moi j'en aurai un par nécessité de position ; ce sera charmant ! A ce soir donc ! Comment nous retrouverons-nous ?

— J'irai vous prendre. Ma présentation a lieu à huit heures ; je reviendrai chez moi à neuf pour m'habiller en Turc, et à dix je puis être chez vous.

— C'est entendu ; vous me trouverez prêt.

— A revoir, mon cher vicomte.

— A revoir, mon cher marquis. N'oubliez pas mes recommandations, brusquez l'aventure.

Tout se passa comme il avait été convenu. A huit heures, Hector, conduit par le commandeur de Cardillac, fut présenté au roi, qui lui fit l'accueil le plus gracieux ; à neuf heures, il rentrait chez lui ; quarante-cinq minutes après, sa voiture s'arrêtait à la porte du petit logis du vicomte de Langeac.

Ainsi que celui-ci l'avait prévu, il entra sans difficulté dans la galerie où se donnait le bal ; alors les deux amis se séparèrent en se promettant de se retrouver à la sortie du bosquet d'Apollon.

La fête fut d'une magnificence sans pareille.

Qui ne connaît la splendide galerie de Versailles, cette galerie qu'aimait Louis XIV, et qui semble faite exprès pour montrer au milieu de la cour la plus brillante le plus grand monarque du monde ?

Éclairée par des milliers de bougies que répétaient à l'infini des centaines de glaces, ornée de guirlandes de fleurs, suspendues en festons sous les merveilleuses peintures de Lebrun, elle offrait un spectacle vraiment magique, auquel ajoutaient encore la beauté des femmes, l'élégante distinction des hommes, la richesse et la variété des costumes de tous ; en un mot rien de pareil ne s'était vu depuis les splendides folies de Louis le Grand.

Cependant tous ces prodiges, si nouveaux pour lui, n'avaient pas le pouvoir d'arracher un seul instant Hector à la pensée du bonheur qui l'attendait. Il vit cet éclat, respira ces parfums, entendit les accords d'une musique délicieuse, mais c'était machinalement qu'il faisait ces choses, et en réalité son âme tout entière errait déjà sous les mystérieux et sombres ombrages du bosquet d'Apollon. Enfin, la préoccupation de son esprit était telle, qu'il fut quelques moments sans remarquer une femme en costume de bergère, le visage couvert d'un masque noir, qui se tenait debout devant lui.

— Oubliez-vous donc notre menuet? lui dit une voix qui fit bondir son cœur dans sa poitrine.

Pour toute réponse, il saisit avec un mouvement passionné la main qu'on lui tendait, et presque aussitôt le menuet commença.

Quand il fut fini, l'inconnue se pencha vers Hector après s'être dressée sur la pointe du pied, puis elle lui murmura à l'oreille :

— Onze heures !

— Onze heures ! répéta Hector avec un inexprimable ravissement.

— C'est singulier, se disait en lui-même le vicomte de Langeac en ce moment ; il m'est impossible, au milieu de cette foule, de découvrir ma femme... pourvu qu'elle ne soit pas malade.

Les pendules marquaient dix heures et demie ; Hector et Ferdinand se rencontrèrent.

— Eh bien ! heureux mortel, elle approche, l'heure du berger, dit le second.

— Mon ami, je vous cherchais justement pour vous demander un service, répondit Hector d'une voix déjà toute frémissante d'émotion.

— Tout est à votre disposition, marquis ! mes conseils, ma bourse, et, à défaut de mon épée, le poignard que je porte à ma ceinture ; vous le voyez, mon costume est tout semblable au vôtre... mais de quoi s'agit-il ?

— Sortez dans le parc en même temps que moi, et soyez assez bon pour faire le guet près du bosquet d'Apollon pendant mon rendez-vous ; puis, si quelqu'un venait de votre côté, vous me préviendrez en frappant des mains.

— Comment donc ! presque une aventure, mais c'est charmant ! c'est un service qu'on m'a souvent rendu, et que je suis heureux de pouvoir vous rendre à mon tour ; ainsi comptez sur ma vigilance qui n'aura d'égale que ma discrétion.

Ils se dirigèrent du côté du bosquet d'Apollon, où Hector entra seul ; quant à Langeac, il se mit en observation à quelque distance, de manière à pouvoir surveiller tout ce qui viendrait du côté du château.

Mais il ne vit que l'inconnue, qui se glissait comme un sylphe le long des hautes charmilles : elle disparut bientôt dans le bosquet.

— Ce marquis est un heureux coquin, dit Langeac à voix basse. Maintenant, pourvu qu'il n'aille pas s'amuser à faire du sentiment.

Comme l'a dit Victor Hugo, dans *Notre-Dame-de-Paris*, ce livre d'une couleur si originale et d'une poésie si étrange, c'est une chose assez banale qu'une causerie d'amoureux ; c'est un *je vous aime perpétuel*, phrase musicale fort dénuée d'ornements, et très-insignifiante, très-fade pour les indifférents qui l'écoutent.

Nous ne reproduirons donc point ici un dialogue que tout le monde d'ailleurs peut se figurer. Serments d'amour, promesses de respect, assurance de discrétion, et autres tromperies empruntées au dictionnaire des amants, Hector et la belle inconnue ne se firent faute de rien ; le tout à voix basse d'abord, comme cela se pratique ordinairement quand chacun est encore un deu maître de soi.

Nous pensons que pour le moment il est plus convenable de revenir au vicomte de Langeac.

Il s'était d'abord discrètement promené en long et en large à quelque distance du bosquet, s'efforçant d'écouter les bruits lointains de la fête, afin de ne pas entendre celui beaucoup plus faible qui murmurait à quatre pas de lui. Peu à peu, et sans le vouloir peut-être, sans s'en apercevoir même, il se rapprocha du bosquet, près duquel il se tint immobile, ce qui était déjà une petite déloyauté, car ne faisant aucun mouvement, le doux murmure à peine distinct pouvait lui arriver d'une manière plus significative. Que ce fût ou non, Langeac, dominé par un invincible sentiment de curiosité, en arriva bientôt à coller son oreille contre la muraille de charmille : il était tout à côté de la porte par laquelle Hector et la belle inconnue étaient entrés, et il voyait à la vague lueur des étoiles deux formes humaines pittoresquement groupées au pied de la statue de l'Amour.

Il écouta donc, et assez longtemps même, sans donner aucun signe extérieur d'émotion. Bientôt il s'agita, se frappa le front comme un homme qu'un doute affreux tourmente ; il enfonça violemment sa tête dans la charmille pour mieux écouter, puis, poussant un cri où la fureur se mêlait d'une façon terrible au désespoir, il se précipita comme un tigre dans le bosquet, Là, prenant dans ses bras la jeune femme, il la traîna sous un rayon de lune, lui arracha violemment son masque, la jeta à demi morte sur le gazon, après avoir contemplé ses traits une seconde, et s'élançant sur Hector, que la rage rendait immobile, il le frappa au visage en lui disant :

— Tirez votre poignard, monsieur ! et qu'un de nous deux meure à l'instant même... Cette femme est la mienne !

Le combat fut court, mais terrible ! Dès le premier choc, Langeac s'enferra lui-même et tomba roide mort ! Hector, pendant un instant, contempla d'un œil égaré ce cadavre souillé de sang et cette femme évanouie, dont ce même sang mouillait les longs cheveux épars. Alors il chercha machinalement son poignard dans l'herbe, puis il s'enfuit sans savoir où il allait. Il était à moitié fou.

A quatre heures du matin, il se retrouva par hasard à la porte de son logis, où il entra dans un état à faire pitié. Son riche costume était couvert de boue ; son visage, à force d'être bouleversé, n'avait plus forme humaine ; ses yeux fixes et injectés de sang étaient effrayants dans leur sinistre immobilité.

Peritus, qui s'était endormi sur un in-folio, eut un réveil terrible, quand, à la lueur pâlissante d'une petite lampe, il aperçut en face de lui Hector dans une attitude qui était plutôt celle d'un spectre que celle d'un être vivant.

— Mon Dieu ! que vous est-il donc arrivé, mon cher élève ! s'écria-t-il en se levant précipitamment de son fauteuil. Mais vous êtes méconnaissable ! je vais appeler

Comtois ou Humbert, faire chercher un médecin, y aller moi-même...

— N'appelez qui que ce soit, Peritus, murmura Hector d'une voix sombre. J'ai tué un homme !

Et le malheureux Hector tomba comme si la foudre l'avait soudainement frappé.

Peritus le porta dans son lit, aidé par Humbert, le valet de chambre du marquis, sur la discrétion duquel on pouvait compter. Puis on courut à la recherche d'un médecin, mais il s'écoula quelques heures avant qu'il fût possible de s'en procurer un.

Quand celui qui avait promis de venir arriva, le délire du malheureux Hector était devenu de la stupeur ; de sorte qu'aucune parole compromettante pour lui ne s'échappa de sa bouche. Le médecin qualifia pompeusement la maladie en termes moitié latins, puis il pratiqua une forte saignée au pied, prescrivit quelques boissons calmantes, recommanda un repos absolu autour du malade, et s'en alla après avoir promis qu'il reviendrait dans la soirée.

Hector fut pendant une semaine entre la vie et la mort : une fièvre ardente usait rapidement ses forces ; un délire, tantôt furieux, tantôt stupide, faisait craindre à chaque instant une folie permanente.

Le bon Peritus était au désespoir. Jour et nuit assis au chevet de son élève, il épiait, avec une attention dont nul ne l'eût cru capable, la plus faible espérance de mieux, le moindre éclair de raison, et quand il ne recueillait ni l'un ni l'autre, il se jetait à genoux en poussant des cris déchirants, et il demandait à Dieu de le retirer de ce monde si son cher Hector ne devait pas vivre. Enfin, une amélioration sensible se manifesta dans l'état du malade ; la fièvre tomba, les accès de délire devinrent plus rares et furent moins violents : évidemment la jeunesse triomphait de la maladie. Peu à peu les forces revinrent, mais avec elles le sentiment de la douleur morale dans toute sa puissance ! C'était, en effet, une position affreuse que celle d'Hector, dont le premier amour avait eu pour dénoûment sanglant la mort violente de son premier ami..... Fatal début dans cette vie qu'il avait rêvée avec tant d'ivresse !

Le souvenir de l'horrible catastrophe du bosquet d'Apollon avait d'abord effacé l'amour dans le cœur d'Hector, mais ensuite l'amour revint, et quand le jeune homme apprit que la vicomtesse de Langeac, après avoir déclaré que son mari avait succombé, en sa présence, dans un duel avec un inconnu, avait demandé et obtenu la permission de se retirer dans un couvent de carmélites, ce ne fut plus de l'amour, mais une passion furieuse, indomptable que ressentit Hector. Le monde lui devint odieux, le commerce des hommes insupportable ; ses gens même lui furent bientôt à charge : Peritus seul ne l'importunait pas. Hector passait toutes ses journées à errer sans but, à droite et à gauche, dans cette immense ville de Paris où il était revenu après sa guérison. Son visage avait subi une altération profonde, ses yeux étaient rouges et gonflés de larmes, des signes de vieillesse précoce se montraient à ses tempes, et dans sa chevelure. Il ne mangeait plus, ne parlait plus, n'avait plus un instant de sommeil, et quand Peritus le suppliait de prendre un peu de repos et de nourriture, il le repoussait avec rudesse et se renfermait dans sa chambre pour deux ou trois jours.

Hector avait essayé de pénétrer dans le couvent où la vicomtesse s'était réfugiée, mais quoi qu'il tentât, il n'en put venir à bout ; la ruse et la séduction échouèrent également.

Six mois s'écoulèrent ainsi ; Hector, qui était venu se loger près du couvent afin de surveiller ce qui s'y passait, sortit un jour de chez lui tête nue ; les passants le prirent pour un fou.

L'église du couvent des carmélites avait une entrée sur la rue : cette entrée servait aux parents qui venaient assister aux prises d'habit de leurs enfants, et aux habitants du quartier qui avaient obtenu la permission de suivre les offices dans cette église.

Ce fut là que le malheureux Hector entra, comme il le faisait tous les jours depuis quelque temps. Il s'agenouilla sur une pierre noire, placée à proximité du chœur, et il resta plongé dans une profonde et douloureuse méditation.

Il n'aurait pu dire depuis combien de temps elle durait, lorsqu'il sentit qu'on lui frappait doucement sur l'épaule.

Hector se retourna, et il aperçut derrière lui un petit vieillard, à la figure placide et à l'attitude humble et discrète.

— Monsieur, veuillez quitter cette place, dit cet homme d'une voix douce, elle est nécessaire pour poser le catafalque : nous avons un enterrement aujourd'hui.

Hector leva les yeux, et il remarqua qu'effectivement on posait des tentures noires dans l'église ; alors il alla s'agenouiller plus loin.

On le dérangea encore une fois, quelques instants après, pour appliquer une échelle : l'homme qui le pria de lui céder la place portait à la main un immense morceau de carton taillé en ovale.

Pour appliquer son échelle à la muraille, l'homme pria Hector de tenir un instant son morceau de carton. Hector rendit machinalement ce petit service.

Le carton était un double écusson armorié surmonté d'une seule couronne de vicomte.

Hector se dit qu'il avait vu ces armes quelque part, mais il ne put d'abord se souvenir où, ni dans quelle circonstance.

Peu à peu sa mémoire fut plus exacte, parce qu'un pressentiment terrible vint l'éclairer ; cet écusson était celui de Langeac : plus de doute, la vicomtesse était morte !

Hector fut comme foudroyé par cette découverte ; cependant il eut la force de se traîner jusqu'auprès du petit vieillard qui lui avait parlé quelques minutes auparavant.

— Qui donc est mort ? demanda-t-il d'une voix sombre.

— Une dame pensionnaire du couvent.

— Son nom ?

— La vicomtesse de Langeac, première dame de madame la dauphine ; elle est morte de chagrin d'avoir perdu son mari dans un duel.

Hector tomba à genoux et pleura longtemps. Il vit entrer le cercueil dans l'église, il entendit chanter les hymnes des morts ; puis le cercueil disparut, les chants cessèrent et tout rentra dans le silence.

Hector resta dans l'église jusqu'à ce que, la nuit étant arrivée, le sacristain vint lui dire qu'il devait se retirer, parce qu'on allait fermer les portes.

Il fallut répéter plusieurs fois cette invitation, car Hector n'entendait pas ou ne comprenait rien.

Enfin il se leva en chancelant comme un homme ivre, et il se mit à errer par les rues sans savoir où il allait : il pouvait être huit heures du soir.

Hector marchait au hasard dans la rue Saint-Honoré, et se trouvait à peu près à la hauteur de la chapelle de l'Oratoire, lorsqu'il fut croisé par deux hommes qui disparurent immédiatement sous une espèce de voûte, devant laquelle lui, Hector, venait de passer sans s'en apercevoir.

— C'est le marquis de Cout-Kérieux, dit un de ces hommes à demi-voix, mais assez haut cependant pour que ces paroles arrivassent aux oreilles d'Hector, un peu moins absorbé par sa douleur en ce moment.

Cette circonstance l'engagea à examiner avec plus d'attention les localités, et en particulier la voûte sous laquelle les deux passants venaient de s'engager, et bientôt il reconnut l'entrée d'une fameuse maison de jeu où Langeac l'avait conduit lors de son arrivée à Paris.

A ce souvenir se mêla d'abord un sentiment pénible; mais il fut promptement effacé par une sorte de commotion électrique qu'Hector sentit dans tout son être. Sa tête, depuis des semaines inclinée sur sa poitrine, se releva ; il lui sembla que son œil encore obscurci de larmes récentes, brillait tout à coup de ce feu sombre qu'allume la passion, et que ses mains tressaillaient du frémissement que leur avait fait éprouver jadis le contact de l'or.

A l'instant, Hector glissa furtivement deux doigts dans une des poches de sa veste, et ce fut avec une sensation de joie extraordinaire qu'il y reconnut la présence de quelques doubles louis.

Moins d'une minute après, il entrait dans le célèbre tripot où son apparition causa quelque surprise, personne ne pouvant concevoir qu'un joueur dont les débuts avaient été aussi heureux ne fût pas revenu plus tôt tenter de nouveau la fortune.

Aussi Hector n'eut-il pas besoin d'attendre que quelqu'un quittât la table pour avoir une place. A sa vue, les rangs se serrèrent, une chaise se trouva comme par enchantement derrière lui, et bientôt ses quelques louis roulèrent sur le tapis.

Il gagna, perdit, regagna et finit par réaliser un beau bénéfice. Cela, du reste, lui importait peu ; l'essentiel pour lui, et il savait maintenant à quoi s'en tenir à cet égard, c'est que les émotions du jeu avaient assez de prise sur son âme pour lui faire oublier à la longue les tortures morales qu'il avait subies depuis quelques mois.

— Si je gagne toujours et beaucoup, pensa-t-il, je mènerai une existence si folle, que la douleur n'y trouvera pas sa place ; si, au contraire, je me ruine, ce ne sera point à coup sûr sans quelque circonstance dramatique qui jettera du mouvement dans ma vie : je jouerai.

Hector tint parole. Dès le lendemain, il se lança dans la plus effroyable dissipation. A l'aide de ses gains passés qu'il n'avait pas eu le temps de dépenser encore, il se monta une maison brillante où il reçut une foule de débauchés, de joueurs *toujours heureux* et de femmes plus que suspectes. Le pauvre Peritus, relégué avec ses livres dans une mansarde, entendait le bruit lointain des orgies nocturnes, et ne pouvait penser sans frémir à l'issue fatale de tous ces déportements. Il essaya quelques avis timides dont on ne tint aucun compte, et quelques avertissements plus hardis qui furent reçus avec dédain et colère ; ce que voyant, le bon gouverneur courba la tête et attendit que quelque inspiration du ciel vînt éclairer son élève. Cependant les jours et les semaines s'écoulaient sans amener aucun changement, si ce n'est que la chance avait tourné, et qu'Hector, aussi maltraité par le sort qu'il en avait été favorisé naguère, perdait toujours, sans changer pour cela son genre de vie, entraîné qu'il était par les mauvaises connaissances qu'il avait faites. Enfin le moment vint où le jeune héritier des Cout-Kérieux ayant des chevaux, une maison magnifique, des complaisants nombreux, une fille d'Opéra pour maîtresse, vit disparaître ses vingt derniers louis dans un coup de lansquenet.

La situation était impérieuse, car il n'y avait que deux partis à prendre : l'un sage, qui consistait à retourner en Bretagne pour n'en plus bouger ; l'autre, périlleux, mais flatteur pour l'imagination : on devine qu'il s'agissait de se procurer de l'argent n'importe à quel prix, et de rester à Paris pour y tenter de nouveau la fortune.

Retourner en Bretagne! à cette seule pensée, l'orgueil du marquis s'était indigné. Que diraient tous les hobereaux ses voisins, en le voyant revenir comme il était parti, c'est-à-dire sans avoir obtenu aucune faveur de la cour.

Emprunter de l'argent et jouer encore, et jouer toujours, souriait plus agréablement à l'imagination d'Hector ; mais où trouver un prêteur sur des immeubles situés à deux cents lieues ?

Dans cette perplexité, Hector s'ouvrit à un certain chevalier de Blignac, que le jeu lui avait fait connaître, et qui venait quelquefois s'asseoir sans façon à sa table.

Blignac était un de ces Gascons qui, comme disait Henri IV, sont sortis de chez eux par le brouillard et ne peuvent plus retrouver leur maison. N'ayant ni sou ni maille, toujours aux expédients pour accrocher quelques écus aussitôt dévorés par le pharaon, Blignac connaissait toutes les célébrités de cette engeance funeste qui s'enrichit aux dépens des fils de famille. Au premier mot que lui dit Hector, il s'écria :

— Eh! que ne parliez-vous plus tôt, mon cher marquis ! mais j'ai votre affaire, et si vous le permettez, je vous amènerai demain, à votre lever, un excellent homme qui vous remplira vos coffres en un tour de main.

— Ce n'est pas un usurier, j'espère ? demanda Hector avec une certaine inquiétude.

— Fi donc, mon cher ami! est-ce que je connais ces gens-là? L'homme dont je vous parle ne prête que sur de bonnes garanties, afin de ne demander qu'un intérêt raisonnable : comprenez-vous?

— Oui, oui, je comprends, dit Hector avec la préoccupation d'un homme qui ne voit que les résultats d'une affaire, sans s'inquiéter des moyens d'exécution et des conséquences éloignées.

— A quelle heure voulez-vous que je vous amène mon homme demain? demanda Blignac.

— Est-ce que vous ne pourriez pas me l'amener ce soir? répondit Hector.

Blignac comprit que le marquis de Cout-Kérieux était dans une déplorable situation, et il se promit bien de lui faire valoir le service qu'il allait lui rendre.

— Je ferai de mon mieux, reprit-il, mais je ne réponds de rien pour le moment, c'est-à-dire pour aujourd'hui. Combien voulez-vous emprunter?

— Mais quelque chose comme deux cent mille livres; plus même, si cela se peut.

— Vous comprenez, dit Blignac, que le chiffre n'y fait rien si le gage est suffisant ; mais en offrant au prêteur que j'ai en vue l'attrait d'une grosse affaire, je serai bien plus sûr de vous l'amener plus vite.

Ce soir-là, Hector donna à souper chez lui, mais il eut la prudence de s'abstenir de toucher une carte, parce qu'il ne voulait pas divulguer sa situation en jouant sur parole.

Il feignit donc, tant que durèrent les parties, de s'occuper uniquement d'une jeune actrice de la Comédie italienne, qui venait chez lui pour la première fois.

Mais cette petite ruse ne trompa personne, et les

convives d'Hector se dirent à l'oreille qu'il devait être mal dans ses affaires.

Le lendemain, comme onze heures sonnaient, le chevalier de Blignac présentait au marquis de Cout-Kérieux, sous le nom d'Eléazar, un petit homme chétif et pâle, qu'on aurait pu très-bien comparer à une fouine échappée du poulailler d'un avare.

Hector dit nettement à l'usurier, car c'en était un, ce qu'il attendait de lui. Il s'agissait de lui prêter une somme ronde de deux cent mille livres à un intérêt raisonnable, avec hypothèque sur sa seigneurie de Cout-Kérieux.

L'usurier se récria d'abord sur ce chiffre de deux cent mille livres qu'il trouvait exorbitant ; puis il ajouta qu'il ne prêtait que sur de bonnes lettres de change à une courte échéance ; cependant, par considération pour M. le marquis de Cout-Kérieux, et pour être agréable à son excellent ami le chevalier de Blignac, il verrait, il tâcherait, en s'adressant à des confrères ; mais ceux-ci seraient peut-être plus exigeants que lui ; dans tous les cas, en attendant une promesse plus positive de traiter l'affaire, il engageait toujours M. le marquis à faire venir ses titres de propriété, afin d'être en mesure au besoin.

Tout cela était bien un peu vague, mais Hector comprit, à quelques signes du chevalier de Blignac, qu'il ne fallait pas s'alarmer de ces réticences, et dès que les deux visiteurs l'eurent quitté, il se hâta de monter à la mansarde de Peritus, et il aborda le vieux précepteur avec un sourire caressant sur les lèvres, ce qui ne lui était pas arrivé depuis longtemps.

— Mon bon maître, lui dit-il avec un son de voix affectueux, seriez-vous disposé à faire un petit voyage en Bretagne ?

Le visage dévasté de Peritus s'illumina comme une vieille muraille sur laquelle tombe un splendide rayon de l'aurore.

— Quoi ! mon cher élève, il serait possible que j'allasse... que nous allassions, balbutia Peritus.

— Pour cette fois, il ne s'agit encore que de vous, mon cher maître, interrompit Hector avec une précipitation dans laquelle un observateur plus habile que Peritus n'eût pas manqué de voir l'indice d'un grand trouble d'esprit. Je voudrais mettre un peu d'ordre dans mes affaires, ajouta Hector avec plus de calme, et vous comprenez, mon ami, que je ne puis me confier qu'à vous pour cela.

— Il faudra donc nous séparer, mon cher élève ? dit Peritus, dont la physionomie avait repris subitement son expression de tristesse.

— Ce sera l'affaire d'une quinzaine de jours au plus, mon bon Peritus ; puis vous reviendrez, et nous ne nous quitterons plus ! vous savez que c'est entre nous à la vie et à la mort.

— Eh bien ! que faudra-t-il faire à Cout-Kérieux ? demanda Peritus avec résignation.

— Chercher dans les archives du château tous mes titres de propriété et mes les apporter à Paris.

— Monsieur le marquis ! monsieur le marquis ! s'écria Peritus avec une inexprimable angoisse, au nom de votre respectable mère, dites-moi ce que vous voulez faire de ces papiers ?

Hector avait horreur du mensonge, non par vertu, mais par orgueil ; il répondit donc sans hésiter au vieux précepteur, qui lui avait pris les mains et les serrait avec désespoir :

— Je veux emprunter une somme de deux cent mille livres sur ma terre, et pour cela j'ai besoin de justifier sa valeur.

— Emprunter deux cent mille livres ! répéta Peritus avec consternation... et que ferez-vous de cette somme, mon cher élève ?

— Je la quadruplerai ! repartit Hector avec une confiance superbe ; puis nous retournerons ensemble dans notre chère Bretagne, mon vieux maître, et j'achèterai les landes de Carnac et la forêt de Saint-Patrice, qui ont fait l'envie de mon pauvre père tant qu'il a vécu.

— Et si vous perdez ces deux cent mille livres ? murmura Peritus, dont la voix était devenue aussi faible que celle d'un mourant.

— Il faudrait supposer un grand acharnement du sort, répondit Hector avec hésitation.

— Au nom du ciel, mon cher élève, réfléchissez encore, s'écria Peritus en se prosternant devant le marquis, dont il embrassa les genoux. Mais vous courez à votre perte, mon enfant ! grâce pour le berceau de votre famille ! respect, pitié, pour les cendres de vos ancêtres, marquis de Cout-Kérieux ! songez... songez...

Et la parole expira sur les lèvres du pauvre Peritus, qui n'avait jamais, depuis qu'il était au monde, dépensé autant d'éloquence en un jour.

— Il est trop tard, mon ami, dit Hector avec un mélange de douceur et d'impatience ; je me suis engagé d'honneur à traiter cette affaire, puisque je l'ai sollicitée ; tout ce que je puis vous promettre, c'est de ne tenter la fortune qu'avec prudence. Voyons, relevez-vous, mon cher Peritus, et envisagez les choses avec plus de calme ; je ne suis plus un enfant...

— Plût à Dieu que vous le fussiez encore ! répondit le vieux précepteur en se laissant tomber dans un fauteuil et en se couvrant le visage de ses deux mains noires et osseuses... Mais ne sauriez-vous charger un autre que moi de cette pénible mission ? ajouta-t-il après quelques instants de silence.

— Si vous refusez, il le faudra bien ; mais alors la chose s'ébruitera dans le pays, et tout le monde dira que je me ruine.

— Eh bien ! je partirai quand vous voudrez.

— Demain, dit laconiquement Hector, qui avait hâte d'abréger cette scène.

Le lendemain, Peritus se mettait en route pour la Bretagne, et Hector recommençait à jouer, grâce à quatre cents louis que le juif Eléazar avait consenti à lui avancer sur sa simple signature.

L'absence de Peritus dura trois semaines, qui parurent trois siècles à Hector. Quand il eut ses titres entre les mains, il retourna près d'Eléazar, qui n'hésita pas à compléter la somme promise. Les deux tiers de la seigneurie de Cout-Kérieux étaient engagés, mais le marquis avait de l'or, c'était tout ce qu'il voulait.

Alors commença seulement pour lui la vie qu'il avait rêvée. Il passa tout son temps dans des tripots publics et dans des maisons particulières, où l'on jouait nuit et jour. Quand il gagnait des sommes énormes, ce qui lui arrivait quelquefois, il courait avec frénésie les jeter aux pieds *des impures* de l'Opéra, des courtisanes à la mode, et même des filles du plus bas étage. Il semblait qu'il ne pût jamais arriver assez vite, au gré de ses désirs, au fond de l'abîme ouvert devant lui.

Au milieu de ce monde de chevaliers d'industrie et de femmes perdues, dont il avait fait sa société habituelle, ce qui lui restait de ses nobles instincts et de ses sentiments généreux disparut entièrement : il ne fut ni fripon ni vil, c'est tout ce que nous pouvons dire de lui.

Un soir, il sortit d'un tripot obscur, ayant perdu sa dernière pièce d'or, en fredonnant :

> De l'argent
> Du régent
> Dubois se sert à sa guise ;
> Cardinal,
> Sans égal,
> Nul mieux que lui ne se grise.

Il ne lui restait rien... il n'avait pas soupé... il résolut d'en finir avec la vie, et s'en alla du côté de la Seine... c'est là que nous l'avons trouvé.

DEUXIÈME PARTIE

GUILLAUME LEPICARD

V

Le cabaret du Chariot d'Or.

Maintenant que nous avons mis nos lecteurs au fait des événements qui avaient déterminé le marquis Hector de Cout-Kérieux à aller chercher l'oubli de ses malheurs dans les flots de la Seine, nous rejoindrons notre héros au cabaret fort renommé du Chariot-d'Or, où nous l'avons laissé en compagnie du petit vieillard qu'il venait de tirer d'une situation assez périlleuse.

Quand ce dernier, que nous appellerons désormais Guillaume Lepicard, quoiqu'il ne se soit pas encore nommé lui-même, s'était vu tranquillement assis dans une vaste salle étincelante de lumières et remplie de buveurs bruyants, sa figure avait perdu peu à peu l'expression de terreur qu'elle gardait encore, et elle était devenue bientôt sereine et presque joviale.

On se souvient qu'Hector, en entrant, avait frappé sur la table avec le pommeau de son épée pour appeler un garçon : après deux ou trois appels du même genre, et cinq ou six autres plus énergiques, un garçon était enfin arrivé en courant à toutes jambes, la serviette à la main, l'excuse à la bouche et l'intelligence dans le regard.

Hector, par un reste d'habitude de grand seigneur, allait commander quelque chose, lorsque Guillaume Lepicard, posant la main sur son bras, l'arrêta en lui disant :

— Vous oubliez que c'est moi qui vous ai invité, mon gentilhomme, et qu'en conséquence c'est à moi, si vous le permettez, de...

— J'ai oublié, ma foi, bien autre chose ! interrompit en riant Hector, qui venait de se rappeler tout à coup qu'il n'avait pas même un liard dans sa poche.

— Donnez-nous deux bouteilles de votre meilleur vin de Bourgogne, reprit Guillaume Lepicard, en s'adressant au garçon ; vous savez, ce Volnay que nous bûmes l'autre soir en soupant, monsieur le chevalier du guet et moi ? Mais comme monsieur le marquis préfère peut-être le vin de Bordeaux, vous nous apporterez aussi deux bouteilles de ce vieux Saint-Emilion que l'intendant de monseigneur le maréchal de Richelieu vous a vendu sur ma recommandation. Maintenant, comme il ne serait pas convenable d'arroser des mets vulgaires avec des liquides aussi distingués, vous nous servirez un gigot d'agneau sur une soubise brûlante, et un canard sauvage aux bigarades : allez, et qu'on se dépêche, car nous mourons de faim.

Le garçon, qu'on appelait de tous les côtés, et qui avait donné plusieurs signes non équivoques, quoique respectueux, de l'impatience que lui causait le discours un peu long du vieillard, le garçon, disons-nous, ne se fit pas répéter deux fois l'orde de courir à la cave et à la cuisine.

— Je suis très-connu dans cet établissement, reprit Lepicard en savourant avec un certain contentement de lui-même une prise de tabac qu'il alla puiser au fond d'une boîte d'or assez belle ; et je vous assure, continua-t-il, qu'on y conserve toutes les traditions gastronomiques les plus célèbres. Par exemple, moi qui vous parle, mon gentilhomme, j'ai donné au maître de céans les recettes des meilleures sauces inventées par Sa Majesté le roi Louis XV, qui, vous le savez peut-être, jouit d'une réputation européenne en ce genre trop négligé de nos jours.

Hector ne répondit rien à ce bavardage, qu'il n'avait peut-être pas entendu. Il était rêveur, plus rêveur même qu'une heure auparavant, alors qu'il venait de prendre une détermination suprême. Il se demandait intérieurement dans quel endroit de la rive les flots glacés et bourbeux de la Seine auraient roulé son cadavre, si un hasard n'était venu se jeter à la traverse de son projet ; puis il se disait que ce serait probablement à recommencer le lendemain, et dans ce cas il aurait autant aimé que la chose fût déjà faite.

Guillaume Lepicard regardait le jeune gentilhomme en dessous, avec un mélange de curiosité et de bienveillance. Un léger sourire errait agréablement sur ses lèvres minces, tandis que sa main droite, étendue sur la table, battait machinalement la marche des timbaliers de la compagnie de messieurs les mousquetaires gris.

— Il faudra bien qu'il se déride tout à l'heure, pensait-il ; je l'attends au quatrième verre.

En ce moment, le garçon revint en courant comme il était parti ; mais cette fois il tenait entre ses doigts les quatre bouteilles qu'on lui avait demandées.

Guillaume Lepicard en prit une pour faire contempler à Hector les toiles d'araignées et la poussière épaisse qui la recouvraient ; puis il la déboucha avec une attention minutieuse, versa quelques gouttes dans son verre, leva le verre à la hauteur de son œil en cherchant une lumière, le fit redescendre sous son nez, le porta ensuite à sa bouche ; puis, quand il eut vu, senti et goûté, il remplit le verre d'Hector, et lui dit du ton le plus engageant :

— Avalez-moi ce velours, monsieur le marquis, et vous m'en direz des nouvelles.

— Parfait ! répondit Hector après avoir bu tout d'un trait le contenu du verre, avec un plaisir qu'il ne chercha pas à dissimuler.

— Cela vaut un peu mieux, convenez-en, que l'eau de la Seine, reprit le vieillard en buvant à son tour.

Hector fronça le sourcil : les paroles de Lepicard

rentraient dans l'ordre des réflexions qu'il venait de chasser avec beaucoup de peine de son esprit.

Au lieu de répondre, il se versa coup sur coup deux ou trois rasades qu'il avala successivement avec cette résolution un peu farouche des gens qui cherchent à noyer leurs chagrins dans le vin.

— Bravo! bravo! s'écria, à chaque verre, Guillaume Lepicard, qui prévoyait le résultat de cette médication énergique.

Bientôt le souper arriva, précédé d'un fumet délicieusement provoquant. Hector, qui était à jeun depuis la veille, mangea vigoureusemsnt, et pendant qu'il mangeait, les rasades allaient toujours leur train. Peu à peu ses joues flétries se colorèrent, son œil éteint se ranima, et à l'expression moins taciturne de sa bouche, il fut facile de prévoir qu'il allait devenir aussi communicatif qu'il avait été jusqu'alors renfermé en lui-même.

Il n'attendit même pas que Guillaume Lepicard le questionnât, et remettant sur la table son verre qu'il venait de vider encore une fois, il dit avec un geste dont il nous serait impossible de rendre l'éloquence insouciante et gracieuse :

— Au fait, je n'avais pas le sens commun.

— Pas le sens commun? répéta Guillaume avec un accent interrogateur, comme s'il ne se souvenait pas à quelle circonstance le marquis faisait allusion.

— De me noyer, pardieu! répondit celui-ci en jetant un coup d'œil à la dérobée sur les quatre bouteilles dont trois étaient déjà vides et la dernière fort entamée.

— Garçon, du vin! du même! cria Guillaume. Je le

crois bien que vous aviez tort, continua-t-il, et je suis enchanté que vous le reconnaissiez vous-même.

— Tout bien considéré, la vie telle qu'elle est a encore beaucoup de bon, reprit Hector.

— Oui, oui, elle a du bon, mon gentilhomme, surtout quand on est jeune comme vous, charmant cavalier comme vous, brave comme vous! Permettez-moi maintenant de vous parler avec la franchise que mon grand âge et le service que vous m'avez rendu autorisent, vous faisiez là...

— Une sottise, n'est-ce pas? interrompit Hector. Je suis tout à fait de votre avis.

— Non pas une sottise, une folie.

— Une folie, soit; vous êtes bien poli.

— Ce que c'est pourtant que l'amour! répliqua Guillaume en baissant la voix, de manière à n'être entendu que d'Hector, assis en face de lui.

— Que parlez-vous d'amour? demanda celui-ci avec un profond étonnement : supposeriez-vous donc...

— Que vous avez été amené au bord de la Seine, interrompit Guillaume, par l'amour ou par l'un des cent mille chagrins qu'il pousse devant lui ou qu'il traîne à sa suite! Mais cela n'est pas douteux, mon gentilhomme : telle est ma supposition, et je la crois fondée.

— Eh bien! vous n'y êtes pas du tout.

— Ah bah! fit Lepicard avec un mélange d'étonnement et d'incrédulité qui ne manquait pas d'un certain comique.

— Rien n'est plus vrai, reprit Hector.

Et en prononçant ces mots, son visage s'était encore animé, ses yeux brillaient d'un éclat plus vif :

il était facile dès lors de conjecturer que ses nombreuses libations avaient jeté un peu de trouble dans ses idées.

— Ne me trompez-vous pas? demanda Lepicard.

— Pourquoi vous tromperais-je? je vous connais à peine et vous me donnez un excellent souper. D'ailleurs, quand vous m'aurez vu davantage, vous saurez que je ne mens jamais.

— Puisque ce n'est pas l'amour, qu'est-ce donc qui...

— C'est le pharaon; à moins, toutefois, que vous n'aimiez mieux que ce soit le lansquenet, la bassette ou le biribi : très-aimable amphytrion, je vous laisse le choix, dit gaîment Hector.

— Autres jeux de hazard, car l'amour en est un aussi, marmotta Guillaume entre ses dents, avec une intention de finesse assez marquée.

— Eh bien! si c'est un jeu de hasard, je l'aime encore moins, quand il me favorise, que les autres quand ils me maltraitent, repartit Hector en faisant claquer ses doigts insoucieusement au-dessus de sa tête. L'amour!... mais qu'est-ce qui pourra me dire ce que c'est que l'amour?... Je l'ai demandé à la Guimard? elle m'a répondu par une pirouette; je me suis adressé à la petite Julien, et j'en ai obtenu une roulade.... Et vous-même, très-respectable amphitryon, si je vous interrogeais sur ce sujet, en vous demandant : *qu'est-ce que l'amour?* vous seriez peut-être fort embarrassé de répondre à ma question.

— Moi? pas le moins du monde.

— Alors, je vous la fais.

— A quoi je réponds que l'amour, c'est très-amusant

quand on est jeune, et que ça l'est encore un peu quand on est vieux, répondit Guillaume en se caressant le menton avec une fatuité qui pouvait faire croire qu'il avait les bonnes traditions.

— Quand je serai vieux, je dirai si je suis de votre avis, repondit Hector, qui oubliait que le bonhomme Lepicard avait au moins cinquante ans de plus que lui.

— Ainsi, vous n'avez jamais aimé?

— Jamais! répondit superbement Hector.

— Jamais!... reprit-il après quelques instants de silence, mais en baissant la voix... Attendez donc... oui, je crois.... il me semble.... je me rappelle maintenant!...

Hector appuya ses coudes sur la table, courba sa tête dans ses mains, et quelques larmes jaillissant de ses yeux coulèrent lentement sur ses joues.

— Eh bien! eh bien! dit Guillaume, vous voilà redevenu tout triste... c'était bien la peine de courir après ces idées lugubres qui vous avaient quitté : buvez encore un coup, mon gentilhomme, cela achèvera de vous remettre.

Et, tout en parlant, il remplit le verre d'Hector, qui le vida d'un seul haussement de coude, mais sans avoir l'air de savoir ce qu'il faisait.

— L'amour est aujourd'hui bien passé de mode parmi les jeunes seigneurs, continua Guillaume, et pourtant il faut avoir aimé au moins une fois dans sa vie... mon maître lui-même en convient.

— Votre maître! répondit Hector en regardant fixement le bonhomme Lepicard.

— J'ai eu l'honneur, répondit celui-ci, en s'inclinant comme s'incline le jardinier de Ferney quand il prononce le nom de Voltaire; j'ai eu l'honneur d'être premier valet de chambre de monseigneur le duc de Richelieu.

— La vie était belle pour celui-là ! dit Hector avec un profond soupir.

— C'est vrai, *nous* avons eu quelques années bien brillantes, répartit Lepicard en soupirant à son tour. Eh bien ! au milieu de *nos* succès, dans l'enivrement de nos plus grands triomphes, j'ai vu le duc, mon maître, triste et mélancolique comme vous l'êtes en ce moment, monsieur le marquis, et cela après la mort de madame Michelin. Ce n'était pourtant qu'une tapissière, une pauvre petite bourgeoise du faubourg Saint-Antoine, et *nous* avions sur notre liste des marquises, des duchesses et même des princesses du sang.

— Elle est morte aussi, murmura le marquis... Morte ! il devait être bien triste !

— A faire pitié ! Madame Michelin était la seule femme qu'il eût aimée jusqu'alors, et il n'en a pas aimé d'autre autant depuis. Je sais cela, monsieur le marquis; ce qui me fait vous dire qu'on n'aime bien qu'une seule fois dans sa vie. Cependant si vous avez des chagrins d'amour anciens ou nouveaux, oubliez-les, consolez-vous... Je ne vous dis pas de renoncer aux femmes, au contraire; mais servez-vous d'elles pour arriver. Mon maître me disait encore quelquefois que s'il n'était pas né *tout venu*, il aurait su monter par les femmes jusqu'au dernier barreau de l'échelle, et il l'aurait fait comme il avait la bonté de le dire. Ah ! c'est un fier homme que mon maître, même à l'heure qu'il est, et quoique je ne sois plus à son service.

— Arriver par les femmes!... balbutia Hector. Effectivement, on m'avait déjà parlé de cela ; je l'ai même tenté, et je ne suis arrivé qu'à me ruiner très-promptement.

— Je vois ce que c'est, monsieur le marquis : vous avez fait comme font presque tous les gentilshommes d'aujourd'hui ; c'est-à-dire que vous avez couru les demoiselles de l'Opéra, les femmes galantes et pis encore : c'est cher, et cela ne mène à rien, croyez-moi, mon bon seigneur. De *notre* temps, c'est-à-dire pendant la régence, quand MM. de Riom, de Nocé, de Chantilly et tant d'autres brillaient de tout leur éclat, on laissait ces créatures aux financiers, aux traitants et autres gens de peu. J'ai vu mon maître souper chez des demoiselles de l'Opéra, c'est vrai ; mais c'était pour se distraire de victoires plus sérieuses et plus difficiles. Ah ! monsieur le marquis, les mœurs s'en vont !

Et Guillaume soupira de nouveau, puis il reprit :

— Vous avez donc joué, fait des folies, compromis, dissipé peut-être (je mets les choses au pis) jusqu'au dernier petit écu de la fortune qui doit vous revenir un jour, ou de l'héritage que vous avez déjà reçu de vos pères. Ce n'est pas tout : je suppose encore que vous êtes mal avec votre famille, que vous avez découragé par votre conduite vos amis les meilleurs ; que sais-je encore ? Vous voyez que j'aborde franchement les questions ; mais tout cela ne constitue pas une raison suffisante pour s'en aller de gaîté de cœur faire un plongeon dans la Seine. Puisque le beau sexe vous reste, c'est-à-dire puisque vous ne vous êtes jamais appliqué à faire servir l'amour à l'ambition, cherchez sérieusement à tourner la tête d'une grande dame. J'en connais une foule qui ne demandent pas mieux, et il y a pour cela deux moyens infaillibles que je me permettrai de vous indiquer : le vouloir fortement ou ne pas s'en soucier du tout. Choisissez ; mais, que vous preniez l'un ou l'autre, je vous promets le succès, et je vous prédis que l'édifice écroulé se relèvera comme par enchantement.

— C'est ce que me disait ce pauvre Langeac ! murmura Hector, comme s'il se parlait à lui-même. J'ai suivi ses conseils, et...

— Ne venez-vous pas de prononcer le nom de Langeac ? demanda Guillaume ; est-ce du vicomte que vous vouliez parler ? Je l'ai vu autrefois ; il a péri d'une manière bien malheureuse.

— J'ai entendu parler de cette tragique histoire, répondit Hector avec précipitation... mais, pour en revenir à ce que nous disions tout à l'heure, je crois que je suivrai vos avis, et dès demain...

— Demain, interrompit Guillaume, il faudra d'abord réfléchir à notre conversation de ce soir ; puis, si elle vous paraît aussi sensée qu'en ce moment, vous passerez du précepte à l'application. Vingt-quatre heures de plus ou de moins ne font rien à une affaire de ce genre.

Hector posa la main sur son gousset, et, en le sentant vide, il pensa que l'application était pressante, mais il se garda bien de le montrer au bonhomme Lepicard.

— Monsieur le marquis, dit celui-ci, vous m'avez rendu un immense service.

Hector s'inclina.

— Vous m'avez sauvé la vie, reprit Guillaume : ces coquins m'auraient tué.

— Il est encore plus sûr que vous avez sauvé la mienne, répondit Hector en souriant ; ainsi, nous sommes au moins quittes.

— Mais, si je veux me reconnaître votre obligé ?

Hector s'inclina de nouveau ; seulement, cette fois ce fut avec plus de dignité que de bonhomie, car il redoutait l'offre d'un de ces services que, quelle que fût sa détresse, il n'eût pas voulu accepter.

— Je désire m'acquitter envers vous, et je m'acquitterai, continua le vieillard sans se préoccuper de la nouvelle attitude d'Hector. J'ai beaucoup vu, je connais beaucoup de gens, je sais énormément de choses : peut-être, dans plus d'une circonstance difficile, pourrai-je vous être utile. Outre le service que vous m'avez rendu, il y a en vous un je ne sais quoi qui m'attire.... Enfin, je suis tout vôtre, ne l'oubliez jamais. Voici mon adresse : Guillaume Lepicard, rue du Mail, 30. Me ferez-vous maintenant l'honneur ne me dire votre nom ?

— Hector, marquis de Cout-Kérieux, répondit le jeune homme en se levant avec la lenteur quelque peu solennelle d'un buveur qui n'est pas parfaitement sûr de son aplomb. Je suis enchanté de pouvoir vous dire, monsieur Guillaume Lepicard, que je vous tiens pour un galant homme, fort expert en bon vin, et d'excellent conseil. Par les cendres de mes arrière-neveux, continua-t-il, ce bourgogne et ce bordeaux étaient exquis !

Aussi ! voyez, j'ai peine à garder mon centre de gravité, et poutant je n'ai pas beaucoup bu...

— Excusez du peu, pensa Guillaume : six bouteilles ! feu monseigneur le régent n'aurait pas mieux fait.

— Rue du Mail, 30, m'avez-vous dit ? certainement je m'en souviendrai, honnête monsieur Lepicard, et nous nous reverrons !

— Et vous pardonnez à un ex-valet de chambre d'avoir osé prier à souper un beau seigneur comme vous ?

— Fi donc ! vous pardonner, maître Lepicard ! je vous remercie, je vous porte dans mon cœur, je voudrais voir toutes les épées des gardes françaises appuyées sur votre poitrine, pour avoir le plaisir de les détourner avec la mienne. Je suis fier avec mes égaux, insolent avec ceux qui se croient mes supérieurs, mais tous les honnêtes gens sont mes amis. Touchez donc là, morbleu ! il faudra que je revienne goûter ce bourgogne : décidément il est miraculeux.

L'ancien valet de chambre de Richelieu paya la dépense, puis il sortit avec Hector, qu'il reconduisit jusqu'à son logis, fort heureusement peu éloigné du cabaret renommé du Chariot-d'Or.

VI

L'orange merveilleuse.

Il était près de minuit quand Hector arriva chez lui. Ses gens, comme cela se pratique toujours quand l'infortune entre dans une maison, s'étaient empressés dès le matin de courir au cabaret, d'où ils n'étaient pas encore revenus : sans Peritus, le jeune marquis n'aurait su à qui s'adresser pour avoir de la lumière.

Le digne précepteur, pour les motifs les plus impérieux, n'avait pu obtenir d'un rôtisseur du voisinage qu'une carcasse de poulet étique, avec laquelle il avait vécu depuis le matin. L'estomac creux et le cœur rempli de l'inquiétude affreuse que lui causait l'absence de son cher élève, qui n'avait pas paru au logis depuis la veille, il prêtait l'oreille au moindre bruit venant du dehors, tressaillait à chaque mouvement qui se faisait dans l'intérieur, et cherchait vainement à tromper sa faim et son anxiété en parcourant d'un œil distrait un immense in-folio ouvert devant lui ; depuis les désordres d'Hector, l'affection l'emportait sur l'amour de la science dans l'âme de l'honnête pédant.

Un coup vigoureux frappé à la porte de la maison et un bruit de pas dans l'escalier donnèrent un peu d'espoir à Peritus. Presque aussitôt il entendit la voix d'Hector, qui, tout en montant, appelait ses domestiques de la façon la plus cavalière.

Peritus s'empressa alors de sortir de sa chambre, une lumière à la main.

— Comment, mon digne maître, s'écria Hector dès qu'il l'aperçut, c'est vous qui prenez la peine de m'éclairer ! mais où sont donc tous ces drôles ?

— Je n'en ai vu aucun depuis ce matin, répondit Peritus, en suivant d'un œil mélancolique la marche chancelante du marquis.

— Ils seront allés au cabaret, les ivrognes qu'ils sont, se griser avec du vin de Suresnes, reprit Hector en faisant un geste de dégoût ! Je leur dirai demain ma façon de penser, et à vous, mon très-cher et très-honoré maître, malgré tout le respect que je vous dois et que je vous porte, je dis que vous veillez mal à l'ordre de la maison.

— Mais, mon cher élève... mais, monsieur le marquis, vous ne m'avez jamais donné aucune instruction à cet égard... Il me semble que je n'ai point été encouragé dans les petites tentatives que j'ai essayées pour... pour...

— Allez-vous recommencer à me faire de la morale, me dire que j'ai joué, que je suis un vaurien, un débauché, et autre chose encore? Eh bien! mon cher maître, épargnez-vous tout cela : d'abord, je le sais mieux que vous, et en second lieu, votre morale et vos reproches arriveraient trop tard.

— Comment, trop tard? demanda avec terreur Peritus, qui soupçonnait bien quelque chose de la gêne du jeune marquis, mais dont l'esprit timide et irrésolu n'avait pas encore osé aborder l'idée d'une ruine complète et irréparable.

— Oui, trop tard, mon bon Peritus... mais enfin je vous revois, et sur mon honneur, cela me fait plaisir.

— Au nom du ciel, monsieur Hector, expliquez-vous donc plus clairement, car vos paroles mystérieuses me font mourir d'effroi!... *Il est trop tard... enfin je vous revois...* que signifient ces mots d'une obscurité sinistre? vous savez que je devine mal, que je comprends lentement : pour l'amour de Dieu, ne me laissez pas dans l'horrible perplexité où je suis! Que vous est-il arrivé? Quel nouveau malheur vous menace encore?...

— Pour ce qui est de l'avenir, mon cher Peritus, interrompit Hector, je ne saurais vous dire ce que j'en attends; et quant au passé, il est si confus dans ma tête, que je risquerais de mentir si j'essayais de vous en rendre compte. J'ai beaucoup joué, beaucoup perdu ; mais la fortune est capricieuse, et comme elle m'a été fort contraire depuis quelque temps je dois supposer qu'elle ne tardera pas à me devenir favorable.

— Quoi! vous voulez la tenter encore? demanda Peritus avec un serrement de gosier qui témoignait de l'angoisse de son esprit en faisant cette question.

— Avant de vous répondre, mon cher maître, repartit Hector avec une gravité quelque peu burlesque, permettez-moi de vous interroger.

— Je suis à vos ordres, monsieur le marquis.

— Eh bien! mon bon Peritus, mettez la main sur votre conscience... ce n'est pas au figuré que je parle.

Peritus, après avoir réfléchi un moment, posa machinalement sa main droite sur son cœur.

— Un peu plus près de l'estomac, reprit Hector.

Peritus obéit, comme un automate aurait pu le faire sur l'invitation d'un ressort.

— C'est cela, mon ami, mon excellent maître! maintenant, dites-moi, avec toute la sincérité que ce geste commande, si vous avez faim.

Peritus crut que le marquis devenait fou, et il n'eut pas la force d'articuler une parole.

— Voyons, répondez, fit Hector avec impatience, avez-vous faim?

— Mais je ne sais pas trop, balbutia Peritus : oui, je crois... il me semble... ce sera comme vous voudrez, monsieur le marquis.

— Donc vous avez faim, Eh bien! si vous voulez manger, il faut me permettre de jouer encore, car il ne me reste pas un liard pour vous donner à dîner demain.

Peritus leva les mains au ciel; cependant il eût été facile de voir que ce geste de désolation n'exprimait pas un sentiment entaché d'égoïsme.

— Monsieur le marquis, dit-il après quelques instants de réflexion, il ne faut pas vous occuper de moi ; je n'ai besoin de rien ; mes livres me suffisent, et...

— Êtes-vous donc une souris, pour vivre en rongeant des bouquins? demanda Hector avec une gaîté sinistre. Dans tous les cas, ce régime ne saurait me convenir, il faudra toujours que je joue...

— Mais si vous n'avez plus rien? se hasarda à dire Peritus.

— Il me reste cette bague.

Peritus vit seulement alors la vérité dans tout ce qu'elle avait d'horrible, et il fut obligé de se cramponner à son bureau pour ne pas tomber à la renverse.

— Eh bien! eh bien! mon cher maître, n'est-ce donc rien que cet anneau d'or qui brille à mon doigt? reprit Hector, en posant avec une familiarité affectueuse une de ses mains sur l'épaule du pauvre précepteur affaissé sur lui-même : il s'est trouvé plus d'un joueur, mon ami, qui a su ramener la fortune avec de plus faibles ressources, et...

— Mais, monsieur le marquis, cette bague est un cachet... elle porte l'empreinte de vos armes... interrompit Peritus dont les paroles étaient à peine intelligibles; vous ne pouvez donc...

— Au contraire, interrompit à son tour Hector, j'irai au combat précédé par mon *écu*, comme un ancien chevalier, et je remporterai la victoire.

— Il est fou... murmura Peritus. Mon Dieu, ayez pitié de lui!

— Écoutez, mon vieil ami, reprit Hector : demain je sortirai de bonne heure, et je vous ferai donner de mes nouvelles dans la journée. Je ne vous demande qu'une chose, c'est de gronder vigoureusement mes gens quand ils rentreront du cabaret...

— J'aimerais mieux avoir à leur donner quelque argent sur leurs gages, balbutia Peritus.

— Ah! diable! fit Hector... mais j'y songerai. Vous parlez quelquefois comme un livre, mon bon Peritus. A demain... à demain... je vais essayer de dormir... Bonsoir.

Et Hector se dirigea vers sa chambre, guidé par Peritus, qui ne le quitta que lorsqu'il l'eut étendu dans son lit.

Le sommeil fut d'abord rebelle aux yeux d'Hector. Les pensées les plus étranges, les plus confuses se heurtaient dans son cerveau ; des visions bizarres environnaient sa couche ; enfin ses yeux se fermèrent et il s'endormit en murmurant :

— La Seine... les femmes... Richelieu est un grand homme... Le vin de Bourgogne est un excellent vin... Ferdinand, pardonne-moi... Lepicard... Guillaume... rue du Mail, n° 30... de l'or... de l'or...

Quand le marquis s'éveilla le lendemain, la matinée était déjà fort avancée, ce dont il fut averti par le son d'une horloge qui tintait lentement onze heures. A l'instant même, les événements de la veille lui revinrent à l'esprit avec une clarté extraordinaire, et sans perdre une minute il sauta hors de son lit, s'habilla quatre à quatre, et descendit l'escalier sans bruit, pour ne pas éveiller l'attention de Peritus, qu'il aimait tout autant ne pas rencontrer.

Son premier soin fut de courir chez un orfévre, auquel il proposa sa bague. On lui en donna quarante-

7.

huit livres, qu'il se fît payer en deux pièces d'or.

Puis il passa chez un traiteur, sur le comptoir duquel il jeta un de ces deux louis, en lui ordonnant de faire porter à son logis un gigot rôti, un plat de légumes, quatre bouteilles de vin, un pain immense et quelques assiettes de dessert.

Pendant qu'on plaçait ces divers objets dans la manne du marmiton qui devait les porter, Hector écrivit le billet qu'on va lire :

« Mon cher maître, déjeunez, dînez et soupez de bon appétit : nous nous reverrons bientôt, j'espère. L'anneau magique commence à opérer, comme vous voyez. »

Cette première dépense soldée, il restait encore au marquis à peu près quarante livres ; il mit un louis à part, et il réserva le reste de sa monnaie pour les besoins de la journée.

Voici en quelques mots le calcul qu'il avait fait :

« Je me promènerai toute la matinée afin de me remettre du calme dans l'esprit, puis je dînerai sobrement, et j'irai n'importe où, jouer avec n'importe qui ce que j'ai encore d'argent. Si je gagne, je suivrai les conseils de Lepicard ; si je perds, il me restera toujours la Seine, qui coule pour tout le monde : dans un cas comme dans l'autre, je serai tranquille demain. »

Après cette réflexion, qui sentait un peu trop, à notre avis, la philosophie du dix-huitième siècle, Hector alla s'asseoir sur la terrasse des Feuillants, où il y avait foule, quoiqu'on fût en plein hiver, parce que le temps était pur et assez chaud pour la saison.

Le marquis, plongé dans ses réflexions, regardait d'un œil distrait les belles promeneuses qui passaient et repassaient devant lui, lorsqu'il sentit qu'on lui frappait sur l'épaule.

Il se retourna et il se trouva face à face avec le chevalier de Blignac.

— Marquis, enchanté de vous rencontrer, dit Blignac en prenant une chaise : je pensais justement à vous aller voir tout à l'heure, pour vous proposer une partie de plaisir pour ce soir.

— S'il s'agit de jouer, répondit Hector, je suis prêt.

— Il s'agit de tout, reprit Blignac : c'est l'ouverture du Colysée, ce sera magnifique et tout Paris y viendra.

— Quel est le programme de la fête ? demanda Hector avec distraction.

— D'abord des jeux de toutes les espèces, depuis le *loto dauphin* des petites bourgeoises, jusqu'au pharaon et au creps des gentilshommes; puis un bal paré et masqué, où certaines femmes de la cour viendront, à la faveur d'un masque et d'un domino, se mêler à la foule des beautés moins imposantes de la ville ; on parle encore de Nicolet avec ses sauteurs, et d'Audinot avec ses marionnettes.

— J'irai là certainement, dit Hector ; ainsi vous me trouverez dans la salle des jeux.

— Il serait plus sûr de ne pas nous quitter, fit Blignac de cette voix caressante du parasite qui quête un dîner.

— Je ne vous dis pas le contraire, chevalier, mais je suis décidé à faire diète aujourd'hui, et je m'imagine que ce régime ne serait pas de votre goût.

Au mot diète, Blignac avait fait la grimace : quelques minutes après, voyant venir à lui la loueuse de chaises, qui allait sans doute lui réclamer deux sous, il prit congé du marquis et s'éloigna rapidement.

Le soir est venu. Hector, qui avait dîné modestement dans un cabaret borgne de la rue Saint-Florentin, s'achemine en chaise à porteurs vers le haut des Champs-Élysées : c'est là qu'est situé l'établissement dont lui a parlé Blignac.

Il ne saurait dire pourquoi, mais son cœur est rempli d'espoir, bien qu'il ne lui reste que trente livres dans la poche.

Il a pénétré dans le Colisée, établissement immense dont la vogue fut brillante mais éphémère. Quelques vieillards gardent encore le souvenir de sa grandeur et de sa décadence.

La foule est considérable. Ici on joue, là on danse, partout on intrigue, car plus des deux tiers de la foule se composent de femmes masquées.

Hector s'est dirigé vers les salons de jeu, où, après avoir examiné les parties pendant quelques instants, il a risqué un écu de six livres sur une carte. Depuis qu'il joue, il ne lui est pas arrivé de pousser devant lui un enjeu aussi modeste.

Le banquier tourne les cartes : Hector a perdu.

De ses trente francs, il n'a plus qu'un louis.

— Il faut en finir, se dit-il en lui-même. C'est peut-être à cette extrémité que la fortune m'attendait. On assure qu'elle a de ces coquetteries-là.

Le louis est perdu.

— Allons, pensa Hector, il faudra recommencer la

cérémonie d'hier ; mais j'espère bien que ce soir rien ne m'empêchera d'exécuter mon projet.

Pendant quelques moments, il erra à droite et à gauche dans les nombreuses et vastes salles du Colisée ; il y régnait une chaleur étouffante ; Hector eut soif.

— Singulier besoin, se dit-il, pour un homme qui songe à se noyer. N'importe, si j'avais seulement une pièce de vingt-quatre sous, je me procurerais le plaisir de boire un verre ou deux de limonade en attendant l'eau de la Seine.

Et Hector fouilla dans sa poche plutôt par distraction que dans l'espoir d'y trouver quelque chose.

— Ah ! ah ! se dit-il encore, je n'ai pas vingt-quatre sous, mais il m'en reste douze, je puis acheter deux oranges. J'en mangerai une et je ferai une galanterie avec l'autre, c'est ce qui s'appelle finir en gentilhomme.

Les deux oranges furent achetées : quand Hector eut mangé la première, il recommença à reparcourir les salons en tenant la seconde qu'il faisait sauter dans sa main en disant :

— Qui veut mon orange ?

Il arriva ainsi jusqu'à la salle de jeu qu'il avait abandonnée peu d'instants auparavant. Parvenu auprès des tables, il répéta sa phrase : « Qui veut mon orange ? »

— Moi, répondit une voix de femme.

— Beau masque, la voilà.

— Je la prends, mais à une condition.

— Laquelle ?

— C'est que tu accepteras en échange ce double louis que tu iras jouer immédiatement.

— Tu me connais donc ?
— Que t'importe ?
— C'est que je ne puis accepter d'une inconnue...
— Nous serons de moitié.
— C'est différent ; voilà mon orange.
— Et voilà mes deux louis.
— Où te retrouverai-je pour te rendre mes comptes ?
— Auprès du buste du roi.
— C'est entendu.

Le masque, qui était un petit domino noir fort coquet, se perdit dans la foule, et Hector se mit à une table de lansquenet.

Quand la main lui arriva, il prononça d'une voix ferme ces deux mots sacramentels :

— Il y a deux louis.

Hector gagna : il laissa ses quatre louis et gagna encore ; d'encore en encore, il passa douze fois de suite, et vit s'entasser devant lui la somme énorme de huit mille cent quatre-vingt-douze louis ; alors il céda la main à un Anglais qui lui avait fait *banquo* douze fois de suite, et ayant confié son gain à un des administrateurs des jeux, il courut à la recherche de son domino noir.

Il ne le trouva ni auprès du buste du roi, ni aux alentours ; il ne fut pas plus heureux après avoir visité tous les coins et recoins du Colisée.

Il revint en conséquence se mettre auprès du buste et il attendit.

Vers les quatre heures du matin, comme la foule commençait à diminuer, Hector fut accosté très-poliment par un laquais en livrée qui lui demanda s'il n'attendait pas une femme en domino noir.

Hector répondit affirmativement.

— Eh bien! monsieur, continua cet homme, je suis chargé par cette personne, que je ne connais pas, de vous dire qu'elle vous prie de donner au premier pauvre que vous rencontrerez les deux louis qu'elle vous a prêtés.

Hector questionna, mais il ne put obtenir aucun éclaircissement : le laquais jura ses grands dieux qu'il ne savait rien.

— Eh bien! je donnerai les deux louis à un pauvre; j'en donnerai même dix, pensa Hector.

Puis il retourna près du monsieur auquel il avait confié son argent, lui demanda quelques centaines de louis pour garnir ses poches, se fit donner un reçu en bonne forme du reste, et annonça qu'il viendrait le chercher le lendemain.

Au point du jour, il rentra chez lui, où il trouva Peritus endormi sur son bureau.

Il le réveilla et lui conta ses aventures, en ajoutant force promesses d'être plus sage à l'avenir.

VII

Une rencontre.

—

Hector, en empruntant deux cent mille livres du juif Éléazar, n'avait pas prétendu engager la totalité de sa terre de Cout-Kérieux, qui valait cent mille écus d'après les titres de propriété ; mais il avait procédé avec une si grande insouciance à l'arrangement de cette affaire, qu'il devait se trouver régulièrement dépossédé de ses domaines, s'il ne remboursait pas dans un délai assez court une partie de la somme empruntée : ce délai était réglé par des lettres de change à échéances fixes.

Mais quand arriva le retour de la fortune dont nous venons de parler, le jeune marquis eut la bonne pensée de quitter la portion de sa créance dont le terme était le plus rapproché ; de sorte qu'après avoir payé quelques dettes criardes dans son quartier, soldé les gages de ses gens pour en obtenir plus d'obéissance, il s'achemina vers une espèce de Cour des miracles, où demeurait le juif Éléazar, son prêteur.

Hector, après avoir longtemps cherché, examiné, entra, sur un renseignement vague, dans une ruelle infecte et sombre, qui avait plutôt l'apparence d'une crevasse que d'un passage, bien que ce fût l'unique entrée d'une maison dont la puanteur ne pouvait se comparer qu'à la vétusté. Quand il eut fait environ une trentaine de pas dans ce sale et étroit boyau, le jeune gentilhomme heurta le premier degré d'un vieil escalier tournant, faiblement éclairé par une ouverture en forme de meurtrière. Le délabrement de cet escalier était quelque chose de phénoménal. Chaque marche menaçait de faire la bascule à la moindre pression du pied ; la rampe de bois vermoulu n'offrait à la main qu'un fragile appui ; les murs, verdâtres comme la surface d'un marais, suaient une humidité infecte et gluante, semblable à celle que l'on suppose sur la peau de certains reptiles ; le plafond disparaissait sous des couches nombreuses de toiles d'araignées, en quelque sorte solidifiées par d'autres couches d'une poussière séculaire. Hector, que rien n'étonnait, comme tous les hommes qui ont vu la mort de près et le malheur face à face, escalada cette montée périlleuse et bizarre, comme il eût fait du perron d'un superbe hôtel, et parvenu au second étage, dans un corridor assez semblable au couloir du rez-de-chaussée, il pensa qu'une épaisse porte de chêne, toute brodée de clous ronds et brillants, devait être celle du logis d'Éléazar l'usurier.

Au milieu de cette porte était appendu un marteau curieusement sculpté, représentant un énorme lézard à figure humaine. Hector le souleva d'une main résolue, et le laissa retomber bruyamment. Quelques secondes s'écoulèrent sans qu'aucun mouvement dans l'intérieur du logis auquel conduisait cette porte pût faire supposer que l'appel du jeune gentilhomme avait été entendu. Il allait même recommencer à frapper, lorsqu'un bruit semblable à celui d'un verrou qu'on fait couler avec précaution arrêta sa main prête à soulever le marteau une seconde fois, et presque au même instant un visage d'homme se montra encadré dans un espèce de guichet. De ce visage jaillit au dehors un regard inquiet et soupçonneux, dont l'expression devint assez promptement plus confiante, puisque d'autres verrous ayant été tirés, la porte s'entrebâilla, et le marquis put pénétrer dans la forteresse de son créancier.

Ici, nous aurions beau jeu pour déployer les ailes de notre imagination, afin de vous décrire jusque dans les plus petits détails la demeure du juif Éléazar.

Nous pourrions vous faire ce que les provinciaux quelque peu lettrés appellent de la couleur locale, et les critiques de bonne humeur un tableau flamand, mais comme cette sorte d'inventaire ne nous amuserait pas plus que nos lecteurs, nous nous abstiendrons, préférant vous entretenir sans retard du maître du logis.

Éléazar était un petit homme sec et pâle d'une pâleur jaunâtre : pour le reste du portrait, lisez la nouvelle de M. Honoré de Balzac, intitulée le *Papa Gosbeck*.

Hector salua le juif avec l'aplomb hautain d'un débiteur qui a de l'or dans ses poches.

Éléazar comprit cette pantomime, et il répondit au salut impertinent par une humble courbette.

— Je vous apporte vingt mille livres, dit le marquis d'un ton dégagé. Nous serons en règle pour trois mois, si je ne me trompe.

— Vous avez donc cette somme en or, monsieur le marquis? demanda le juif avec un certain étonnement.

— Toujours! répondit superbement Hector.

Hector tira de ses différentes poches vingt rouleaux de louis, dont il déchira au fur et à mesure les enveloppes de papier; quand ce fut fait, il appela le juif, qui s'était retiré dans une espèce de cabinet en grillage, au fond duquel il cherchait dans un immense portefeuille.

Il revint tenant à la main le billet d'Hector, qu'il ne lâcha toutefois qu'après avoir jeté un rapide coup d'œil sur les piles de louis coquettement rangées sur cinq de front.

— C'est à merveille, dit-il, en en prenant une pour la compter : voici votre lettre de change. Vous voyez qu'elle est aussi de vingt mille livres. Rien n'est plus régulier.

— Vous n'avez parlé de cette affaire à personne, j'espère?

— Fi donc, monsieur le marquis! pour qui me prenez-vous ? Maintenant, faites un beau mariage, touchez une grosse dot, dégagez vos terres, et vous vous trouverez aussi riche qu'auparavant.

— Je m'acquitterai bien sans avoir recours à des moyens aussi désespérés, répondit Hector en secouant négligemment son jabot de dentelle, sur lequel il venait de répandre quelques grains de tabac d'Espagne. Se marier pour payer ses dettes, monsieur Éléazar, mais vous n'y pensez pas ! mieux vaudrait mille fois mourir insolvable. Ah çà ! mon cher, vous faites donc décidément l'usure ?

Éléazar essaya de rire de cette plaisanterie, mais il n'arriva qu'à faire une grimace bruyante : il sentait une de ses garanties, la meilleure peut-être, lui échapper.

— Monsieur le marquis, nous nous reverrons, j'espère, marmotta-t-il entre ses dents.

— Comment donc, maître Éléazar ! mais de tout mon cœur ! on ne saurait trop fréquenter un galant homme comme vous. Je suis votre serviteur.

Et le marquis, s'élançant d'un bond hors du taudis de l'usurier, se hâta de gagner la rue : il lui tardait, en respirant un air à peu près pur, de perdre le souvenir des miasmes infects de cette ignoble maison.

— Voilà nos affaires arrangées pour trois mois, se dit-il en lui-même avec cette satisfaction intime qu'éprouve aujourd'hui un jeune homme à la mode, un viveur de notre époque, en pensant que ses créanciers n'ont aucun moyen de le tourmenter pendant quatre-vingt-dix jours. Au bout de ce temps, comment payera-t-il ? il l'ignore complètement ; mais qu'importe ? n'a-t-il pas quatre-vingt-dix jours! et puis le hasard, une révolution, la fin du monde... qui sait? Sur quoi ne compte pas l'homme qui doit, quand il n'est pas à la veille de l'échéance.

— Il s'agit maintenant, poursuivit Hector toujours en lui-même, de tirer un bon parti du temps et de ma nouvelle fortune, en entrant dans cette voie que l'honnête Guillaume m'a indiquée, et que j'avais déjà commencé à suivre quand la mort de ce pauvre Langeac est venue m'arrêter court. Commençons par chercher une femme... mais d'abord, où la trouver? Je ne vais plus dans le beau monde, et les grandes dames ne courent pas les rues comme des bourgeoises, et ne hantent pas les brelans comme les demoiselles de l'Opéra ou de la Comédie italienne. On n'entre pas chez elles en glissant quelques louis dans la main du suisse, ou en donnant un baiser sur le menton de la soubrette. Il faudrait être présenté dans la bonne compagnie de ce Paris, où je ne connais que des gens que je n'ose pas saluer quand je les rencontre. Mais, pardieu! je suis un grand niais! Mon oncle, le commandeur de Cardillac, doit avoir pris ses quartiers d'hiver, et je suis sûr qu'il est au mieux avec toutes les duchesses du faubourg Saint-Germain et les marquises de la place Royale. J'irai le voir, il ne manquera pas de me demander ce que je suis devenu, pourquoi je le soigne si peu, ce qui fait que je ne retourne pas à la cour. Eh bien! je lui conterai, et ce ne sera pas mentir, qu'une aventure galante dont les résultats ont été terribles, m'a obligé de me cacher pendant quelques mois, et je réponds d'avance qu'il sera très-flatté d'avoir un neveu en position d'être mis à la Bastille. Il me rendra donc son patronage, et avant huit jours, tous les salons de la ville m'ouvriront leurs portes à deux battants. Dès aujourd'hui je vais m'enquérir de son adresse, et pas plus tard que demain je me présenterai chez lui.

Tout en prenant ces bonnes résolutions, Hector était arrivé devant un magasin de mercerie, à l'enseigne des *Trois-Plumets*, et il lui sembla voir à travers les vitres de la devanture, que la marchande, assise à son comptoir, était assez gentille; cela lui rappela tout à coup qu'il lui fallait de toute nécessité un nœud d'épée et quelques paires de gants parfumés à la poudre de Chypre : il entra donc.

A l'époque où se passe notre histoire, les brillants magasins de nouveautés où l'on vend des faux-cols de toutes les formes, des cravates de satin, des gants paille, clair de lune et couleur de chair, n'existaient pas encore avec leur luxe intérieur, leurs boiseries gris perle à filets dorés, leurs portières de damas rouge et leurs larges verrières en glaces. Les différents objets que nous venons d'énumérer ou les équivalents se vendaient dans des boutiques de fort modeste apparence, dont les propriétaires s'appelaient tout simplement *merciers*.

Hector venait d'achever ses emplettes ; il avait même déjà donné son adresse pour qu'on pût les porter chez lui, et, nonchalamment étendu sur une chaise au milieu de la boutique, il contait fleurette à la marchande, qui, sans doute accoutumée depuis longtemps au marivaudage libertin des jeunes seigneurs, l'écoutait en minaudant d'un air plus ou moins virginal en essayant de rougir, quand tout à coup il se leva brusquement et courut à la porte avec précipitation.

Il voulait suivre des yeux une ravissante forme de femme, qu'il venait d'entrevoir vaguement au passage.

Il arriva tout juste à temps pour saisir les dernières lignes fuyantes, mais bien dessinées, d'un pro^{fil} délicieux : deux secondes après, il ne voyait plus qu'une taille charmante, une taille de nymphe, comme on disait alors, coquettement serrée dans un étroit mantelet de gourgouran vert chou, et le bas d'une jambe adorablement fine et déliée, chaussée d'un petit soulier à talon qu'on aurait cru fabriqué sur la forme de la fameuse pantoufle de Cendrillon.

Le premier mouvement du marquis fut de se mettre à la poursuite de la ravissante apparition, mais il s'aperçut qu'il était tête nue, et il fit la réflexion assez sensée qu'il ne fallait pas débuter par avoir l'air d'un fou, bien que ce soit quelquefois une flatterie fort ingénieuse auprès des femmes. Il rentra donc en toute hâte dans la boutique pour reprendre son chapeau, qu'il avait laissé sur le comptoir ; mais voyez un peu les coups du sort : le chapeau avait été changé de place par la jolie mercière qu'il gênait sans doute ; de là, la nécessité de quelques rapides instants de recherche, et quand Hector put ressortir de nouveau, il ne vit plus que d'une façon très-indécise le mantelet vert chou de la belle inconnue, et bientôt il le perdit tout à fait de vue dans la foule assez nombreuse en ce moment.

Cependant le marquis prit sa course sans se laisser

décourager, car il espérait encore rejoindre la jeune femme avant qu'elle eût tourné dans quelque rue latérale. Mais par malheur il fut rejeté brusquement en arrière par un choc imprévu. Il avait, en courant, heurté un passant qui venait, en marchant fort vite aussi, dans une direction opposée à celle qu'il suivait ; en même temps une voix mâle et rude lui dit avec colère :

— Que le diable vous emporte ! ne pouvez-vous donc prendre garde à ce que vous faites ?

— Prenez garde vous-même, répondit Hector du même ton, on ne court pas avec cette étourderie-là.

Une querelle allait sans doute suivre immédiatement cet échange de paroles peu gracieuses, quand les deux adversaires, qui s'étaient regardés avec des yeux de faucons en colère, se tendirent la main et s'écrièrent en même temps d'un ton de bonne humeur :

— Comment ! c'est toi, marquis ?
— Mais d'où sors-tu, mon cher comte ?
— Enchanté de te voir !
— Ravi de te rencontrer !
— Maintenant, marquis, m'apprendras-tu où tu courais si vite ? on eût dit vraiment que les sergents étaient à tes trousses.

— Mon cher comte, je tâchais de rejoindre une ravissante femme, que tu m'auras fait manquer, je le crains bien : un phénix, mon cher !

— Ah ! diable ! s'il s'agit de femme, je te laisse ; les femmes avant tout, marquis ! Mais, à propos, veux-tu venir souper ce soir chez Sophie Arnoult ? Manuela, la belle Espagnole, y sera : tu sais, Manuela, qui nous a montré dans le dernier ballet une jambe si fine et une poitrine si blanche ?

— Je refuse pour le souper, mon cher comte ; mais j'ai le projet d'aller un moment au jeu.

— Tu m'y trouveras... j'ai entendu dire que tu avais fait des gains énormes à l'ouverture du Colisée : reçois-en mon compliment.

— A ce soir donc ! dit le marquis, je me remets en chasse.

— Bonne chance !

Ce personnage, arrivé dans notre histoire sous la forme d'un contre-temps pour le marquis de Cout-Kérieux, était le comte Roland de Villarcy. Venu au monde de nos jours, on l'eût appelé *le roi des viveurs*, ou le chef suprême de la *bohême élégante* ; mais, à cette époque, les mots *de viveurs* et de *bohême* ne s'étaient pas encore faufilés dans le langage usuel de la bonne et même de la mauvaise compagnie, et Roland était tout bonnement ce qu'on appelait alors un vaurien, un mauvais sujet. Ayant rencontré Hector dans les salons de différentes maisons de jeu, dans les boudoirs de quelques *impures* à la mode, il était devenu son ami, ou, pour parler d'une manière plus conforme à la vérité, son compagnon de débauche.

Revenons pour un moment à Hector.

Sa rencontre imprévue avec Villarcy, la petite conversation qui en avait été la suite, avaient eu des conséquences fatales pour les prétentions de notre héros, car il lui fut tout à fait impossible de retrouver les traces de sa belle inconnue. Peut-être était-elle entrée dans une maison ou dans quelque boutique ; peut-être aussi avait-elle pris une autre rue à droite ou à gauche de celle qu'elle suivait d'abord ; toujours est-il qu'après avoir erré çà et là pendant plus d'une heure, regardé de tous les côtés et questionné les passants comme eût pu le faire un agent de M. le lieutenant de police, Hector renonça pour le moment à sa poursuite et se consola en s'écriant :

« Au fait, puisque je suis décidé à me lancer dans les grandes dames, il ne faut pas que je commence, comme un procureur au Châtelet, par courir après les petites bourgeoises.

« Celle-ci évidemment appartient à cette classe.

« D'abord son costume.

« Ensuite elle était à pied et elle marchait avec l'assurance d'une personne qui a l'habitude du pavé.

« Donc c'est une conquête qui ne me fera ni ambassadeur, ni colonel, ni gentilhomme de la chambre.

« C'est égal, j'aurais toujours été bien aise de savoir où elle demeure, afin de pouvoir la rencontrer quand j'aurai trouvé ma grande dame.

« Un homme qui se dispose comme moi à suivre les traces du grand Richelieu ne peut pas n'avoir qu'une seule maîtresse. Il me faut absolument une grande dame pour l'honneur, une courtisane pour le plaisir, et une petite bourgeoise, une madame Michelin quelconque pour le sentiment ; puis, s'il se présente quelque autre chose encore, nous verrons.

« Une idée ! si cette ravissante créature était une dame de la cour déguisée ?

« Ce n'est pas absolument impossible ; mais une

femme de la cour qui se déguise en plein jour ne le fait que pour aller à un rendez-vous.

« Et quand elle va à un rendez-vous, c'est qu'elle a déjà un amant.

« Ah ! diable !

« Mais, au fait, puisque je suis décidé à avoir trois maîtresses, une femme peut bien avoir deux amants, ne fût-ce que pour embrouiller les idées de son mari : il faut de la prudence en toutes choses. Je consulterai sur ce cas de conscience mon oncle, le commandeur de Cardillac, qui m'a paru un homme fort entendu en pareille matière. »

Après ces différentes réflexions, que nous avons rapportées fidèlement dans l'ordre où elles se présentèrent à l'esprit de notre héros, qui les prononça même entre ses dents, Hector retourna chez lui pour montrer à son ami Peritus le billet de vingt mille livres qu'il venait de retirer des griffes acérées du juif Éléazar.

— Vous voyez, mon cher maître ! s'écria-t-il d'un air triomphant : encore neuf comme cela, et je serai débarrassé de ce vieux coquin !

— Et alors nous pourrons retourner à Cout-Kérieux, répondit le bon précepteur avec un rire qui eût fait le tour de sa tête s'il n'eût été arrêté par ses deux oreilles.

— Certainement, certainement que nous y retournerons un jour ou l'autre, mon vieil ami... à moins cependant que les ordres de Sa Majesté...

— Comment, les ordres de Sa Majesté ! interrompit Peritus avec un mélange de surprise et de consternation... je ne comprends pas...

— C'est que je compte me pousser à la cour, interrompit à son tour Hector. Il n'est point convenable qu'un Cout-Kérieux végète dans ses terres comme un hobereau qui a acheté une savonnette à vilain, par la protection de la femme de l'intendant de sa province. Je me dois à moi-même, mon bon Peritus ; je dois à la mémoire de mon père et à la renommée de mes ancêtres de devenir quelque chose de considérable, comme qui dirait un ambassadeur, un gentilhomme de la chambre du roi, ou un mestre-de-camp de ses armées. Voyons, la main sur la conscience, mon cher maître, n'êtes-vous pas de cet avis ?

— Il est certain que si monsieur le marquis pouvait arriver à ces hautes dignités, balbutia Peritus... mais il me semble que pour cela il faudrait des amis puissants, des protecteurs bien posés dans le monde, et parmi les personnes que monsieur le marquis connaît...

— Fi donc ! des protecteurs, Peritus ! s'écria Hector ; un Cout-Kérieux ne doit pas employer de ces moyens-là. Regardez votre élève, mon cher maître, et dites s'il a besoin de quelqu'un pour faire son chemin.

Et le jeune marquis, jetant son chapeau sous son bras gauche, se mit à marcher dans l'appartement avec toute la grâce impertinente des seigneurs les plus élégants de l'époque.

Peritus fut émerveillé, mais ne sachant comment exprimer son admiration, il se borna à sauter au cou d'Hector en lui souhaitant bonne chance.

Le soir, le marquis fut au jeu, où il rencontra Vilarcy, ainsi que cela avait été convenu entre eux le matin. Hector, dont la bonne veine continuait, gagna quatre mille livres en un tour de main. Cela le mit en belle humeur, de sorte qu'il se laissa entraîner par le comte à aller souper chez Sophie Arnoult. Les beaux yeux, la jolie jambe, les blanches épaules de Manuela lui tournèrent la tête, conjointement avec les fumées du vin de Champagne, et, le lendemain matin, en rentrant chez lui, il n'avait plus qu'un souvenir confus de la belle inconnue, bourgeoise ou non, au mantelet vert chou.

VIII

Monsieur de Cardillac.

Hector, fatigué de la nuit qu'il venait de passer, ne mit pas immédiatement à exécution le projet qu'il avait formé de retourner chez son oncle le commandeur ; seulement il donna l'ordre à l'un de ses gens de s'informer par la ville où demeurait M. de Cardillac, et de lui rendre compte, dans la soirée, du résultat de ses démarches.

Cet homme lui dit, le soir même, que le commandeur demeurait dans un petit hôtel qu'il s'était fait construire rue de Babylone, au centre du nouveau quartier à la mode, qu'on appelait déjà à cette époque le faubourg Saint-Germain.

Le commandeur était établi à Paris, il y avait environ trois semaines, et il n'allait que de loin en loin à Versailles pour faire sa cour.

Hector, ainsi renseigné, se dirigea, deux jours après, vers le petit hôtel de la rue de Babylone, où il arriva sur les onze heures du matin.

Un grand diable de laquais, frisé, poudré, galonné sur toutes les coutures, reçut Hector sur le perron de l'hôtel, et, après lui avoir demandé ses noms et qualités, il s'empressa d'aller l'annoncer à son maître, qui, dit-il, ne recevait pas tout le monde aussi matin.

Le commandeur de Cardillac était le propre frère du feu marquis de Cout-Kérieux, père d'Hector. Ce nom de Cardillac était celui d'un fief qui, de temps immémorial, passait toujours aux cadets de la famille ; le comte en jouissait, sans préjudice de deux magnifiques commanderies qui lui complétaient une somme ronde de soixante mille livres de revenus.

Autant le défunt marquis de Cout-Kérieux était un austère et rude gentilhomme campagnard, autant le commandeur de Cardillac pouvait à bon droit passer pour un habile et rusé courtisan, ayant autant d'élégance dans les formes que de corruption dans le fond de l'âme. Ses hautes fonctions dans l'ordre de Malte disent suffisamment qu'il ne pouvait pas être marié ; nous ajouterons seulement que, parmi les vœux de sa profession qu'il avait formés, celui de chasteté ne l'avait jamais beaucoup gêné, et il était connu à la cour de Versailles comme dans le beau monde de Paris pour un homme à bonnes fortunes, dans toute l'acception qu'on peut donner à ce mot.

A l'époque dont nous parlons, le commandeur de Cardillac venait d'atteindre sa cinquante-cinquième année, mais grâce à la poudre, aux dentelles, aux paillettes et à l'égoïsme surtout, il pouvait hardiment dissimuler deux lustres, ce qui lui permettait de conserver intactes à peu près toutes les prétentions de sa jeunesse.

— M. le commandeur sera enchanté de recevoir monsieur le marquis, dit le domestique en rejoignant Hector dans un salon d'attente où il était resté pendant qu'on était allé l'annoncer. Si monsieur le marquis veut bien me suivre, je vais le conduire.

Et le domestique, ouvrant une porte, fit traverser à Hector divers appartements, puis il l'introduisit dans la chambre à coucher de M. de Cardillac.

Le commandeur, enveloppé ou plutôt roulé dans une magnifique robe de chambre de damas à grands ramages verts et blancs, était étendu dans un de ces admirables fauteuils dont notre époque a eu le bon esprit de ressusciter la forme, et il savourait lentement une tasse de consommé, destiné à faire patienter son estomac jusqu'au moment du dîner, qui avait lieu dans ce temps-là vers les deux heures.

— Bonjour, mon garçon, dit le commandeur en tendant amicalement la main à son neveu. Comtois, avancez un fauteuil à M. le marquis de Cout-Kérieux... bien. Maintenant, retournez à l'antichambre et dites que je ne reçois personne jusqu'à nouvel ordre; je sonnerai si j'ai besoin de quelque chose.

Le laquais sortit. Le commandeur et le marquis restèrent seuls.

— A nous deux, à présent, mon beau neveu ! s'écria

le premier, en passant sa tasse à Hector, pour poser ses deux mains sur ses genoux et prendre ainsi une attitude grondeuse. Me direz-vous, monsieur le mauvais sujet, d'où vous sortez, pour avoir passé plus de six mois sans me venir voir. Voyons, arrivez-vous de la lune ou de la Chine !

Hector avait prévu cette question ou toute autre du même genre, et nous savons qu'il s'était préparé à y répondre en donnant à entendre vaguement qu'une affaire d'amour, suivie d'une affaire l'honneur, l'avait obligé à se tenir à l'écart pendant quelque temps. Quant au jeu, aux emprunts, aux juifs, le marquis pensait qu'il était inutile d'en parler.

— Mon cher oncle, répondit-il en prenant un air modeste, il n'est que trop vrai que je me suis fort mal conduit à votre égard ; mais j'ose espérer que vous m'excuserez quand vous saurez les motifs graves, douloureux... qui... que... j'ai compromis une femme...

Le commandeur partit d'un éclat de rire magnifique et du meilleur aloi.

— Et tué un homme, ajouta Hector.

— Etait-ce un amant ou un mari ? demanda le commandeur en s'efforçant de reprendre un peu de sérieux.

— Mon oncle, je n'en voudrais pas trop dire, de peur de vous mettre sur la voie.

— De la discrétion, maintenant ! Ah çà ! mon pauvre Hector, mais sais-tu bien que tu ne t'es pas décrassé du tout ? Crois-tu donc que j'irais te dénoncer à MM. de la prévoté ? Tu as compromis une femme, tué un mari ou un amant, peu importe ! cela se voit tous les jours mon garçon, et n'a jamais empêché un gentilhomme de remplir certains devoirs de famille et de société. Tu aurais dû au moins m'écrire. Maintenant, mon ami, sauf le chapitre de la discrétion, qui n'entre pas du tout dans nos mœurs, et en ne portant que pour mémoire tes remords, auxquels tu me permettras de ne pas ajouter foi, je conviendrai très-volontiers que tes débuts sont assez brillants, et tu me fais l'effet de devoir être un jour un digne rejeton de notre famille. Aussi, je ne t'en veux plus, mon cher, et, si je puis t'être encore bon à quelque chose, j'espère que tu viendras sans façon t'adresser à moi. D'abord, je dîne tous les jours à deux heures, et il va sans dire que ton couvert sera mis chez moi toutes les fois que cela te sera agréable. As-tu besoin d'argent ?

— Non, mon oncle.

— Ah çà! mais nous ne sommes donc pas dérangé, ou bien tu manges ton fonds avec ton revenu ? L'un me plairait mieux que l'autre.

— Lequel des deux, mon oncle ?

— Que tu fusses un peu désordonné, maintenant, sauf à devenir économe plus tard. Vois-tu, Hector, un gentilhomme qui n'a pas de dettes, c'est absolument comme une jolie femme qui n'a pas d'amant ; personne ne s'occupe de lui. Tu as compromis une réputation féminine, tué un homme en duel ; maintenant il te faut des créanciers, si tu ne veux pas rester inconnu...

— J'en ai, mon oncle, interrompit Hector.

— C'est bien, continua M. de Cardillac, en massant complaisamment une prise de tabac au fond d'une boîte d'or, dont le couvercle renfermait une délicieuse miniature représentant une femme couronnée de pampres et vêtue d'une peau de tigre attachée au-dessous des seins. C'est bien, répéta-t-il, il n'y a qu'une chose que je me permettrai de t'interdire, si tu veux bien me le permettre, c'est le jeu. Qu'on s'y enrichisse ou qu'on s'y ruine, il ne donne jamais de considération. Dans le premier cas, on passe pour trop habile ; dans le second, qui est le plus fréquent, on ne manque pas de dire que vous êtes niais ; et puis, qui trouve-t-on autour des tables de pharaon et de lansquenet ? des aigrefins qui trichent et des femmes sur le retour qui ont préféré les cartes à la dévotion, parce que c'est une manière de montrer qu'elles ont encore des bras potelés et des mains blanches. Méfie-toi des uns et des autres, mon cher neveu, car la piperie est des deux côtés. Il est bien entendu que j'excepte le jeu du roi et des princesses, si Sa Majesté et Leurs Altesses te faisaient l'honneur de t'admettre un jour à leur partie ; et, à propos de cela, je te dirai que le roi a eu la bonté de me demander pourquoi tu n'étais pas revenu lui faire ta cour depuis ta présentation.

— Et qu'avez-vous répondu, mon oncle ?

— Que des affaires graves t'avaient rappelé dans tes terres de Bretagne. Alors, Sa Majesté m'a fait un gracieux signe de tête et a ajouté : « Monsieur de Cardillac, quand votre neveu sera de retour, nous le verrons avec plaisir. »

— Le roi est bien bon !

— C'est un grand prince, mon neveu, un vrai gentilhomme, quoi qu'en disent messieurs les philosophes, race que je déteste, par parenthèse. Ne tarde pas à lui faire ta cour, et je te promets qu'il ne te sera pas difficile d'obtenir une compagnie en attendant un régiment.

Peut-être venais-tu me demander de penser à quelque chose comme cela pour toi ?

— Pas encore, mon cher oncle ; pour le moment, j'ai une ambition plus modeste.

— Et c'est ?...

— De vous prier de vouloir bien me présenter dans quelques-unes des maisons où vous allez le plus habituellement.

— Mais c'est facile, très-facile même, mon ami. Voyons quels sont les salons déjà ouverts pour lesquels j'ai des invitations. Aujourd'hui, madame de Vivonne : on s'y ennuie mortellement ; je ne te mènerai là qu'en carême. Demain, la maréchale de Mirepoix : j'attendrai, pour t'y conduire, que tu aies plus d'expérience ; elle reçoit trop de ces vieilles coquettes qui ne lâchent plus un homme une fois qu'elles l'ont pris. Après-demain la marquise de Lormois. Voilà notre affaire ! je te mènerai chez la marquise ; ses réunions sont délicieuses, et la divinité qui y préside... Enfin, tu verras... Madame de Lormois est le diamant du Marais.

Et M. de Cardillac huma sa prise de tabac, qu'il avait gardée jusqu'à ce moment.

— Est-elle jeune ? demanda Hector.

— Vingt-cinq ans.

— Jolie ?

— Ravissante !

— Riche ?

— A millions !

— Spirituelle ?

— A miracles !

— Coquette ?

— Toutes les femmes le sont.

— Eh bien ! galante ?

— Ceci est encore un mystère : les uns disent oui et les autres non.

— Mais, qu'en pensez-vous, mon oncle ?

— Moi, je pense qu'elle n'a pas encore *conclu.*

— Bah !

— Ma parole d'honneur ! Cependant, je puis me tromper, car je ne suis pas infaillible.

— Elle n'a donc pas d'ennemis pour l'espionner ?

— Elle doit en avoir, et même des amis pour la trahir ; mais tout cela n'a pas fait encore qu'on ait parlé d'elle d'une manière fâcheuse.

— Voilà qui est bizarre !

— Prodigieux, mon cher ! mais c'est comme cela.

— Qui est en son nom madame de Lormois ?

— Mystère encore, mon garçon.

— Comment ! on ne connaît pas sa famille ?

— Pas plus que si elle n'en avait pas.

— Et son mari ignore-t-il aussi ?...

— L'ignorance des maris ne s'amuse pas à ces bagatelles : elle a mieux à faire.

— Mais comment ce mariage s'est-il arrangé ?

— Mystère toujours ! Lormois est parti un beau matin en disant qu'il allait faire un voyage d'agrément ; et trois mois après il est revenu marié. Comme sa femme était charmante, personne ne s'est avisé de dire qu'il avait fait un mauvais choix.

— Quelle espèce d'homme est-ce ?

— Il est très-spirituel, assez prodigue, fort vicieux ;

tout le monde l'aime, et il jouit d'une grande considération.

— Va-t-il à la cour?

— Pas depuis son mariage, parce qu'il n'a pas présenté sa femme, sans doute pour se dispenser des preuves qui eussent été peut-être difficiles à établir.

— Mais enfin, mon oncle, quelles conjectures fait-on?

— On a renoncé aux conjectures, et l'on est convenu d'appeler tout cela *les mystères de la marquise.*

— Vous me mènerez après-demain chez elle?

— Je puis même t'y mener aujourd'hui, si tu veux rester à dîner avec moi.

— Mon oncle, j'accepte avec le plus grand plaisir.

M. de Cardillac sonna, et il dit au domestique qui vint qu'il voulait sa voiture pour trois heures précises; puis il procéda à l'opération fort importante de sa toilette, après avoir prévenu Hector que sa présence ne le gênerait pas le moins du monde.

Pendant que son valet de chambre coiffeur l'*accommodait*, il questionna avec beaucoup de tact et de grâce le jeune marquis pour savoir jusqu'à quel point il lui ferait honneur dans le monde où il allait le présenter, et tout ce qu'il découvrit en lui l'enchanta. Tout ce qu'Hector n'avait pas été à même d'apprendre, il l'avait deviné avec une incroyable justesse d'esprit, et il expliquait ses instincts aussi clairement que s'ils eussent été déjà des habitudes prises ou des principes enracinés. Il connaissait les hommes comme un vieux courtisan, et les femmes comme une revendeuse à la toilette. Profondément sceptique déjà, son scepticisme avait le calme de l'expérience sans l'amertume du désenchantement. Sur le chapitre de l'amour, que l'oncle et le neveu traitèrent longuement, M. de Cardillac le trouva d'une force qui le charma et le confondit, si bien qu'il ne put s'empêcher de lui dire le plus sérieusement du monde :

— Mon cher ami, tu peux aller sans inconvénient chez madame de Mirepoix, car tu en sais autant que toutes les vieilles coquettes de la cour ensemble. Mais où diable as-tu appris tout cela ?... Ce n'est pas chez ton père, je pense ? .. Le pauvre homme n'a jamais su que se battre et prier Dieu.

— J'ai beaucoup réfléchi, mon oncle.

— En vérité, je ne croyais pas que ce fût aussi utile. Reste à savoir maintenant si tu seras capable de mettre en pratique cette admirable théorie. Je te préviens que si je te vois amoureux sérieusement, je me moquerai de toi de tout mon cœur.

— Vous en aurez bien le droit, mon cher oncle, et vous me rendrez un grand service.

— L'amour comme l'entendent les gens de province est le fléau de la galanterie, reprit M. de Cardillac en dessinant sur son front couvert de poudre trois pointes à l'aide d'un petit couteau à lame de vermeil. Dans ma jeunesse, moins sage que toi, je suis tombé dans l'erreur des grands sentiments, et je me suis laissé souffler des maîtresses charmantes par des gaillards qui, pendant que je m'épuisais en soupirs langoureux et en œillades mourantes, se bornaient à glisser fort impertinemment trois ou quatre paroles fort lestes dans l'oreille des femmes. Je n'ai pas compris tout de suite les avantages de cette manœuvre, mais une mienne parente, chanoinesse de Remiremont, et fort miséricordieuse à la jeunesse inexpérimentée, a eu pitié de mon ignorance, et dans peu de mois mon éducation était faite. Aurais-tu trouvé aussi une chanoinesse, mon neveu ? Si cela était, je t'en ferais bien mon compliment. Ces diables de femmes n'ignorent rien ; on dirait que chacune d'elles a mangé toutes les pommes de l'arbre de la science.

— Mais, mon oncle, comment arrangent-elles cela avec leurs vœux ? demanda Hector.

— Mon neveu, vous êtes un impertinent ; mais je vous pardonne, parce que vous êtes en même temps fort aimable. Comtois, voyez si l'on pense à nous servir.

Comtois revint dire *qu'on mettait sur table*, et peu d'instants après, le commandeur et le marquis passèrent dans la salle à manger.

Comme chez tous les vieux garçons qui sont à la fois très-riches, très-gourmands et cependant soigneux de leur santé, le dîner était simple mais excellent. Il se composait d'un potage réconfortant aux légumes, d'une pièce de bœuf garnie de croquettes de volaille, d'une poularde de Bresse sur du riz, d'un plat de laitues au jus, et d'une fondue au parmesan : ce dernier mets était destiné à mettre dans toute sa valeur le bouquet d'une bouteille de vieux chambertin que le commandeur avait demandée avant de se mettre à table.

Le vin d'ordinaire était parfait, le dessert composé de fruits magnifiques, le café, qu'on servit ensuite, brûlant et parfumé, les liqueurs exquises ; mais le commandeur n'en buvait pas, à cause de ses nerfs, disait-il.

On vint dire que la voiture était avancée.

— Mon neveu, quand vous voudrez.

— Mon oncle, je suis à vos ordres.

Et ils s'acheminèrent vers le perron de l'hôtel en se tenant par le bras comme deux amis du même âge : le commandeur paraissait radieux de cette espèce de rajeunissement.

— Rue des Tournelles, hôtel de Lormois, dit-il à son cocher en s'installant avec Hector dans le fond de son carrosse.

Pendant le trajet, qui dura une bonne demi-heure, Hector fit encore bon nombre de questions à son oncle sur la marquise. Cette femme, qu'il n'avait jamais vue, le préoccupait d'une façon singulière.

— Serais-tu déjà amoureux? demanda le commandeur. Dans ce cas, nous ferions tout aussi bien de renoncer à notre visite.

— Amoureux, mon oncle ! Vous connaissez ma manière de voir à cet égard.

— La manière de voir n'est pas toujours conforme à la manière d'agir, mon pauvre garçon. Au surplus, fais ce que tu voudras ; je ne te demande qu'une chose, c'est d'éviter le ridicule d'être jaloux, si tu vois la marquise, ou telle autre femme à qui tu ferais la cour, donner la préférence à un autre que toi. Laisse-les faire : ton tour viendra toujours assez tôt, surtout si tu cherches ailleurs pendant ce temps-là.

— Mais, mon oncle, c'est bien désagréable d'être le successeur de quelqu'un.

9

— On s'en console en se disant qu'on deviendra le prédécesseur d'un autre. Et puis, vois-tu, il n'y a rien de plus amusant que tous les petits mensonges de corps et d'esprit d'une femme qui a déjà eu un ou plusieurs amants, et qui veut vous faire croire que vous êtes le premier, quand vous êtes sûr du contraire.

Comme le commandeur prononçait ces mots, son carrosse se trouvait à la hauteur du boulevard Saint Antoine, et il allait entrer dans une des rues latérales du côté du Marais, lorsqu'il fut arrêté un instant par un encombrement de charrettes et de voitures de place.

Hector se pencha machinalement hors de la portière, et il vit tout près de lui, marchant à petits pas en retroussant gracieusement sa robe pour éviter la boue, une jeune femme qu'il reconnut aussitôt : c'était la même qu'il avait vainement poursuivie quelques jours auparavant.

Mais cette fois il voyait en plein son visage, dont un premier coup d'œil lui révéla la merveilleuse beauté. Il remarqua une magnifique chevelure, une peau d'une blancheur éblouissante, de grands yeux bleus ardents et tendres, des traits fins et spirituels, une taille enchanteresse ; tout un ensemble enfin à tourner une tête plus solide que la sienne. Aussi allait-il ouvrir la portière et sauter hors du carrosse comme un fou, lorsque le cocher, donnant un vigoureux coup de fouet à ses chevaux, les fit repartir au grand trot ; puis la voiture tourna, et Hector eut beau mettre la moitié de son corps hors de la portière, il ne vit plus rien.

— Qu'as-tu donc vu passer ? lui demanda son oncle un peu étonné de cette agitation.

— Un de mes amis qui ne me reconnaît pas.

Un instant après, le carrosse s'arrêta devant l'hôtel de Lormois.

La marquise était sortie.

— Notre course est inutile pour toi, mon garçon, mais j'en profiterai pour mon compte, car j'ai d'autres visites à faire dans ce quartier. J'écrirai à la marquise pour lui dire que j'étais venu te présenter et je lui demanderai la permission de te mener à sa première soirée. Comme sa réponse n'est pas douteuse, j'enverrai ma voiture te prendre à neuf heures après-demain ; tu viendras me chercher chez madame de Contades, où je passe l'avant-soirée, et nous irons ensemble chez la marquise. D'ici là, si tu as besoin de moi... tu sais...

— Merci, mon bon oncle.

— A après-demain?

— C'est convenu.

— Neuf heures précises?

— Je serai exact.

— Au revoir, mon garçon.

Et la voiture du commandeur s'éloigna rapidement.

IX

L'Opéra.

Hector, après avoir quitté M. de Cardillac, erra pendant quelque temps dans les rues de Paris, sans but et sans projet, absorbé par un sentiment bizarre et indéfinissable, qui lui prenait tout à la fois la tête et le cœur.

Ce sentiment, né de la seconde apparition de la jolie inconnue au mantelet vert chou, n'était bien certainement pas encore de l'amour, car d'habitude on ne s'éprend guère d'une femme que l'on n'a fait qu'entrevoir, mais tout au moins il lui ressemblait beaucoup.

Hector était en proie à une agitation extrême, à une sorte d'inquiétude fébrile. Le charmant visage de la grisette se dessinait sans cesse dans sa pensée, comme dans un rêve. Il se désespérait d'avoir manqué de nouveau l'occasion de l'aborder et de lui parler ; il se disait qu'il ne la rencontrerait peut-être jamais, et il mettait son vif dépit sur le compte de sa curiosité non satisfaite.

Du reste, un philosophe, quelque peu matérialiste, a prétendu que l'amour n'était autre chose que la *curiosité des sens.*

Ceci est peut-être paradoxal. Quoi qu'il en soit, nous croyons que dans plus d'une circonstance la curiosité entre pour beaucoup dans l'amour.

Et à l'appui de cet axiome nous citerons ce mot d'un jeune poëte de nos amis à qui nous disions : *Vous êtes amoureux de madame de C...* — *Non*, répondit-il, *j'en suis curieux.*

Les heures s'écoulèrent. Peu à peu l'hallucination du jeune marquis disparut pour faire place à un état plus calme. Sa promenade prolongée et pédestre lui avait donné de l'appétit ; il alla, par souvenir peut-être, souper au cabaret du *Chariot-d'Or* ; puis il prit le chemin de l'Opéra, où il arriva vers les dix heures du soir, pour entendre la fin d'une pièce de Quinault, nous ne savons plus laquelle.

Hector entra dans les coulisses.

Le dernier acte de la pièce qu'on jouait venait de commencer. Le théâtre représentait un *site de l'Olympe*, c'est-à-dire qu'à droite il y avait un grand palais aux colonnes d'ordre corinthien ; au fond, sur des nuages amoncelés, le trône du *maître des Dieux*, Jupiter, puisqu'il faut l'appeler par son nom, et à gauche des nuages encore, parmi lesquels perçaient dans un lointain brumeux les doubles cimes du Parnasse.

Les nuages étaient roses, les montagnes violettes; le trône doré avait des foudres écarlates, et le palais figurait du marbre blanc.

Quant à Jupiter, il portait un élégant costume de lieutenant-colonel des mousquetaires, avec les jambes nues et des sandales.

Toute sa cour l'entourait, les dieux habillés dans le même goût, les déesses assez peu vêtues.

C'était, on le voit, tout à la fois très-simple et parfaitement mythologique.

Un peu avant le *baisser de rideau*, un char traîné par deux lions devait amener, devant les dieux assemblés, Therpsichore, la muse des danses joyeuses, qui témoignerait par ses entrechats, ses jetés-battus, ses flic-flac, ses ronds de jambes, ses pirouettes, son tacqueté et son balonné, toute la satisfaction qu'elle éprouvait de faire passer au maître du ciel et de la terre quelques instants délicieux.

Le char, attelé de ses coursiers de carton, attendait dans la coulisse entre deux *portants*.

Therpsichore n'était point encore descendue de sa loge, et achevait sa toilette au grand effroi du régisseur, qui craignait qu'elle ne manquât son entrée.

Hector, auquel il restait encore quelque chose de la primitive agitation de son esprit, s'accouda distraitement au dossier du char de la muse, et ne prêta qu'une médiocre attention aux œillades et aux quolibets provocateurs des nymphes de l'Opéra qui batifolaient autour de lui, et qui, sachant sa bourse bien garnie et son humeur libérale, n'auraient point été fâchées de fixer ses regards.

Une circonstance inattendue vint le faire tressaillir et le tira de sa rêverie, mais d'une façon qui n'avait rien que de fort agréable.

Deux bras blancs et nus se nouèrent autour de son cou; deux mains parfumées se posèrent sur ses yeux, et une jeune femme, qui s'était approchée de lui par derrière et à petits pas, lui demanda d'une voix déguisée :

— Qui est-ce ?

— Ma foi, répondit Hector sans chercher à se dérober à la douce violence qui lui était faite, je sais que ce sont de jolies mains, douces et potelées, ce qui me semble d'un très-heureux augure.

— Ainsi vous ne devinez pas?

— Que vous êtes jeune et jolie?... parfaitement!

— Erreur, mon gentilhomme.

— Comment ?

— Je suis vieille et laide.

— Vous ?

— Oui, moi.

— Je parie cent louis que non.

— Je ne tiens pas, car vous auriez gagné !

Et les deux petites mains lâchant enfin prise, Hector, qui put se retourner, aperçut devant lui la danseuse espagnole, la ravissante Manuela, en costume de Therpsichore.

Or, quand nous disons *en costume*, c'est une manière de parler, car rien ne méritait moins ce nom que son accoutrement, mais aussi rien n'était plus gracieux.

Le public savait que Manuela représentait la muse de la danse, on l'acceptait donc comme telle, et tout était pour le mieux dans le meilleur des mondes possibles.

Voici, du reste, en quoi consistait le travestissement de l'actrice.

D'abord une sorte de tunique adhérant étroitement au buste, et assez échancrée pour montrer le plus possible les épaules et la gorge.

Cette tunique en satin rose tendre était relevée de chaque côté des cuisses par une agrafe d'or, et laissait voir parfaitement la jambe, moulée dans un maillot couleur de chair mince comme l'aile d'un papillon...

Sur l'épaule gauche, une peau de tigre, admirablement imitée en velours fauve et noir, était fixée par un gros bouton de diamant.

Dans les cheveux à demi dénoués, une profusion de rubans couleur de feu se mêlait à des fleurs aux teintes éclatantes.

La main droite portait un petit tambour de basque.

Telle était Manuela debout en face d'Hector, secouant machinalement les grelots argentins de son tambour, et se balançant en cadence sur des hanches comme on n'en rencontre que sur les bords amoureux du Guadalquivir.

— Tu vois bien que j'aurais perdu, si j'avais parié que j'étais vieille et laide, dit-elle avec un joyeux éclat de rire, au marquis qui la regardait.

— Ma foi oui, car tu es jolie à tourner toutes les têtes de l'Olympe, y compris celle du grand Jupiter.

— Tu trouves?
— Foi de marquis.
— Alors nous souperons ensemble?
— Oh! oh! fit Hector : ce serait la quatrième fois depuis quinze jours.
— Est-ce que, par hasard, tu trouverais que c'est trop?
— Non, mais...
— Mais, quoi?
— Mais c'est assez.
— Par exemple! et pourquoi cela?
— Parce qu'au bout de trois soupers on ne doit plus rien avoir à apprendre avec toi.
— Voyez-vous cela! répliqua la sylphide en faisant un rond de jambes. Savez-vous que je vous soupçonne fort de courir une autre femme, marquis.

Hector sourit.

— Est-ce que tu serais fidèle, monstre? demanda Manuela en se posant avec un geste tragique.
— Est-ce que tu m'es fidèle, petite? fit Hector au lieu de répondre.

La conversation continua quelques instants sur ce ton, puis soudain elle fut interrompue par le régisseur qui accourut tout essoufflé en s'écriant :

— Allons! mademoiselle, vite, vite, dans le char et en scène : il n'est que temps!

Manuela quitta précipitamment Hector et fit son entrée triomphale.

En même temps le marquis sortit des coulisses et rentra dans la salle, où il alla prendre place près de l'orchestre des musiciens.

La pièce que l'on jouait l'intéressait peu ; cependant il eut la patience d'écouter quelques tirades dans le genre de celle-ci :

> « Que l'amant qui devient heureux
> En devienne encor plus fidèle !
> Que toujours dans les mêmes nœuds
> Il trouve une douceur nouvelle !
> Que les soupirs et les langueurs
> Puissent seuls fléchir les rigueurs
> De la beauté la plus sévère !
> Que l'amant comblé de faveurs
> Sache les goûter et se taire ! »

Ou bien :

> « Lorsque Doris me parut belle,
> Je ne connaissais pas encore vos attraits ;
> Il faudrait pour être fidèle
> Vous avoir toujours vue ou ne vous voir jamais. »

Ou encore :

> « Eh bien ! à votre amour je ne suis plus rebelle
> Et je consens enfin à m'engager !
> Voyons dans notre ardeur nouvelle
> Si vous m'apprendrez à changer
> Ou si je vous rendrai fidèle. »

Au bout de peu d'instants, toutefois, il se fatigua de ces strophes un peu trop langoureuses, et quittant la place qu'il avait occupée d'abord, il se mit à se promener dans les couloirs, regardant par les lucarnes de chaque loge, tantôt la scène, tantôt les personnes qui garnissaient les gradins du théâtre.

Il y avait ce qu'en argot de coulisses on est convenu d'appeler *chambrée complète*, c'est-à-dire que la salle était pleine.

Du bas en haut s'étageaient les brillants uniformes, les habits brodés, les toilettes galantes.

C'était dans les premières loges une profusion de femmes du monde en compagnie de *leurs attentifs*, tandis que les maris courtisaient un peu plus bas, dans une loge grillée et discrète, quelque jolie bourgeoise, quelque grisette fringante, ou quelque fille de théâtre à la vertu facile.

Un peu plus hant, MM. les sergents aux gardes-françaises folâtraient avec mesdames les procureuses du Châtelet, tandis que de jeunes basochiens, entreprenants comme le *Chérubin du Figaro* futur, se livraient à des témérités amoureuses, presque toujours bien reçues, quelles que fussent les Marceline ou les Suzanne auxquelles elles s'adressaient.

Plus d'une de ces dames parut jolie au marquis de Cout-Kérieux, et eut l'insigne honneur d'attirer pour un instant ses regards ; mais bientôt l'une d'elles fixa plus particulièrement son attention jusque-là vagabonde.

Cette femme occupait une loge de face du premier rang. Hector ne la voyait que par derrière.

Elle était seule et appuyée sur le rebord de la loge ; un grand laquais galonné sur toutes les tailles se tenait debout dans le couloir contre la porte, portant sur son bras une pelisse de satin blanc, garnie entièrement de duvet de cygne.

La beauté des épaules de cette femme, qui sortaient

éblouissantes d'une robe de velours, dont la couleur sombre rendait plus éclatante leur blancheur de marbre ; l'élégante souplesse et les lignes gracieuses du cou, tout se réunisssait pour faire espérer le plus charmant visage.

Hector s'arrêta immobile, et les yeux ardemment fixés sur cette femme, il attendit qu'elle changeât de position.

Cette attente fut vaine d'abord, le spectacle paraissant absorber toute l'attention de la belle inconnue.

Enfin elle se retourna à demi pour prendre son éventail qu'elle avait posé derrière elle au fond de la loge.

Hector vit son visage et il ne put retenir une exclamation de surprise.

Et certes il y avait de quoi.

Il retrouvait dans les traits charmants qui s'offraient à lui tous les traits de la jolie bourgeoise au mantelet vert chou.

C'était bien le même front correct et pur, le même nez droit et fin, les mêmes lèvres au rouge de corail encadrant une double rangée de perles, comme on disait alors.

L'identité était parfaite ; il y avait jusqu'à deux petites fossettes, gracieux *nids d'amours*, creusés par le sourire à chaque coin de la bouche.

Les yeux seulement paraissaient, sinon plus beaux, du moins plus brillants et plus fiers, et le regard plus assuré ; peut-être était-ce le rouge placé sous les yeux qui leur donnait cet éclat et cette expression, modifiée quelque peu d'ailleurs par le léger nuage de poudre qui enveloppait la chevelure.

Nous croyons avoir dit dans les chapitres précédents que l'inconnue au mantelet vert chou ne portait ni poudre ni rouge lorsque le marquis l'avait rencontrée à pied dans la rue.

Hector, dans ce moment, refusa positivement d'ajouter foi au témoignage de ses sens. Il porta la main à son front pour s'assurer qu'il ne rêvait pas, et il ne put venir à bout de se répondre affirmativement.

Un instant, le pauvre garçon crut à une *idée fixe*; et, craignant d'avoir quelque chose de dérangé dans la cervelle, il se demandait si ce qui frappait sa vue était bien réel, si ses deux femmes n'en faisaient qu'une, ou s'il était passagèrement le jouet d'une incompréhensible ressemblance, quand il se sentit toucher le coude légèrement et avec une sorte de respect.

Il se retourna avec vivacité, et ce fut pour tomber d'un étonnement dans un autre : voici pourquoi.

La personne qui se trouvait à côté de lui était sans contredit celle du monde qu'il s'attendait le moins à rencontrer dans cet endroit.

C'était l'ancien valet de chambre de Richelieu, Guillaume Lepicard en personne.

Hector lui tendit la main.

Le vieillard la prit et la serra affectueusement, puis il dit d'une voix émue, en désignant la loge dans laquelle se trouvait la jeune femme :

— Vous l'avez vue ?

— Qui? fit Hector, ne supposant pas qu'il pût être question de la ravissante inconnue.

— *Elle!* appuya Lepicard, en indiquant si clairement celle dont il parlait, qu'il n'y avait plus moyen de s'y tromper.

— Cette femme, ou plutôt cette divinité! s'écria vivement le jeune homme.

Le visage de Guillaume s'éclaira d'une joie profonde, et il répondit avec un accent qui partait du cœur :

— Oh! n'est-ce pas, monsieur le marquis, n'est-ce pas qu'elle est bien belle! bien belle!

Hector, de plus en plus surpris et intrigué, allait interroger Lepicard quand un tumulte subit se fit dans la salle.

L'Opéra venait de finir.

De toutes parts les portes des loges s'ouvraient avec fracas, et la foule commençait à se pousser, à se heurter dans les couloirs pour gagner la sortie.

Le visage du vieillard s'était assombri tout à coup.

Au moment où tourna sur les gonds la porte de la loge de l'inconnue, Lepicard glissa entre les mains d'Hector, qui cherchait à le retenir, et se perdit dans la foule, de plus en plus compacte.

Hector resta à sa place stupéfait, étourdi.

Un flot pressé de spectateurs le fit, sans qu'il s'en aperçût, reculer de quelques pas.

Quand il revint à lui et qu'il voulut rejoindre l'inconnue pour la suivre, il était déjà trop tard.

Elle avait disparu, et il lui fut tout à fait impossible de la retrouver.

Le jeune homme, assez désappointé de ce contre-temps, prévoyant bien d'ailleurs qu'il ne pourrait dormir de la nuit, se dirigea machinalement vers la loge de la Manuela, attendit d'un air assez maussade qu'elle fût redevenue une simple mortelle, et de désespoir s'en alla souper avec elle pour la quatrième fois : rien ne saurait mieux prouver qu'il avait la tête perdue.

X

Toilette de marquise.

Huit heures du soir venaient de sonner à une ravissante pendule, dans le plus délicieux cabinet de toilette qu'il soit possible d'imaginer.

Cette pendule, en pâte tendre de Sèvres, formait une sorte de petit monument, à l'entour duquel des nymphes *bocagères* s'entrelaçaient avec des guirlandes de fleurs dans toutes sortes de postures gracieuses et maniérées.

Quatre dryades à demi couchées soutenaient le cadran dans leurs bras.

Ce cadran, curieusement ciselé et émaillé, représentait la mythologique allégorie de l'Aurore, entourée des Heures du jour et de la nuit, et précédant le char du Soleil, auquel elle ouvrait les portes de l'Orient.

Au-dessus de cette pendule, deux Amours, vêtus d'un carquois rejeté en arrière, portaient un écusson armorié ainsi qu'il suit :

D'hermine à la bande de gueule, timbré et couronné d'or, surmonté d'une tête de femme d'argent entre deux ailes de même. — *Panaché d'argent et de gueule.*

Le cabinet de toilette était entièrement tendu de mousseline blanche, simplement rehaussée de torsades et de nœuds roses.

Les portes étaient en laque gris perle parsemées d'oiseaux aux couleurs capricieuses, et encadrées d'un filet d'or mat.

Les dessus de ces portes avaient été *illustrés* par l'inimitable Watteau, qui s'était ingénié à y peindre ses plus étourdissantes bergerades.

Jamais sur un gazon d'un vert plus tendre, au milieu de moutons plus blancs, sous un feuillage plus idéalement violet, de gentilles bergères, à la gorge demi-nue et en robes de satin mordoré, n'avaient mis une plus précieuse afféterie à recevoir des mains d'un plus charmant berger en culotte de taffetas changeant, un plus charmant bouquet noué d'un ruban rose.

Mais, ce qui tout d'abord dans cette pièce attirait l'attention, ce n'était ni les tentures, ni les bergerades de Watteau, c'était une jeune femme assise devant une glace toute encadrée des flots neigeux d'une magnifique dentelle d'Angleterre.

Cette jeune femme, enveloppée à demi dans un peignoir de mousseline, qui, glissant sur les épaules, laissait entrevoir les blancs contours du sein, et découvrait entièrement des bras d'une forme divine, s'occupait gravement à poser au coin de sa petite bouche une de ces lentilles noires mises à la mode sous la Régence et baptisées du nom de *mouches assassines.*

Encore dénouée et sans poudre, sa longue chevelure brune flottait sur ses épaules et tombait jusques sur le tapis.

Ayant terminé à sa satisfaction l'opération importante de la pose de la mouche, la jeune femme se sourit à elle-même devant la glace qui lui renvoyait sa charmante image, puis elle prit sur la toilette une petite sonnette d'argent, et l'agita deux fois.

La porte s'ouvrit aussitôt, pour laisser entrer une jeune fille qui s'approcha sur la pointe des pieds, semblant craindre de faire quelque bruit en frôlant le tapis soyeux.

C'était une jolie et leste camériste, à l'œil vif et fripon, aux formes hardiment découpées, aux dents blanches dans une bouche en cœur.

Pour tout dire en un mot, le type exact des piquantes *soubrettes* de la Comédie italienne.

— Madame la marquise a sonné? fit la jeune fille.
— Oui. Merlac est-il là?
— Il attend les ordres de madame la marquise.
— Faites-le entrer.

La camériste sortit et revint au bout d'un instant, suivie du personnage que nous venons d'entendre nommer Merlac, et qui n'était autre que le maître du fameux Léonard, et par conséquent l'un des coiffeurs les plus renommés de Paris.

Merlac était Gascon (nous aurions pu nous dispenser de le dire), aussi fit-il son entrée dans le boudoir de la marquise comme un homme gonflé de la haute importance de ses fonctions, et vint-il à bout de faire ballonner par ses écarts de hanches les basques de son habit de taffetas glacé, que soulevait par derrière le fourreau peu redoutable de sa petite épée à lame de baleine.

Merlac exécuta les trois saluts d'usage avec toute la rigoureuse exactitude d'un professeur de danse et de maintien; puis il tira de sa poche les fers, les peignes et tout l'attirail assez compliqué de sa profession, et enfin il s'approcha de la marquise, qui l'accueillit par un léger signe de tête.

Ce n'était point une petite affaire à cette époque que la coiffure d'une femme de qualité.

Nous voudrions de grand cœur pouvoir décrire jusque dans ses moindres détails l'œuvre savante de Merlac; mais pour en arriver là il nous faudrait employer une très-grande quantité de mots techniques, à peu près incompréhensibles pour nos lecteurs, et dans lesquels, nous l'avouons franchement, nous risquerions fort, nous-même, de ne plus nous reconnaître.

Nous nous contenterons donc de dire que, selon nous, c'était grand dommage de voir ces belles mèches de cheveux prendre l'une après l'autre sous les doigts de l'artiste les formes les plus extravagantes, et perdre peu à peu, grâce à un nuage parfumé, leur adorable teinte brune; et cependant, nous devons en convenir, quand la poudre à la maréchale eut recouvert comme une neige odorante l'édifice capillaire entièrement terminé, la marquise, sous cet étrange échafaudage, était délicieusement jolie.

Mais n'eût-elle pas été plus ravissante encore, si de larges et chatoyants bandeaux avaient, suivant la mode d'aujourd'hui, encadré son visage, et si une natte brillante et veloutée eût remplacé derrière la tête les *crépés* et les *poufs*?

Cette question est trop grave pour que nous osions prendre sur nous de chercher à la résoudre, et nous nous contenterons de la livrer très-humblement à la sagacité de nos belles lectrices.

— Qu'y a-t-il de nouveau aujourd'hui, Merlac? demanda la jeune femme.

— Madame la marquise, veut-elle parler de la ville ou de la cour? répondit le coiffeur avec l'accent le plus prononcé de son pays natal.

— De l'une et de l'autre.

— On s'occupe beaucoup à la cour de madame la comtesse Dubarry.

— Et qu'en dit-on?

— Qu'elle vient de donner l'ordre à mon élève Léonard d'inventer sous huit jours une nouvelle coiffure, propre à ranimer les feux de notre grand monarque, qui paraît se refroidir quelque peu à l'endroit de la belle comtesse.

— Ah!

— Peut-être bien que ce n'est qu'un bruit que l'on fait courir; mais ce qu'il y a de certain, c'est que monseigneur le duc de Choiseul et monseigneur le duc de

Praslin sont dans la joie dé cé prétendu réfroidissement.

— Et ne dit-on rien autre chose ?

— On parle encore d'uné robe tramée en argent et lamée en or, avec uné garniture dé diamants, qué madamé la comtesse Dubarry vient de commander dans lé mêmé but que la coiffure dont j'ai l'honneur dé parler à madamé la marquise.

— Et de la ville, que dit-on !

— Jé né sais, en vérité Dieu, rien du tout !

— Comment, rien ?

— Absolument... à moins...

— A moins ?

— A moins qué jé né parle à madamé la marquise dé l'histoire qui court les ruelles, mais jé né sais si jé dois...

— Dites ! dites !

— Alors cé séra pour obéir à madamé la marquise.

— Sans doute, allez, j'attends.

— J'aurai donc l'honneur d'exposer à madamé qué j'ai parmi mes pratiques un jeune gentilhomme, lé plus beau, lé plus brave et lé mieux fait qui sé puisse imaginer.

— Voilà un pompeux éloge.

— C'est, du reste, l'avis dé toutes les personnes qui connaissent lé gentilhomme en question.

— Et ce phénix s'appelle ?...

— Lé comté Roland dé Villarcy... madamé la marquise en a peut-être entendu parler à la ville.

— Non.

— C'est étonnant !

— Pas le moins du monde... Après ?

— Donc, monsu lé comté Roland dé Villarcy est un vert-galant dans touté la force du terme, et jé né connais, en vérité Dieu, pas dé femme, qu'ellé soit dé bourgeoisie ou dé condition, qui soit capable dé lui résister.

— Vous croyez cela, maître Merlac? fit la marquise avec un sourire railleur.

— Je lé crois... répondit le coiffeur avec conviction.

— C'est bien... continuez.

— Or, monsu lé comté honorait dé ses bonnes grâces mademoiselle Albertine...

— Qu'est-ce que c'est que ça... mademoiselle Albertine?

— Uné jeuné danseuse du Grand-Opéra.

— Et sans doute une de ces vertus farouches dont *votre pratique*, comme vous dites, a l'habitude de triompher.

— Madamé la marquise veut plaisanter.

— Avec vous, Merlac? répondit dédaigneusement la marquise... allons donc, mon cher !

— Jé démandé très-humblement pardon à madamé la marquise... jé voulais dire seulement qué mademoiselle Albertine est uné bellé fille. Donc, il paraîtrait qu'hier au soir, comme ellé quittait l'Opéra, pour rejoindre lé carrosse dans léquel l'attendait monsu lé comté, ellé fut abordée par deux officiers dé messiurs les gardes-françaises, qui l'avaient regardée de très-près pendant lé spectacle, et lui proposèrent...

— Quoi donc?

— Dé venir souper avec eux.

— Ce qu'elle accepta sans doute?

— Cé qu'ellé refusa, au contraire ; ce qué voyant, ils voulurent l'emmener malgré elle...

— Ah ! ah ! qu'arriva-t-il alors ?

— Il arriva qu'ellé sé mit à pousser dé grands cris en appelant au secours.

— C'est bien invraisemblable ce que vous me contez là, Merlac !

— Ça n'en est pas moins vrai, madamé la marquise... Monsu lé comté réconnut la voix dé *son amante*, accourut l'épée à la main, souffleta les officiers, et sé battant sur l'heure, avec un d'abord, puis avec l'autre, leur fit à chacun uné bellé boutonnière au pourpoint ; puis remettant mademoiselle Albertine dans son carrosse, la ramena tranquillement chez elle, commé si dé rien n'était.

— Et l'on s'occupe de cette affaire, dites-vous ?

— Jé crois bien ! tout lé monde en parle. Les soldats du guet sont allés ce matin chez monsu lé comté.

— Pourquoi faire ?

— Pour lé prendre et lé mettre au Châtelet provisoirement, jusqu'à cé qué l'histoire des deux duels soit éclaircie.

— Alors, il est en prison ?

— Du tout.

— Comment cela ?

— On né l'a pas trouvé chez lui ; il sé cache, et il a raison.

— Et quelles seront les suites de tout cela ?

— Les suites né séront pas graves, et monsu lé comté pourra réparaître dans quelqué temps, car tous ceux qui ont vu lé combat, et il y en a beaucoup, lui donnent raison, et disent qu'il n'a fait qué défendre sa maîtresse, comme l'aurait fait tout homme d'honneur à sa place. Oh! c'est un bien beau, bien brave et bien galant gentilhomme, qué monsu lé comté dé Villarcy, ma pratique!

— Merlac, fit la marquise, qui, sans doute avait assez des bavardages du coiffeur; Merlac, avancez-moi un peu plus cette touffe à gauche.

— Madamé la marquise trouve-t-elle qué cé soit bien comme cela?

— N'y a-t-il plus rien qui pèche dans la coiffure dé madame la marquise?

— Mettez un peu plus de poudre de ce côté. Relevez ce crêpé. Bien, voilà qui est fini.

— A quelle hûre dois-jé mé mettre démain aux ordres de madamé la marquise?

— A quatre heures précises. Je vais à la Comédie italienne.

Et l'artiste se retira, après avoir renouvelé les trois saluts classiques, avec la même correction que lors de son entrée.

— Mariette!... dit la marquise, restée seule avec sa femme de chambre.

— Madame?

— Allez demander à monsieur le marquis la liste des invitations qui ont été faites pour la fête de ce soir, et apportez-la-moi ici.

— Oui, madame.

La soubrette quitta le boudoir et revint au bout de cinq minutes avec la liste demandée.

La marquise la lui prit des mains et la parcourut.

Et savez-vous ce que cherchait sur cette liste la digne petite fille d'Ève, notre première mère, et par conséquent la première curieuse ?

Tout simplement le nom du comte de Villarcy.

Et elle ne l'y trouva pas.

— D'ailleurs, se dit-elle, il ne serait pas venu, puisqu'il est obligé de se cacher pendant quelque temps.

— Madame la marquise veut-elle s'habiller tout de suite ? demanda la femme de chambre.

— Sans doute.

— Quelle robe madame veut-elle mettre ?

— Je ne sais.

— Une robe rose ?

— Non.

— Bleue, alors.

— Pas davantage, le bleu me va mal.

— Madame veut-elle une robe lamée ?

— Je suis chez moi, ce serait trop habillé.

— Une robe de velours noir.

— C'est trop simple.

— Il me semble que madame la marquise pourrait choisir une robe blanche...

— Je crois que vous avez raison. Oui, c'est cela.

La marquise mit en effet une robe de satin blanc, dont la jupe était toute parsemée de bouquets de perles d'une inestimable valeur.

Elle était ravissante ainsi.

— Madame veut-elle ses diamants ? fit la camériste.

— Non, donnez-moi des perles, cela ira beaucoup mieux avec l'ensemble de ma toilette.

La jeune femme se contenta donc de poser un collier

de grosses perles sur ses belles épaules, dont la blancheur éclatante pouvait très-bien supporter ce redoutable voisinage.

Puis elle se regarda dans une grande glace, et de nouveau ne put s'empêcher de sourire à sa gracieuse image.

Nos lecteurs, du moins nous le supposons, ont bien voulu deviner, depuis longtemps déjà, que cette jeune femme n'était autre que la marquise Diane de Lormois.

XI

La fête.

Pendant que Diane mettait ses gants, on gratta légèrement à la porte du cabinet.

— Mariette, allez voir, dit la jeune femme à la camériste.

— C'est M. le marquis, répondit cette dernière après avoir entre-bâillé la porte; c'est M. le marquis qui demande si madame peut le recevoir.

— Sans doute, fit la marquise; qu'il entre.

M. de Lormois entra.

Nous ne ferons point le portrait de ce dernier personnage, car il ne doit jouer dans cette histoire qu'un rôle de comparse, et il nous suffira de dire que c'était un charmant cavalier de trente-cinq à trente-huit ans, portant à merveille le chapeau sous le bras et l'épée de cérémonie sur la hanche ; de plus, jouant d'un air merveilleux avec les dentelles de Malines de son jabot et de ses manchettes.

On voyait qu'en matière d'élégance, M. de Lormois avait hérité des *bonnes traditions*, comme on dit encore aujourd'hui à la Comédie-Française.

Il baisa galamment la main de sa femme en lui disant :

— Ma parole d'honneur, marquise, vous avez trouvé le moyen de faire une chose impossible !

— Moi ?

— Vous-même...

— Et quelle est cette chose, je vous prie, mon ami ?

— C'est d'être ce soir plus charmante encore que de coutume.

— En vérité, répondit Diane avec un sourire ; en vérité, vous me trouvez jolie ?

— A miracle !

— Flatteur !

— Ah ! marquise !!!

— Enfin, je veux bien vous croire.... mais, dites-moi, que me voulez-vous ?

— D'abord, vous voir.

— Et ensuite ?

— Ensuite, vous demander si vous vous sentez disposée à passer dans vos salons. Il est neuf heures et vos invités vont, je pense, arriver.

— Je suis prête. Mariette, donnez-moi, je vous prie, mon mouchoir, mon éventail et mon flacon. Je vous suis, monsieur le marquis.

— Me permettrez-vous de vous offrir mon bras ?

— Je fais mieux : je vous le demande.

Et Diane quitta sa chambre, conduite par son mari tout aussi solennellement qu'elle aurait pu l'être par un maître des cérémonies.

Les vastes salons, éblouissants de lumières et de fleurs, étaient encore complètements déserts.

Des laquais en splendides livrées rouge, blanc et or, avec des aiguillettes de même, erraient çà et là dans les appartements, achevant de mettre en ordre quelque siége ou quelque draperie.

Bientôt les premières voitures vinrent tourner dans la cour de l'hôtel, et au bout de quelques instants, carrosses et conviés se succédèrent rapidement.

—

A neuf heurs précises, ainsi que cela avait été convenu l'avant veille, le marquis de Cout-Kérieux était venu rejoindre son oncle, le commandeur, à l'hôtel de madame de Contades.

On eût dit que M. de Cardillac, en donnant rendez-vous à Hector dans cette dernière maison, avait voulu procéder à la façon de ces dramaturges modernes, qui cherchent par-dessus tout à faire passer le spectateur, sans transition, de quelque tableau sombre et presque lugubre au riant aspect d'une décoration magique.

Rien en effet n'était moins réjouissant que le salon de madame de Contades, douairière fort respectable et fort respectée, mais nullement à la mode.

Là, tout était vieux : l'hôtel, les maîtres, les meubles et les gens.

Là, tout était triste : les visages et les tentures.

Quelques gentilshommes, anciens d'âge et antiques de

noblesse, quelques marquises, qui, cinquante ans auparavant, avaient pu passer pour jolies, se réunissaient deux fois par semaine pour déblatérer contre le sans façon incroyable des mœurs de la folle jeunesse du jour, et tailler quelque pharaon, quelque lansquenet ou quelque bassette.

Toutes ces vieilles gens, immensément riches et jadis prodigues, étaient restés joueurs, mais étaient devenus avides et rapaces.

M. de Cardillac, si fort dévoué, malgré son âge, au culte de l'élégance et du plaisir, ne se montrait que rarement chez madame de Contades, et n'y faisait jamais d'ailleurs que de courtes apparitions.

Hector et son oncle ne tardèrent donc pas à prendre congé, et montèrent dans le vis à vis qui les attendait à la porte.

— Touche à l'hôtel de Lormois, dit le commandeur à son cocher; puis il ajouta, en s'enfonçant mollement dans l'encoignure de son carrosse et en s'adressant au jeune homme : Eh bien! mon ami, la marquise, comme d'ailleurs j'en étais certain, m'a écrit qu'elle serait enchantée de te recevoir sous mes auspices.

— Aussi, mon oncle, j'ai de nouveaux et bien sincères remercîments à vous adresser.

— Allons donc! entre nous pas de cérémonie! j'aime beaucoup mieux que tu me considères comme ami que comme un oncle, et surtout comme un tuteur, la pire et plus pédante espèce que je sache; au moins, je pourrai de temps à autre te donner quelques conseils... d'ami, avec la chance de te les voir suivre.

— Mon cher oncle, j'espère que vous ne doutez pas.

— Pardon, mon beau neveu, je doute beaucoup, au contraire.

— Pourquoi donc?

— Parce qu'il y a une loi de nature qui veut que les jeunes n'écoutent pas les vieux! cela a toujours été, et cela sera toujours ainsi, malheureusement! Les vieux s'en plaignent et ils ont tort, car il me paraît démontré que la faute en est à eux. S'ils n'allaient pas toujours sermonnant et morigénant à propos de tout, comme des coquecigrues, la jeunesse leur ferait quelquefois l'honneur de vouloir bien les croire, et profiterait de leur expérience.

— Vous êtes la perle des oncles!

— Alors, répliqua le commandeur en riant, c'est bien le moins que tu sois pour moi le diamant des neveux!

— Je m'y appliquerai...

— Très-bien; mais d'abord, tâche ce soir, mon ami, de ne pas trop oublier mes recommandations de l'autre jour.

— Vos recommandations, mon oncle! lesquelles?

— Vois-tu, comme j'avais raison de douter de ton attention? Tu ne te souviens même pas de ce que je t'ai dit!

— Mettez-moi seulement sur la voie et vous verrez.

— Il s'agissait de la personne chez laquelle nous allons.

— La marquise de Lormois?

— Juste.

— Ah! j'y suis.

— Voyons un peu.

— Vous me recommandiez, dans le cas où je deviendrais amoureux de la marquise, et où je la verrais me préférer quelque autre gentilhomme, d'éviter au moins le ridicule d'être jaloux. Ce sont vos propres expressions.

— A merveille! et te sens-tu disposé à suivre cet avis judicieux?

— Je n'en aurai pas besoin.

— Pourquoi cela?

— Parce que je ne serai point amoureux de la marquise.

— Tu crois?

— J'en suis sûr.

— Elle est bien jolie, pourtant!

— N'importe.

— Tu dis cela d'un ton... Est-ce que, par hasard, depuis quelques jours, ton cœur serait pris quelque part?

— Ma foi non! je vous assure, répondit Hector avec un peu moins d'aplomb, car, de fait, l'image de la bourgeoise inconnue continuait à le poursuivre et à l'occuper plus que de raison.

— Dans tous les cas, il n'y pas de mal... mais nous voici arrivés, tiens-toi ferme, car si, comme tu le dis, ton cœur est libre, j'ai bien peur qu'il n'en réchappe pas!

— Soyez tranquille, mon bon oncle, il n'y a pas de danger.

— Tu m'en diras des nouvelles en sortant.

Au moment où le commandeur et le marquis pénétrèrent dans les salons, dix heures venaient de sonner.

Il y avait autour de la marquise une foule compacte d'adorateurs ; de plus, on dansait, ce qui ajoutait à l'encombrement ; bref, la circulation était interceptée momentanément, et force fut à M. de Cardillac et à Hector d'attendre qu'une éclaircie leur permît d'approcher de la belle Diane.

Cependant l'aspect de la fête était ravissant d'animation, d'éclat, de bruit, de vie, de mouvement et de toilettes splendides.

Hector, quittant à peine le sombre logis de madame de Contades, fut ébloui et enivré du contraste.

Che va piano, va sano, ceci est un vieux proverbe italien fort juste et dont M. de Cardillac appréciait convenablement la portée ; il parvint donc en assez peu de temps et en se glissant tout doucement parmi les groupes, à frayer un passage à lui et à Hector, et à arriver auprès de la marquise.

Il prit alors son neveu par la main, et dit en s'inclinant :

— Madame la marquise, j'ai l'honneur de vous présenter mon neveu, le marquis Hector de Cout-Kérieux, qui vous demande la permission de vous faire sa cour.

La jeune femme sourit gracieusement en signe d'acquiescement, et Hector allait lui adresser quelques phrases galantes, quand soudain levant les yeux sur elle pour la première fois, il tressaillit, devint pâle, balbutia, et passa rapidement, après un profond salut.

Cette subite et bizarre émotion resta inaperçue de

tous, excepté de Diane, pour qui elle demeura toutefois un incompréhensible mystère.

Nos lecteurs, eux, s'en étonneront moins, quant ils sauront que M. de Cout-Kérieux venait de reconnaître dans la marquise de Lormois, et la bourgeoise du boulevard Saint-Antoine et l'inconnue de l'Opéra.

Le regard surpris de Diane suivit pendant quelques instants le jeune homme, dont le trouble croissant aurait fini par être remarqué, si un incident inattendu ne fût venu faire diversion.

Un tout petit vicomte, grandi par de hauts talons rouges, serré dans son habit de satin mordoré, comme une coquette dans son corset, frisé, poudré, musqué, ayant mis du rouge et des mouches, arriva, à grand renfort de coups de coudes, jusqu'auprès de madame de Lormois.

Il tenait à la main un gigantesque bouquet de roses mousseuses et de giroflées doubles, des plus rares espèces.

On s'étonnait qu'un si petit homme pût porter un bouquet si gros.

Comme, d'ailleurs, on prévit qu'il allait se passer quelque chose, on fit cercle autour de lui et de la marquise.

Le joli vicomte fit trois révérences, dans le genre de celles que le *maître à danser* voulait apprendre à *M. Jourdain*, puis présentant son bouquet à Diane, sans toutefois le lui laisser prendre, il déclama le madrigal suivant, d'un ton langoureux et coquet, et avec des mines tout à la fois si bucoliques et si mousquetaires, que nous renonçons à en donner à nos lecteurs une idée, même imparfaite.

Voici les vers :

> Ces fleurs, faibles interprètes
> Du plus tendre des sentiments,
> A vous céder sont toutes prêtes,
> En parfums comme en agréments !
> En vous approchant, belle dame,
> Avec des soupirs contenus,
> Nous croyons, pardieu ! sur notre âme,
> Arriver aux pieds de Vénus !

La marquise prit le bouquet, sourit, et les applaudisments éclatèrent de toutes parts.

— Comme c'est joli !

— Comme c'est galant !

— Comme c'est tourné !

— Voilà ce que j'appelle de la bonne poésie !

— Franchement, je sais de gros livres qui sont bien peu de chose auprès de ce madrigal.

— Cela vaut un fauteuil à l'Académie !

— Il n'y a guère d'académiciens capables d'en faire autant !

— Que d'esprit !

— Que de finesse !

— Quel ton badin !

— Il y a, dans l'avant-dernier vers, un *pardieu* qui est cavalier !

— C'est affaire à vous, mon cher vicomte !

— Permettez, mon bon ami, que je vous félicite !

Le vicomte échappa par la fuite au feu croisé de toutes ces louanges, et pendant quelques minutes il se retira d'un air rêveur dans une embrasure de croisée où il se tint coi, les yeux fixés à terre et le doigt sur son front.

Un poète de salon modeste, un poète qui se dérobe à son triomphe, surtout à un triomphe aussi bien mérité, voilà qui est bizarre et même invraisemblable, vous en conviendrez?

Nous en conviendrons; mais le vicomte avait ses motifs.

Certes, son beau talent n'avait pas trouvé d'incrédules; jugez donc de ce que devint l'enthousiasme quand on le vit s'avancer de nouveau vers la marquise, et lui dire :

— Oserais-je vous demander, madame, de répandre sur moi les trésors de votre indulgence?

— De l'indulgence! répondit Diane, vous n'en avez pas besoin....

— Il s'agit d'un petit impromptu...

— En vérité!!

— Oui, madame la marquise, et vous en êtes 'auteur plus que moi, car c'est vous-même qui venez de l'inspirer...

— Un impromptu! s'écria-t-on de toutes parts. C'est prodigieux! écoutons! écoutons!

— Nous sommes, comme vous le voyez, tout à vous, monsieur le vicomte, dit Diane, que cependant le poète n'amusait que d'une façon médiocre.

Le charmant vicomte commença :

Belle déesse de ce lieu,
Pardonne à notre tendre ivresse !
L'Amour est près de toi sans cesse,
N'es-tu pas mère de ce dieu?

— Bravo!
— Bravo!
— Ah! bravo! bravissimo!

Ces exclamations tumultueuses furent en un instant répétées d'un bout à l'autre des salons.

Ceux qui n'avaient pas entendu criaient plus fort que les autres, et, à vrai dire, nous comprenons leur enthousiasme. Ce fut pendant quelques instants, pour le vicomte poète, une bruyante ovation, à laquelle, cette fois, nous devons convenir qu'il ne chercha nullement à se dérober.

Or, au milieu de tout ce mouvement, il était fort naturel que personne n'eût le loisir de se préoccuper de la contenance d'Hector, personne, excepté la marquise, qui, plus d'une fois, continua à le chercher du regard.

Quant au jeune homme, contrarié, et cela se comprend, d'avoir paru gauche et embarrassé au moment de sa présentation, il ne se rapprocha point de Diane, mais il eut soin de se placer de façon à ne pas la perdre un seul instant de vue pendant toute la soirée. Malgré lui, elle attirait ses yeux, il cherchait son profil dans toutes les glaces, son ombre sur tous les panneaux.

S'il avait fermé les yeux, il aurait retrouvé son image dans son cœur.

— Eh bien! comment la trouves-tu? demanda M. de Cardillac en l'emmenant.

— Charmante! mon oncle, ravissante! divine!

— Ah! ah! fit le commandeur.
Puis il reprit après un silence :
— Ainsi, tu en es amoureux ?
— Comme un fou !
— J'en étais sûr ! et si tu découvrais que tu as un rival ?
— Je le tuerais, mon oncle, n'en doutez pas.
— Donnez donc des conseils au jeunes gens ! voilà comme ils les suivent ! fit M. de Cardillac en hochant la tête ; enfin, ajouta-t-il, tu me tiendras au courant de ce qui se passera. Sur ce, bonsoir et bonne chance !
Et l'oncle et le neveu se séparèrent.

XII

Guillaume Lepicard.

Hector, en quittant l'hôtel Lormois, monta dans une chaise à porteurs et se fit conduire chez lui. Il était alors à peu près deux heures du matin.

La tête du jeune homme était en feu, et nous devons renoncer à donner un aperçu de sa situation morale. Nous prions seulement ceux de nos lecteurs qui ont passé par la première période d'un violent amour, de vouloir bien se rappeler ce qu'ils éprouvèrent. Leurs souvenirs seront sans contredit plus éloquents que nous ne le pourrions être nous-même et ils y gagneront, par parenthèse, quelques pages de moins à lire ou à sauter.

Hector renvoya son valet de chambre sans vouloir accepter ses soins, et il se mit au lit, appelant le sommeil de tout son pouvoir.

Mais le sommeil refusait de venir.

Enfin, après quelques heures d'insomnie, au moment où le jour allait paraître, Hector s'endormit et il eut un rêve, un rêve sinistre que nous allons raconter en peu de mots.

Le vieil Homère racontait bien les rêves de ses héros et de ses demi-dieux !

Pourquoi ne compléterions-nous pas, comme lui, l'odyssée du marquis Hector de Cout-Kérieux, notre Achille ?

Il est bien entendu que, dans ce rêve, madame de Lormois jouait le rôle principal.

Hector la voyait sommeillant sous les grands rideaux sombres d'un lit à baldaquin. La toile, merveilleusement fine, de ses draps en désordre, laissait deviner quelques-unes des beautés de son corps, et ses longs cheveux dénoués inondaient autour de sa tête charmante les dentelles de l'oreiller.

Le jeune homme fixait un œil ardent et profane sur la marquise endormie, dont le sommeil était calme et pur comme celui d'un enfant.

Tout à coup l'expression du visage de Diane changea.

Sa beauté cessa d'être calme et innocente, si nous pouvons nous servir de ces expressions, pour devenir agitée et voluptueuse.

Ses bras s'arrondirent et se refermèrent sur son sein palpitant.

Sa bouche s'entr'ouvrit ; le sourire de la passion satisfaite découvrit ses dents petites et nacrées ; elle murmura :

— Je t'aime ! je t'aime !

Puis sa poitrine se gonfla, ses bras s'étendirent ; elle ouvrit les yeux, vit Hector, et le même sourire continua d'errer sur ses lèvres.

— Viens, viens ! lui dit-elle en l'appelant du geste, du regard, du baiser.

Hector voulut s'élancer.

Impossible !

Un pouvoir surnaturel, un invincible obstacle le clouait à sa place, et tandis qu'il s'épuisait en efforts inutiles, il voyait un fantôme se dresser entre lui et la marquise.

C'était un gentilhomme d'une merveilleuse élégance, mais soigneusement masqué ; ce gentilhomme s'approcha du lit de Diane, de Diane, qui l'appelait comme l'instant d'avant elle avait appelé Hector.

Il se pencha sur elle ; la jeune femme se souleva à demi ; puis leurs bouches se joignirent et échangèrent un long baiser.

La fureur d'Hector ne connut plus de bornes ; il fit un nouveau et plus violent effort, ses pieds se dégagèrent de leur invincible entrave, il bondit, mais déjà le gentilhomme masqué se trouvait au milieu de la chambre et face à face avec lui.

Hector mit l'épée à la main et regarda fixement l'inconnu pour tâcher de deviner ses traits sous le masque de velours noir qui les recouvrait.

Chose étrange, le masque avait deux trous à l'endroit des yeux, mais dans ces trous il n'y avait pas de regard.

Hector frissonna. Cependant l'inconnu avait aussi tiré son épée, et les lames s'engagèrent.

On eût dit que celle du gentilhomme masqué était soudée au bout d'un bras de fer, tant elle frappait rudement, de seconde en seconde, l'épée vacillante du marquis.

Cette force surnaturelle, ces paupières sans regard, tout cela augmenta tellement le trouble, et disons mieux, la terreur du jeune homme, que, malgré lui il ferma les yeux en se fendant machinalement.

Il entendit aussitôt un grand cri et sentit la pointe de son arme s'enfoncer dans un corps vivant.

Il regarda... Diane était debout, à demi nue, entre les combattants, et les lames des deux épées se croisaient dans son corps.

Cependant la marquise restait immobile et muette, et de chacune de ses blessures s'échappait un jet de sang. Bientôt tout le parquet en fut couvert. Hector se sentait devenir fou. Le sang continuait à couler. Diane pâlissait, blanchissait, mais ne faiblissait pas. Le sang montait. Hector en avait jusqu'à la cheville, et déjà de petites vagues se formaient dans cette mer écarlate.

Qu'ajouter à cet épouvantable récit? Le sang coulait et montait encore. Hector en avait jusqu'aux épaules ; quelques minutes de plus et il allait disparaître sous la houle croissante ; il recommanda son âme à Dieu, poussa un cri déchirant et... et s'éveilla trempé de sueur.

Il était grand jour. A travers les rideaux fermés, le soleil tamisait de douces lueurs sur le tapis de la chambre à coucher.

La vision terrible qu'il venait de subir était-elle un

présage? voilà ce que nous saurons plus tard ; mais quoi qu'il en soit, l'impression produite s'effaça rapidement, tandis que le rêve lui-même disparaissait dans les brumes du sommeil, et bientôt il ne resta plus à Hector que le souvenir d'un hideux cauchemar, et l'image de Diane finit par triompher complètement du lugubre entourage que lui avaient prêté les ombres de la nuit.

— Dans combien de jours pourrai-je me présenter chez madame de Lormois ? se demandait Hector d'instant en instant.

Puis, quelques secondes après, il se disait.

— Sera-t-elle chez elle quand je m'y présenterai ?

Et il ajoutait :

— Et si elle y est, voudra-t-elle me recevoir ?

On comprend qu'à de telles questions. Hector ne trouvait pas de réponse ; mais c'était s'occuper de la marquise, et ces questions, il se les renouvelait sans cesse.

Enfin, vers le milieu de la journée, il lui vint une idée, qui lui parut de prime abord triomphante.

En repassant dans son esprit les différentes occasions dans lesquelles il lui avait été donné d'entrevoir la marquise avant de lui être présenté, il se souvint de la scène de l'Opéra, de Guillaume Lepicard, et des paroles prononcées par ce dernier :

— *N'est-ce pas qu'elle est belle ! bien belle !*

— C'est de la marquise qu'il s'agissait, se dit le jeune homme ; donc Guillaume la connaît, et en allant le voir, je trouverai au moins une occasion de parler d'elle à quelqu'un qui l'admire autant que moi.

Comblé de joie par ce lumineux ressouvenir, notre héros ne perdit pas de temps, et se dirigea tout aussitôt vers le logis de l'ancien valet de chambre de monseigneur le duc de Richelieu, de galante mémoire.

Ce logis, on s'en souvient, était situé rue du Mail, n° 30.

Le marquis trouva sans peine la maison : c'était une construction fort ancienne, assez haute et très-étroite de façade.

De l'un des côtés de la longue et sombre allée qui conduisait à l'intérieur, il y avait une boutique de menuiserie.

Hector entra dans la boutique.

— Cette maison est bien celle de M. Lepicard? demanda-t-il.

— Oui, m'sieu, répondit un jeune garçon de douze à quinze ans, assis sur un tas de copeaux, et mordant à belles dents dans une immense tartine de pain et de fromage blanc.

— A quel étage demeure-t-il ?

— Au deuxième.

— Et par où faut-il passer, mon petit ami ?

— C'est bien facile, m'sieu : suivez l'allée, jusqu'à moitié à peu près ; prenez un couloir à droite, et faites attention de ne pas vous butter, car il y a trois marches ; tournez à gauche, prenez l'escalier et montez ; voilà. La porte est au fond du corridor.

— Merci, fit Hector en donnant quelque monnaie au gamin, qui, stupéfait de cette libéralité, le regarda les yeux grands ouvert et la bouche béante.

Le marquis, suivant ponctuellement les indications qu'il venait de recevoir, arriva sans encombre au corridor qui conduisait à l'appartement du vieux valet de chambre.

Ce corridor était très-étroit.

Au moment où il allait s'y engager, Hector se trouva face à face avec une jeune femme encapuchonnée dans un mantelet gris d'une nuance discrète.

Évidemment la jeune femme sortait de chez le vieillard.

Hector se rangea contre la muraille, pour la laisser passer.

Elle vit ce mouvement, s'arrêta à son tour, souleva quelque peu son capuchon, découvrant ainsi un frais et charmant visage, digne, sans contredit, d'attirer toute l'attention d'un connaisseur, mais que, préoccupé comme il l'était, Hector ne remarqua pas, et elle dit, quoique avec une une certaine hésitation :

— Monsieur...

— Mademoiselle ?... répondit le jeune homme assez surpris.

Il est bon de rappeler qu'à cette époque, on appelait *mademoiselle* toutes les bourgeoises, qu'elles fussent ou non en puissance de mari.

— Mademoiselle ?... répéta le marquis.

— Est-ce que c'est chez M. Lepicard que vous allez ?

— Précisément, mademoiselle ; ne serait-il pas chez lui ?

— Pardon, monsieur, il y est.

Et, tout en disant ces mots, la jeune femme tourna prestement sur les talons, revint sur ses pas jusqu'à la porte de l'appartement, qu'elle entre-bâilla ; puis, passant à demi sa tête par l'ouverture, elle dit simplement :

— Voici quelqu'un.

— Merci, Mariette, répondit une voix.

Mariette alors, puisque tel était son nom, repassa devant le marquis en lui faisant une légère révérence et disparut dans l'escalier.

Hector frappa.

— Entrez ! dit-on.

Il ouvrit, et se trouva vis-à-vis Guillaume Lepicard en personne.

Juste en ce moment on refermait avec une certaine vivacité une porte qui, placée en face de cette première pièce, conduisait dans une autre.

Il sembla même à Hector qu'il avait entrevu une élégante tournure de femme.

— C'est vous, monsieur le marquis ! vous ! s'écria le petit homme.

— Comme vous voyez.

— Ah ! monsieur le marquis, soyez trois fois le bienvenu dans ma pauvre demeure !

Guillaume, en prononçant ces dernières paroles, affichait une humilité qui ne devait pas être sincère, car la pièce dans laquelle se trouvaient les deux interlocuteurs, et qui cependant ne semblait guère devoir servir de salon, était, malgré le peu d'apparence de la maison, décorée avec un luxe très-remarquable.

Une tapisserie de haute lice, fort belle, et représentant, comme celle de l'*Usurier* de Molière, les amours de *Gombaut et Macé*, couvrait les murailles. Les meubles, chaises et fauteuils, étaient recouverts en étoffe de lampas, quelque peu passée, mais encore suffisamment éclatante, retenue avec de gros clous dorés aux têtes rondes et saillantes. Les rideaux des fenêtres étaient d'un semblable lampas, et l'on remarquait çà et là quelques tableaux des bons maîtres de l'école italienne et flamande.

Maître Lepicard, lui-même, la figure radieuse, le corps enveloppé dans une ample robe robe de chambre de damas cramoisi qui dissimulait ses formes grêles et chétives, avait tout à fait la mine d'un riche bonrgeois.

— Ma foi, mon cher monsieur Guillaume, dit Hector pour entrer en matière, vous avez une jolie fille.

L'ex-valet de chambre tressaillit.

— Je n'ai pas l'honneur de comprendre ce que veut dire monsieur le marquis, balbutia-t-il.

— La jeune femme que je viens de rencontrer en arrivant chez vous n'est-elle donc pas votre fille? poursuivit Hector.

— Non, monsieur le marquis, répondit vivement Guillaume, non, ce n'est pas ma fille.

— Votre nièce, peut-être?

— Non plus.

— Une de vos parentes enfin?

— Pas davantage.

— Peste! dans ce cas, mon cher monsieur Guillaume, je vous fais mon compliment, et M. de Richelieu lui-même... Mais, pardon, je suis peut-être indiscret...

Un sourire un peut contraint vint effleurer les lèvres de Lepicard, qui ne répondit pas.

Pendant quelques instants, un silence embarrassant régna entre nos deux interlocuteurs. Le petit vieillard reprit le premier la parole en changeant le sujet de la conversation.

— J'ose espérer, dit-il, que monsieur le marquis voudra bien excuser la liberté grande de ce que je vais avoir l'honneur de lui dire... L'intérêt seul que je prends à tout ce qui concerne monsieur le marquis, en raison de la dette de reconnaissance que j'ai à lui payer, m'autorise peut-être à lui rappeler des circonstances pénibles...

— Vous m'effrayez ! De quoi s'agit-il donc ?

— Je voudrais demander à monsieur le marquis si, comme j'en ai le bien vif désir, il n'a point eu lieu de se repentir d'avoir renoncé au funeste projet dont j'ai été assez heureux pour empêcher la réalisation, le jour ou plutôt le soir, durant lequel je vis monsieur le marquis pour la première fois.

— Vous voulez parler du dessein que j'avais formé de me jeter à l'eau ?

— Hélas ! oui.

— Eh bien ! rassurez-vous, mon cher monsieur Guillaume, je fais un bon usage de l'existence que vous m'avez conservée, et jamais, au grand jamais je n'ai trouvé la vie si bonne que depuis ce moment...

— Le ciel en soit loué !

— Et il est probable que, de même que je vous ai dû la vie, je v.. devrai encore mieux, je vous devrai le bonheur !

— Vous m'enchantez ! mais... je ne comprends pas bien comment...

— Écoutez-moi.

— Je suis tout oreilles.

— Vous vous souvenez des conseils excellents, arrosés de vins exquis, que vous me donnâtes le soir en question, au cabaret du *Chariot-d'Or?*

— Sans doute. Les conseils avaient trait aux femmes, et quant aux vins, c'étaient un vieux Volnay et un antique Saint-Émilion.

— Je résolus de profiter des premiers et de boire souvent des seconds.

— C'était sage.

— C'était si sage, qu'à l'heure où je vous parle, je crois avoir le pied sur le premier échelon de l'échelle des femmes.

— Ah! ah!

— Figurez-vous... mais c'est toute une histoire...

— Contez, contez, monsieur le marquis ; rien ne nous presse et je vous écoute avec plus d'intérêt que je ne saurais le dire.

— Je commence par la fin, c'est essentiel pour la clarté de mon récit : donc, j'ai passé la soirée hier chez la marquise de Lormois....

Hector s'arrêta, épiant l'effet que produirait ce nom.

Guillaume en l'entendant prononcer, pâlit, et ses lèvres murmurèrent involontairement :

— *Chez la marquise de Lormois!*

— Mais au fait, poursuivit Hector, vous la connaissez, la marquise?

— Non, non, répondit le vieillard.

— Mais...

— Non... non! répéta-t-il, je ne la connais pas !

— Cependant à l'Opéra, l'autre jour, vous m'avez précisément fait remarquer sa beauté merveilleuse.

Lepicard fit un violent effort sur lui-même, et répondit d'une voix dont le calme forcé contrastait avec le bouleversement de ses traits.

— Ah! cette femme... c'était... c'était elle?

— Ne le saviez-vous pas?

— Comment l'aurais-je su? Est-ce que je connais encore ce monde-là depuis que j'ai quitté monseigneur de Richelieu, mon glorieux maître!

— Ainsi c'est par hasard...

— Tout à fait; je vous ai vu regarder une femme que j'avais remarquée moi-même, et je me suis permis de vous dire : *Elle est bien belle!* Quoi de plus simple?

— C'est vrai; mais vous savez, il y a un proverbe qui prétend que *c'est le ton qui fait la musique,* et vous m'avez dit cela comme si vous connaissiez la marquise.

— C'est un effet de votre imagination, monsieur le marquis.

— C'est possible. Enfin, que vous la connaissiez ou non, elle est admirablement belle.

— Oh! oui...

— Tenez, voyez encore comment vous venez de dire cela!

— M. le duc de Richelieu ne parle jamais d'une jolie femme sans un peu d'émotion.

— Ah! si c'est une réminiscence.....

— C'en est une, monsieur le marquis.

— Alors je me tais, quoique fort désappointé.

— Pourquoi donc?

— Parce que j'avais espéré que vous connaissiez madame de Lormois.

— Et si cela eut été?

— Vous m'auriez aidé de vos conseils pour me faire réussir auprès d'elle.

— Que dites-vous là?

— Je dis que je suis amoureux de la marquise...

— Amoureux de la marquise! ah! mon Dieu! s'écria Lepicard en joignant les mains et en levant les yeux au ciel.

— Eh bien! pourquoi donc ne l'aimerais-je pas?

— Au fait, répliqua Guillaume, mais d'une voix qui, cette fois, n'était plus calme malgré tous ses efforts, au fait, pourquoi donc ne l'aimeriez-vous pas?

— Elle est jeune.

— C'est vrai!

— Elle est belle.

— C'est vrai!

— Elle a une grande position dans le monde.

— C'est encore vrai!

— Tout ce que vous m'engagiez à chercher dans une femme, elle le réunit.

— C'est toujours vrai!

— Et puis il y a autour de la marquise quelque chose qui m'attire invinciblement.

— Quoi donc?

— Un mystère.

— Un mystère! reprit Guillaume en pâlissant davantage.

— Je devrais dire plusieurs mystères.

— Mais enfin, lesquels?

— On ne sait qui elle est; la plus profonde obscurité entoure son mariage aussi bien que sa naissance, n'est pas tout, il y a mieux...

— Quoi donc encore?

— Moi qui vous parle, j'ai deux fois rencontré la marquise dans la rue à pied et déguisée.

— Déguisée! est-ce possible?

— Certainement. C'est même assez à la mode, elle avait un costume de petite bourgeoise.

— Mais ne vous serez-vous pas trompé? êtes-vous bien sûr?

— Autant que je le suis d'être prêt de vous en ce moment.

Tandis qu'Hector parlait ainsi, le visage du petit vieillard s'était contracté et son regard s'était enflammé peu à peu.

Le marquis n'avait fait nulle attention à ces symptômes précurseurs de l'orage.

Enfin, Guillaume ne put résister davantage, et cédant à l'émotion puissante qui le dominait depuis le commencement de cette scène, il serra fortement ses mains l'une contre l'autre, comme s'il eût voulu les broyer, et il s'écria :

— Monsieur le marquis! monsieur le marquis! comment qualifier votre conduite de ce moment?

— Hein! quoi? que voulez-vous dire? fit Hector au comble de la surprise.

— Ce que je veux dire? écoutez, le voici... Et ce ne sont pas de belles phrases ni de beaux discours que vous allez entendre, je ne sais pas les faire : c'est la vérité, nue et dure! Ce sont vos propres actes, vos propres paroles que je vais reprendre les uns après les autres, pour vous les reprocher ensuite dans ma juste sévérité, comme je le sens, comme je le dois!

Lepicard, en parlant de la sorte, s'était pour ainsi dire complètement transfiguré : il avait grandi, sa voix devenait nette et vibrante, et ses gestes avaient perdu leur caractère, habituellement mesquin et saccadé.

Il reprit avec plus d'éclat :

— Ce qui vous est arrivé, monsieur le marquis? écoutez! écoutez! Vous avez rencontré une femme... cette femme était belle, vous l'avez remarquée, et parce que vous la désiriez, vous avez prétendu l'aimer! Ça de l'amour, monsieur le marquis? Allons donc! L'amour, quand il existe, se cache au plus profond du cœur! Par pudeur pour celle qu'on aime, on ne fait point parade de ce sentiment mystérieux, on n'en livre point sans raison le secret au premier venu!...

Hector arrêta le vieillard par une exclamation dont ce dernier comprit le sens, car il répondit aussitôt :

— Oui, je le dis et je le répète, car que suis-je pour vous, moi qui vous parle? Un étranger, presque un inconnu, *le premier venu*, enfin, et pourtant vous venez me livrer le secret de votre amour. Est-ce loyal, monsieur le marquis, est-ce loyal?

M. de Cout-Kérieux voulut interrompre de nouveau, Lepicard ne lui en laissa pas le temps et poursuivit :

— Ce n'est pas tout! Le hasard, un hasard que vous avez cherché, que vous avez fait naître, vous a appris quelque chose qui ressemble à un mystère. Vous l'avez rencontrée, dites-vous... qui vous dit que vous ne vous soyez pas trompé? Qui vous empêche de croire à une de ces ressemblances étranges dont on a vu des exemples? Pourquoi enfin ne pas douter du témoignage de vos sens, plutôt que de vous faire l'écho ou l'instigateur de rumeurs mensongères qui peut-être perdront cette femme? Est-ce donc là ce que vous appelez de l'amour? Est-ce donc là le cas que vous faites de l'honneur de celle que vous prétendez aimer? Ah! monsieur le marquis, je vous le demande encore, cette conduite est-elle digne de vous? est-elle digne d'un gentilhomme?

Ainsi parlait Lepicard, en proie à une exaltation fiévreuse.

Hector l'écoutait avec une surprise croissante.

— Évidemment il est fou! se disait-il.

C'était étrange, en effet, et la supposition du jeune homme ne manquait pas d'une certaine vraisemblance.

A quelle cause, autre qu'une folie bizarre et momentanée, attribuer l'incompréhensible métamorphose de Guillaume Lepicard?

Quel motif inconnu pouvait pousser le roué subalterne, l'enthousiaste admirateur, et sans doute aussi jadis le *Mercure* du duc de Richelieu, à se faire le Don Quichotte de l'honneur d'une femme qu'il ne connaissait pas, et le prôneur du respect qu'on doit à un sexe, qu'il était, par principes, accoutumé à mépriser?

Comment enfin l'ex-valet de chambre d'un grand seigneur, l'homme ferré sur le blason et inattaquable sur l'étiquette, pouvait-il oublier l'énorme distance qui le séparait, lui, Guillaume Lepicard, du marquis de Cout-Kérieux?

Hector se taisait, étourdi et irrité tout à la fois.

Guillaume comprit qu'il avait été trop loin. Un subit

et nouveau changement se fit en lui. Son regard perdit son éclat, et redevint humble et placide; il parut rapetisser aussi vite qu'il avait grandi, et il murmura, non sans quelque hésitation :

— Pardon, mille fois pardon, monsieur le marquis! je me suis laissé entraîner, emporter; je vous prie d'en accepter mes excuses soumises et respectueuses ; mais, voyez-vous, monsieur le marquis, je ne voulais parler que dans votre intérêt. Soyez discret sur vos amours, croyez-moi, c'est un des moyens les plus sûrs pour réussir auprès des femmes ; et surtout, pour l'amour de Dieu, pour l'amour de vous-même, ne vous occupez pas de madame de Lormois, cela vous porterait malheur... je ne sais pas pourquoi... mais j'en ai le pressentiment, et mes pressentiments ne me trompent jamais !

C'était certainement là revenir franchement et complètement; mais Hector avait été blessé des paroles vives et même violentes échappées à Guillaume dans le premier moment.

Il répondit avec hauteur :

— Gardez vos excuses, comme à l'avenir vous pourrez garder vos conseils ; je n'ai besoin ni des unes ni des autres, maître Lepicard, tenez-vous-le pour dit !

— Oh! monsieur le marquis, s'écria le vieillard, je vous ai offensé, je le vois bien ; je vous supplie de me permettre de vous en témoigner tous mes regrets !

— Je vous répète, répondit Hector, que je ne veux pas d'excuses.

Et il sortit en enfonçant son chapeau sur sa tête, et en saluant à peine son hôte d'un léger signe de main.

— Mon Dieu ! mon Dieu ! s'écria Guillaume resté seul, au moment où le marquis refermait violemment la porte, que de malheurs prépare ce jeune fou ! que de maux je prévois pour lui, pour elle, pour nous tous ! et je n'y puis rien ! rien ! rien !!!

Pendant un instant il cacha sa tête dans ses mains, puis il la releva en murmurant :

— Fasse le ciel que je me trompe ! fasse le ciel que mon imagination me peigne l'avenir trop en noir ! Oh ! si cela est, tant mieux ! mille fois tant mieux !

— Tu peux rentrer, Denise, ajouta-t-il alors assez haut pour être entendu de la pièce voisine. Tu peux rentrer, il n'y a plus personne.

TROISIÈME PARTIE

LES DEUX FRÈRES

XIII

Le comte Roland de Villarcy.

Vers la fin de l'un des derniers chapitres de la seconde partie de ce récit, nous avons dit que M. Cout-Kérieux était sorti très-passionnément amoureux de chez la marquise de Lormois.

Nous n'avons point voulu faire entendre par là que, de prime abord, l'âme entière du jeune homme s'était abandonnée à l'une de ces passions violentes qui décident de toute une vie.

Un tel amour, selon nous, ne jaillit guère, armé de toutes pièces, de la première étincelle d'un regard de femme : comme l'incendie, il augmente d'ardeur par degrés et se développe peu à peu.

Une passion semblable à celle d'Hector, et née seulement ainsi que la sienne, de la beauté d'un charmant visage, au milieu du bruit d'une fête, n'était encore, à vrai dire, qu'un de ces amours comme le monde en voit naître et mourir chaque jour, vifs et ardents comme un feu de paille, mais comme lui sans puissance et sans durée.

Nous ne faisons nul doute que si quelqu'un des hasards de la vie avait éloigné de Paris, dans ce moment, M. de Cout-Kérieux, l'image de la marquise de Lormois ne fût bientôt restée pour lui qu'un vague et gracieux souvenir.

Mais le sort en avait décidé autrement. Bien loin de s'éloigner, Hector se fit admettre dans l'intimité de M. de Lormois, et chaque jour il allait attiser la flamme de son cœur, en s'enivrant du doux regard, du doux sourire et du charmant esprit de la marquise Diane.

Une fois déjà Hector avait aimé ; mais le fatal amour de madame de Langeac étant pour ainsi dire venu au-devant de lui, il n'avait acquis nulle expérience pratique du cœur féminin, dans cette première et triste intrigue.

Quant à ses liaisons avec les *impures* de la ville et les filles de l'Opéra, elles ne lui avaient appris qu'une chose, c'est que la clef d'or ouvrait sans conteste et pour le premier venu, les faciles boudoirs de ces dames. Donc, en fait de galanterie aristocratique, Hector ne savait pour ainsi dire rien. Il ne manquait point, il est vrai, de théories transcendantes sur la manière de conduire les amours de haut lieu ; mais sous Louis XV, comme de notre temps, c'était déjà la même chose, et l'on sait où conduisent les théories quand la pratique manque.

Rien n'égalait donc l'embarras dans lequel Hector était jeté, par sa passion patricienne.

La marquise était une femme du monde, ce qui veut dire une femme élégante, coquette et parfois quelque peu moqueuse.

Elle devinait à merveille l'amour profond qu'elle inspirait. Le jeune homme, de son côté, n'ignorait point qu'elle se savait aimée, et pourtant il se trouvait dans la nécessité de faire une *déclaration en règle*, car Diane semblait déterminée à ne vouloir point comprendre à demi-mot et même à ne vouloir point comprendre du tout.

Or, ce n'est point chose facile que de faire une déclaration dans certaines circonstances.

Nous avons connu des séducteurs émérites qui ont eu la franchise de convenir avec nous qu'eux-mêmes éprouvaient souvent, au moment décisif, la même émotion que ressent au premier coup de feu un vieux soldat, qui pourtant a vu vingt batailles.

Jugez donc de ce que doit être une déclaration quand on est jeune et... amoureux.

Les jours se suivaient et se ressemblaient, avec cette seule modification que chaque matin la passion d'Hector acquérait un degré d'intensité de plus.

Quant à sa position vis-à-vis de Diane, elle était restée identiquement la même.

Plus d'une fois, il est vrai, encouragé par quelque sourire bienveillant, par quelque regard qu'on aurait pu croire tendre, Hector avait essayé de parler.

Mais alors la bouche souriante devenait si vite railleuse, et le doux regard si vite sévère, qu'Hector, se sentant glacé, troublé, murmurait quelques paroles gauches, ou se renfermait dans un silence plus gauche encore.

Dans d'autres moments, Diane semblait par ses paroles et son attitude appeler un aveu ; mais alors elle avait beau se montrer provocante, le marquis *n'osait* pas. Le souvenir de ses échecs passés, la crainte d'une déception nouvelle, retenaient sur ses lèvres l'aveu qui les brûlait.

Était-ce la froideur, l'indifférence ou la vertu qui dictait la conduite de Diane ?

Nous pourrions, nous devrions peut-être laisser pendant quelque temps encore ce problème en suspens, mais nous préférons esquisser en trois lignes les traits les plus saillants du caractère de la marquise.

Non, Diane n'était pas froide : bien loin de là, si son cœur était silencieux et ses sens assoupis, ils pouvaient, ils devaient bientôt se réveiller et parler.

Vertueuse? elle ne l'était pas davantage.

C'est-à-dire que chez elle des principes solides ne venant pas en aide à ces vagues instincts d'honnêteté qui vibrent dans l'âme de toutes les femmes bien nées, la vertu de Diane dépendait absolument du hasard et des circonstances, et cela dans un temps où il y avait dans l'atmosphère un je ne sais quoi qui corrompait les plus pures.

Et cependant, Diane, mariée depuis trois ans, n'avait point encore failli, quoiqu'elle n'eût pour M. de Lormois qu'une complète indifférence.

C'est que, jusqu'alors, elle n'avait aimé personne, pas plus Hector de Cout-Kérieux que les nombreux adorateurs qui avaient aspiré déjà à l'honneur de lui plaire.

Le temps n'était pas encore venu, mais il allait venir.

Deux mois s'étaient écoulés, et pour la seconde fois depuis le commencement de ce récit, nous prions nos lecteurs de vouloir bien se transporter à l'Opéra.

Madame de Lormois était seule dans sa loge avec l'une de ses amies, la vicomtesse de Châteautiers; Hector, qui leur servait de *cavaliere-servante*, venait de les quitter pour quelques instants, et se promenait dans les couloirs avec le comte Roland de Villarcy, qu'il était venu chercher, l'ayant aperçu dans la salle.

Ce dernier avait pu reparaître quelques temps auparavant; une enquête ayant démontré jusqu'à l'évidence que, dans son duel avec les gardes-françaises, à propos de mademoiselle Albertine, il n'avait fait qu'exercer le droit incontestable de légitime défense.

L'atmosphère de la salle était étouffante.

La marquise se leva et entr'ouvrit la porte de sa loge, de manière à ce que l'air un peu moins brûlant du dehors pût arriver jusqu'à elle.

Hector passait en ce moment avec le comte Roland. Il conduisit ce dernier jusqu'à sa place, qui était près de l'orchestre des musiciens, et il rejoignit la loge de la marquise.

— Quel est ce jeune homme à qui vous donniez le bras tout à l'heure, monsieur le marquis? lui demanda Diane.

— Le comte de ₁arcy, madame; un de mes bons amis.

— Le comte de Villarcy... attendez donc, il me semble que je connais ce nom..... Ah! j'y suis..... n'a-t-il pas été compromis dernièrement dans une affaire assez grave?....

— Oui, madame.

— Un duel, je crois?...

— Justement.

— Il paraît que son affaire est arrangée?

— Tout à fait, et, si vous voulez me le permettre, j'aurai l'honneur de vous le présenter.

—Présentez-le-moi, répondit la marquise, j'y consens.

Certes, il était impossible de répondre plus favorablement à la proposition d'Hector que Diane venait de le faire, et cependant, voyez un peu l'ingratitude et la versatilité des amoureux, à peine le jeune homme avait-il obtenu la permission d'amener son ami, qu'il fut désolé de l'avoir demandée ; aussi se contenta-t-il de s'incliner et de murmurer un remerciment, sans se mettre en devoir d'aller chercher M. de Villarcy.

La marquise, de son côté, ne parut point d'abord s'en préoccuper davantage ; mais, dès l'entr'acte suivant, elle rappela à Hector qu'elle avait accédé à sa demande, et force fut au pauvre gentilhomme de se mettre en quête du comte Roland.

Dieu sait qu'il fit tout ce qui dépendait de lui pour ne pas le trouver, et qu'il alla le chercher juste dans les endroits où il supposait qu'il ne devait pas être ; mais le hasard, qui se mêle de toutes choses pour les arranger ou les déranger à sa guise, le mit à l'angle d'un corridor, face à face avec Villarcy.

— Je te cherchais, lui dit-il, en faisant contre fortune bon cœur.

— Que veux-tu de moi ?

— Te présenter quelque part.

— A une femme ?

— Oui.

— Si elle est jeune et jolie, j'y consens ; sinon, non !

Hector eut une violente tentation de répondre que la personne en question était tout le contraire ; pourtant, nous devons dire à sa louange qu'un si gros mensonge l'effraya, et que la vérité se fit jour.

— Elle est jeune et charmante, répondit-il en soupirant.

— Alors je me résigne... mais dépêchons-nous, car Albertine doit m'attendre dans les coulisses.

La présentation eut lieu. Diane accueillit le comte Roland avec sa grâce accoutumée et lui dit en terminant l'entretien :

— Je reçois tous les samedis, et j'espère avoir le

plaisir, monsieur le comte, de vous voir quelquefois chez moi.

— Je serai trop heureux, madame la marquise, d'être admis à l'honneur de vous faire ma cour, répondit Villarcy.

Et il prit congé.

Un instant après, Hector le rejoignit.

— Que penses-tu de madame de Lormois? lui demanda ce dernier.

— Je pense, mon cher marquis, je pense qu'elle est ravissante !

— N'est-ce pas ?

— Et je te remercie mille fois de m'avoir présenté, quoique, ajouta-t-il en riant, quoique peut-être cela doive amener pour moi un résultat fatal....

— Bah ! et lequel ?

— C'est que j'en vais, selon toute probabilité, devenir amoureux !

— Le ciel t'en préserve ! répondit Hector en riant à son tour.

— Pourquoi ?

— Parce que tu perdrais ton temps.

— Allons !

— C'est comme j'ai l'honneur de te le dire.

— Mais sais-tu que c'est offensant, et que si tu n'as pas une bonne raison à me donner...

— J'en ai une excellente.

— Laquelle ?

— La place est prise.

— Tu crois ?

— J'en suis sûr.

— Et par qui?

— Par moi.

— Sérieusement ?

— Tout ce qu'il y aura au monde de plus sérieux

— Alors ceci change la thèse, et je veillerai sur mon cœur, à qui j'interdirai les battements désordonnés à l'endroit de la marquise.

— Je t'en remercie.

— Il n'y a pas de quoi, c'est tout naturel, et tu en ferais autant à ma place : la maîtresse d'un ami, c'est sacré !

— Pardon, tu vas trop loin.

— En quoi ?

— La marquise n'est pas ma maîtresse.

— Cependant tu dis...

— Je dis que je l'aime, d'un amour que je crois partagé, mais voilà tout...

— Eh bien ! après ?

— Il n'y a pas d'*après*.

— Comment, tu n'as pas encore...

— Non.

— Tu plaisantes !

— Point.

— Voilà qui est prodigieux !

— Je ne dis pas le contraire, mais c'est comme ça !

— Pauvre garçon ! ainsi tu files le *parfait amour* ?

— Comme tu dis.

— C'est ridicule !

— Je le sais bien.

— Au reste, tu en as le droit, et j'ajouterai un mot à ma phrase de tout à l'heure, en disant : la future maîtresse d'un ami, c'est sacré !

— A la bonne heure.

— Tu es venu avec ces dames ?

— Oui.

— Alors, bonsoir, je te quitte ; je te verrai samedi soir.

— Où donc ?

— Chez la marquise, pardieu !

— Comment, tu y viendras?
— Mais, sans doute.
— Cependant il me semble...
— A propos, veux-tu venir souper demain chez Albertine?
— Ma foi! non.
— Il y aura de jolies femmes.
— C'est justement à cause de cela.
— Au fait, tu es pris, je n'y pensais pas! Depuis quelque temps je ne te rencontrais plus nulle part, j'aurais bien dû supposer que tu avais quelque amour au cœur, et qui plus est, quelque amour malheureux. Rien ne rend sage comme les infortunes sentimentales, c'est bizarre! J'ai un de mes amis qui est philosophe, il faudra que je le prie de m'expliquer ce phénomène.
— Bonsoir, mon cher comte.
— A bientôt, marquis.

Villarcy regagna les coulisses, où l'attendait Albertine, et M. de Cout-Kérieux fut rejoindre madame de Lormois, qu'il reconduisit jusqu'à sa porte.

Nous allons, dans peu d'instants, revenir au comte Roland, dont nous nous occuperons longuement; mais il importe, auparavant, de dire quelques mots d'une scène qui eut lieu entre Hector et la marquise le lendemain du soir où nous venons de les voir ensemble à l'Opéra.

Le jeune homme s'était reproché avec une véhémente indignation sa conduite indécise et ses continuelles tergiversations à propos de Diane; il s'était dit que jusqu'à ce jour il n'avait cessé de jour un rôle ridicule, et il s'était juré à lui-même de ne point quitter l'hôtel Lormois sans avoir fait à la marquise les tendres aveux qui depuis si longtemps lui gonflaient le cœur, et sans savoir enfin à quoi s'en tenir sur l'avenir de sa passion.

C'est animé de ces intentions amoroso-belliqueuses qu'Hector se fit annoncer, et tout parut d'abord conspirer pour le faire réussir dans son entreprise.

Diane était seule, et jamais la jeune femme n'avait paru mieux disposée à une complète indulgence. Jamais son regard n'avait étincelé de feux plus voilés, jamais son sourire n'avait été plus chargé de tendres promesses. Il y avait autour de la marquise, ce jour-là, une atmosphère de volupté qui monta tout d'abord à la tête d'Hector et lui donna le courage de parler.

Mais, semblable à un conscrit peureux à qui la nécessité donne un moment de courage et qui se hâte de faire feu sur l'ennemi, afin de n'être plus tenté d'abandonner son arme sans s'en être servi, Hector se coupa la retraite et ne dit qu'une phrase brève et simple, mais fort concluante :

— Madame la marquise... je vous aime...

Puis, épouvanté de son audace, Hector attendit.

La riante et gracieuse expression des traits de Diane changea tout aussitôt, son regard se fit hostile, son sourire devint moqueur. Hector craignit un orage de violente colère ; l'orage ne vint point, mais ce fut pis, car il fut remplacé par la raillerie et le dédain.

Par un phénomène que nous ne nous chargeons point d'expliquer, M. de Cout-Kérieux, au lieu de courber la tête sous la grêle de traits piquants qui vinrent fondre sur lui, sentit tout à coup renaître son sang-froid. Il trouva, pour répondre aux sarcasmes de la marquise, une présence d'esprit qu'il était bien loin d'espérer dans cette occasion, et enfin, poussé à bout, et faisant allusion aux deux circonstances dans lesquelles il croyait avoir rencontré Diane déguisée à pied, il fit entendre qu'il avait découvert quelque chose qu'on avait intérêt à cacher ; qu'il soupçonnait un mystère et qu'il saurait s'en servir.

A peine ces paroles étaient-elles prononcées, que, malgré de violents efforts sur elle-même, madame de Lormois pâlit sous son rouge et s'affaissa dans son fauteuil.

Cette émotion, du reste, ne dura qu'un instant, et la marquise, se redressant soudain, s'écria d'une voix tremblante :

— Au nom du ciel, monsieur, au nom de votre honneur de gentilhomme, que savez-vous? que voulez-vous dire?

Hector vit que le coup avait porté, et qu'en frappant au hasard il avait frappé juste : l'effet produit lui révélait la puissance de l'arme qu'il tenait dans ses mains.

Aussi, comprenant tout l'avantage de sa position, et ne voulant pas la compromettre par quelque imprudence qui montrerait combien peu il était instruit de ce mystère qu'il prétendait connaître, il entoura toutes ses réponses à la marquise d'un vague et d'une obscurité propres à faire supposer que s'il ne parlait pas plus clairement, c'est qu'il ne le voulait pas.

Diane n'insista point ; seulement son rôle changea de nuances, et elle redevint par degrés, gracieuse, souriante, presque tendre.

Si bien que M. de Cout-Kérieux sortit de l'hôtel Lormois en emportant une espérance qui semblait bien fondée.

XIV

L'histoire d'une nuit.

Nous prions le lecteur qui nous fait l'honneur de nous suivre à travers les péripéties de l'histoire que nous racontons, de vouloir bien rétrograder avec nous jusqu'à une époque antérieure de trente ans à celle où se passent les faits de notre récit.

Notre lecteur, nous en avons la douce confiance, est trop parfaitement homme du monde, notre lectrice est trop bienveillante pour nous refuser cet acte d'héroïque complaisance.

Nous prenons acte de leur acquiescement tacite, et nous entrons en matière sans de plus longs préambules.

C'était vers la fin du mois de janvier, et dans l'une des plus agrestes solitudes du Dauphiné.

A deux lieues à peu près de la grande route, s'élevait, au milieu des bois, un château d'un aspect sombre et imposant.

Ce château, jadis fortifié, mais dont alors les remparts tombaient en brèche çà et là, avait été construit sur le plateau d'une colline; il dominait, par conséquent, les plaines boisées des alentours, et son donjon, haut et noir, attirait depuis une assez grande distance le regard insouciant des voyageurs.

C'est dans ce château que nous entrons.

Il était dix heures du soir, la neige tombait à flocons pressés, et par instant, une bouffée de vent du nord poussait les tourbillons contre les vitres de deux hautes croisées, derrière lesquelles on voyait briller une lueur faible et vacillante.

Cette lueur provenait des quatre bougies d'un candélabre d'argent posé sur une table ronde et n'éclairant qu'à peine la pièce immense au milieu de laquelle il se trouvait.

Une riche tenture en cuir de Cordoue gaufré, autrefois d'un jaune pâle, mais maintenant bruni, recouvrait les murailles. Dans l'un des angles se dressait un lit enveloppé dans de vastes rideaux de damas sombre à moitié fermés.

Quelques portraits de famille, enfumés comme la tenture, étaient suspendus le long des panneaux, et, dans le fond, un grand christ d'ivoire se dessinait sur un fond de velours noir.

Un amoncellement de bûches énormes, réduites dans la cheminée à l'état de charbons ardents, répandait dans toute l'atmosphère une chaleur douce et tiède.

De temps à autre une sorte de tressaillement agitait les courtes-pointes du lit, d'où s'échappait un gémissement douloureux.

A ce mouvement, à ce bruit, trois hommes assis auprès de la table ronde, dont nous avons déjà parlé, levaient tout à coup la tête et écoutaient avec anxiété; mais les gémissements se taisaient et nos trois personnages reprenaient aussitôt une attitude sombre et pensive.

L'un de ces hommes, âgés de quarante-trois ou quarante-cinq ans, était de taille moyenne et d'apparence à la fois robuste et distinguée. Ses traits étaient beaux et exprimaient l'énergie ; son front élevé s'entourait des boucles grisonnantes d'une chevelure qui commençait à devenir rare ; ses yeux d'un gris bleu, profondément enchâssés dans l'arcade sourcillière, lançaient parfois de vifs éclairs, au milieu de la sombre préoccupation dans laquelle il semblait plongé. Il portait le costume à la fois simple et luxueux d'un riche gentilhomme campagnard.

Cet homme était le comte Olivier de Villarcy.

L'un de ses compagnons, le plus voisin des deux, semblait avoir à peu près le même âge ; il était vêtu tout en noir.

C'était le plus en renom des chirurgiens de Grenoble.

Quant au troisième personnage, plus jeune de quelques années que les deux autres, il portait la robe cléricale, et remplissait au château les fonctions de chapelain.

Ses yeux erraient sur le bréviaire posé devant lui et dont l'index de sa main droite tournait distraitement les pages.

Il y avait là encore une quatrième personne, celle qui poussait d'instant en instant des gémissements douloureux dans le lit aux rideaux de damas. C'était une toute jeune femme, la comtesse de Villarcy, qui, mariée depuis trois ans, arrivait pour la première fois à l'heure suprême de l'accouchement.

— Docteur, dit le comte en se penchant vers l'oreille de son voisin, et en lui parlant tout bas.

— Monsieur le comte !... fit ce dernier, arraché en sursaut aux douceurs d'un spécifique souverain, dont il équilibrait les doses en imagination ; qu'y a-t-il? qu'y a-t-il?

— Le temps passe... reprit le comte.

Il n'y avait rien à répondre à cela ; aussi le savant se contenta-t-il de s'incliner.

— Croyez-vous que maintenant ce soit bien long?

— Une heure au moins, deux au plus.

— Et vous pensez toujours que le moment fatal...

— Sera difficile à passer ? Oui, monsieur le comte.

— Et que l'opération sera terrible?

— Je le crois.

— Ainsi le danger est imminent ?

— Imminent, c'est le mot !

— Cependant, vous avez de l'espoir, docteur, beaucoup d'espoir ?

— Avec l'aide de Dieu nous pouvons réussir, mais je ne réponds de rien.

— Comment, vous ? vous dont on vante partout la science et l'habileté?...

— D'abord, monsieur le comte, on m'a fait une réputation que je suis bien loin de mériter ; ensuite il y a des cas où doivent échouer toute habileté et toute science.

— Oui, mais nous ne nous trouvons point dans l'un de ces cas, n'est-ce pas, docteur?

— Hélas ! je crains bien que si !

— La comtesse est jeune, bien jeune, et à son âge la vie a tant de force et de ressources...

— Eh ! voilà justement ce qui m'épouvante, c'est qu'à l'âge de madame la comtesse, vingt ans à peine, toute énergie, toute force vitale semble avoir complètement disparu ! Depuis que s'est déclarée cette grossesse, madame la comtesse s'étiole, s'affaiblit chaque jour, comme une fleur mourante, et aujourd'hui qu'il ne lui reste plus de sève, comment supportera-t-elle les épouvantables tortures d'un accouchemement laborieux ?

— Mais, docteur, cet épuisement successif de toute force vitale, vous en avez été témoin comme moi... pourquoi donc n'avoir pas indiqué un remède?

— Parce que je n'en connaissais pas.

— Ainsi, vous avouez que la médecine est impuissante ?

— Oui, quand le mal qu'on veut guérir prend sa source dans un phénomène inconnu. Maintes fois je vous ai dit que la sourde maladie qui minait madame de Villarcy ne pouvait provenir que d'une profonde douleur morale...

— Et chaque fois, docteur, je vous ai répondu que la science était en défaut, que ma femme n'avait, ne pouvait avoir aucun chagrin, et que, par conséquent, il fallait chercher ailleurs la cause de son mal étrange ! Ce que je vous disais alors, je vous le répète encore aujourd'hui ; car je le crois toujours.

— J'ai cherché, je n'ai pas trouvé ; ainsi donc, monsieur le comte, que Dieu nous aide !

— Vous entendez, l'abbé, priez ! priez ! murmura le comte en s'adressant au chapelain.

Ce dernier tourna précipitamment les feuillets de son bréviaire, et dans sa préoccupation il commença à réciter à demi-voix les *Psaumes des agonisants*.

M. de Villarcy prêtait l'oreille aux gémissements de la comtesse et ne remarqua pas cette circonstance sinistre.

Mais elle n'échappa point au docteur, qui ne put retenir un geste d'effroi, et qui tout bas prononça ces mots :

— Fatal présage ! fatal présage !

En ce moment, les gémissements redoublèrent, puis ils s'arrêtèrent tout à coup, et au bout d'une seconde retentit un cri déchirant.

— L'heure est venue! s'écria le docteur.

Et saisissant le candélabre à quatre branches, il s'avança vivement vers le lit, suivi par M. de Villarcy pâle et tremblant.

Le chapelain s'agenouilla devant le crucifix d'ivoire, et continua les versets qu'il avait commencés.

Et c'étaient toujours les *Psaumes des agonisants* que ses lèvres murmuraient machinalement, tandis que sa pensée priait aux pieds de Dieu pour la vie de la jeune femme.

Quelques esprits hargneux nous accuseront peut-être de sacrifier la vraisemblance au désir de faire naître l'intérêt, en accumulant dans un petit nombre de pages des faits étranges ou émouvants ; la faute, si faute il y a, n'est point à nous, mais bien et uniquement aux circonstances dont nous nous sommes fait l'historien.

A une distance d'à peu près trois quarts d'heure du château de Villarcy, sur la gauche, en s'enfonçant dans les terres, ou plutôt dans les bois, il y avait sur le bord d'un petit étang une misérable chaumière construite de branchages, de boue et de mousse, et habitée par une jeune fille de dix-huit ans environ, et un petit garçon qui pouvait en avoir douze.

Nous nous transportons dans l'unique pièce de cette humble demeure, à l'heure et au moment précis où commençait au château la scène dont nous avons tout à l'heure esquissé le prologue et sur laquelle nous reviendrons incessamment.

Dans la masure on veillait comme au château.

On y souffrait de même.

Une bougie de cire jaune, fichée dans un chandelier de fer-blanc, éclairait, là aussi, une scène de douleur.

Sur un lit en désordre, une jeune femme se tordait dans d'atroces souffrances, et pour ne pas ébranler la chaumière de ses cris, elle déployait un courage surhumain et mordait violemment ses draps, qu'elle avait d'abord tordus, et presque déchirés, dans ses mains crispées convulsivement.

Mais là, il n'y avait ni prêtre, ni médecin.

Seulement, un enfant pleurait à chaudes larmes, assis sur une escabelle auprès du foyer presque éteint.

La jeune fille et le petit garçon, orphelins tous deux, étaient les enfants d'un garde-chasse tué par accident deux ans auparavant par un des invités de M. de Villarcy, dans une grande battue au loup.

Les convulsions augmentaient. L'intensité de la souffrance devint telle pendant quelques secondes, que la pauvre malade ne put parvenir à étouffer quelques cris.

L'enfant quitta son escabelle, vint auprès du lit et dit d'une voix suppliante, tout en essuyant ses larmes :

— Geneviève, Geneviève ! petite sœur, dis-moi donc *où tu as mal?* que je l'ôte, ton mal...

La crise était passée, Geneviève, puisque tel était son nom, se souleva à demi, en entendant la voix de l'enfant, et écarta de la main ses longs cheveux épars, qui voilaient son front.

Il était impossible de voir un type plus ravissant que celui de ce jeune visage, quoique la souffrance vînt d'y laisser sa terrible empreinte.

Figurez-vous, au milieu d'un ovale allongé, de grands yeux noirs d'une incomparable beauté, quoique entourés dans ce moment d'un cercle bleuâtre et marbré.

Un front pur, couronné d'une chevelure opulente; une peau d'un blanc mat et légèrement rosé ; une petite bouche, dont les lèvres devaient être habituellement rouges comme une grenade entr'ouverte, complétaient cet ensemble parfait.

Geneviève saisit le bras de son frère, et attira l'enfant plus près d'elle, pour lui dire d'une voix éteinte :

— Écoute !.... Étienne !....

Étienne ouvrit démesurément ses grands yeux et fit un geste d'attention.

— Tu m'entends bien?.... reprit Geneviève.

— Oui, sœur.

— Et tu feras... ce que... je te dirai?....

— Oui, sœur.

— Tu vas aller... au château...

— Oui, sœur.

— Tu te feras ouvrir... quoiqu'il soit bien tard... tu diras qu'il s'agit de la vie de quelqu'un... tu comprends....

— Si on ne voulait pas m'ouvrir la grande porte, je passerais par-dessus le mur du parc, j'y sais un trou, dà!

— Tu demanderas à voir monsieur... le comte... à lui... parler, à lui... à lui seul... entends-tu?

— Oui, sœur.

— Et tu lui diras seulement ceci : *Geneviève meurt... elle vous attend...* Tu as bien compris, Etienne?...

— Oui, sœur...

— Eh bien! va... mon enfant... va... va... vite... car le temps presse....

Etienne mit ses sabots, s'enveloppa dans une espèce de pelisse à capuchon en grosse serpillière rayée et s'élança dans la campagne.

Au cri d'angoisse poussé par madame de Villarcy, le comte et le docteur, nous l'avons dit, se précipitèrent vers le lit.

Un terrible spectacle s'offrit alors à leurs yeux.

La jeune femme, secouée par les dernières et effroyables douleurs de l'enfantement, se roulait sur sa couche, déchirant convulsivement ses draps et la batiste de sa chemise, et n'interrompant un instant ses cris que pour faire entendre un râle sourd semblable à celui de l'agonie.

Aucune expression ne peut donner une idée de la beauté céleste de son visage, devenu, grâce à un extrême amaigrissement, pour ainsi dire diaphane, et tout à fait semblable à celui des anges, peints ou sculptés par l'art pieux du moyen âge.

Ses grands cheveux, d'un blond doux et cendré, tordaient comme des serpents leurs mèches éparses autour de sa figure, tantôt pâle comme de la cire vierge, tantôt embrâsée d'une rougeur ardente mais passagère.

Un tressaillement terrible sembla disloquer subitement les jointures de tous ses membres, qui se roidirent ; la pupille de ses yeux bleus s'agrandit et se vitrifia, et elle cria d'une voix entrecoupée :

— A moi ! à moi ! au secours ! je meurs ! je meurs ! ayez pitié de moi ! mon Dieu que je souffre ! j'aime mieux mourir... tout de suite !... mon Dieu ! mon Dieu ! mon Dieu !

— Il faut la tenir, dit tout bas le docteur au comte, il faut la contraindre à une immobilité absolue, sans cela tout est perdu. Si vous ne vous sentez point assez de courage, appelez les femmes de madame la comtesse.

— J'aurai du courage, docteur, j'en aurai.

Et M. de Villarcy, tremblant, s'apprêta à remplir les fonctions d'aide du chirurgien.

L'opération fut longue et effrayante.

Au bout d'une heure, la jeune femme épuisée retomba sans connaissance sur son lit de douleurs, et les vagissements d'un enfant nouveau-né retentirent seuls dans le silence de la chambre à coucher.

— Eh bien ? demanda le comte d'une voix frémissante.

— C'est un garçon, répondit le docteur.

— Et..... balbutia M. de Villarcy.

Le docteur comprit le sens de cette simple syllabe et dit simplement :

— Il vivra.

— Mais..... la mère..... la mère ?....

Le docteur s'approcha du lit, contempla longuement le corps inerte de la pauvre accouchée, posa sa main sur le cœur et sur les artères, puis il répondit sourdement :

— Du courage, monsieur le comte...

— J'en ai ; mais, parlez vite !

— Dans une heure... elle sera morte !

— Ainsi... plus d'espoir ?

— Aucun... à moins...

— A moins... docteur ?...

Et l'âme du comte était suspendue aux lèvres du vieux médecin.

— A moins que Dieu ne fasse un miracle ! dit celui-ci d'une voix sombre.

— Prions donc ! murmura le comte.

En ce moment, l'accouchée fit un mouvement, ses yeux se rouvrirent, ses membres s'assouplirent, son regard erra sur ceux qui l'entouraient, un sourire doux et triste effleura ses lèvres et elle dit :

— Donnez-moi mon enfant.

Le docteur le lui présenta.

— J'ai beaucoup souffert, ajouta-t-elle après avoir couvert de caresses l'innocente créature ; j'ai beaucoup souffert, mais c'est fini maintenant, et Dieu permettra que je meure en paix !

— Mourir ! s'écria le comte en prenant la main de sa femme ; que parles-tu de mourir ? Tu vivras ! tu vivras !

— Non, mon ami, répondit la jeune femme avec le même sourire doux et triste ; la vie est épuisée en moi jusqu'à la dernière goutte. Je sens que les battements de mon cœur s'arrêteront dans un instant, tant ils sont faibles et lents ; j'entends déjà bruire à mon oreille un lointain écho de la voix des anges, et je sais que désor-

12.

mais il me reste une heure à peine à passer dans ce monde. De cette heure, mon ami, fit-elle en tendant de nouveau au comte sa main pâle et fluette, je vous demande la moitié, afin de me réconcilier avec Dieu ; le reste sera pour vous... et pour lui, ajouta-t-elle en désignant l'enfant qui s'était endormi dans les bras du docteur.

Elle se tut pendant un instant, puis elle reprit :

— Monsieur l'abbé, voulez-vous recevoir ma confession ?

Le chapelain s'avança, et le comte alla appuyer son front brûlant contre la vitre de l'une des fenêtres.

Le vent s'était abattu ; la lune était brillante et reflétait ses calmes lueurs sur le manteau de neige qui recouvrait au loin la campagne.

Il sembla tout à coup à M. de Villarcy qu'il entrevoyait dans le lointain une forme grise se dessiner au-dessus de la brèche d'un mur d'enceinte, s'élancer et retomber dans le jardin.

Au bout d'un instant, cette forme parut s'évanouir, puis se remontra plus rapprochée, et, enfin, disparut, non loin du château, derrière un massif de sapins.

Le comte vit cela, disons-nous, mais comme à travers un nuage, ou comme dans un songe. Son esprit était ailleurs, et quand la forme grise disparut, il oublia tout aussitôt cette vision bizarre.

Madame de Villarcy avait commencé sa confession.

Nul regard humain ne cherchait à surprendre le secret de ces aveux faits à Dieu lui-même dans la personne de son ministre sur la terre ; mais, certes, si quelque œil profane eût épié l'impression produite sur le prêtre par les paroles que murmurait la jeune femme, il aurait frémi en voyant la surprise et l'épouvante que reflétait successivement le visage bouleversé du pauvre chapelain.

Quand la comtesse eût achevé, le confesseur et la pénitente étaient aussi pâles l'un que l'autre, et c'est d'une voix entrecoupée par une émotion excessive que le représentant du Seigneur prononça les paroles sacramentelles de l'absolution.

— Monsieur l'abbé, fit alors la comtesse, veuillez prier M. le comte de s'approcher de moi.

— Ainsi, madame, dit le chapelain tout bas, votre décision est irrévocable ?

— Oui.

— Songez cependant...

— Je ne puis songer qu'à une chose, c'est que je vais mourir, et que si je ne faisais point ce que je vous ai dit, mon âme ne s'envolerait pas libre, pure et tranquille.

— Que votre volonté soit faite, madame la comtesse !... Vous êtes une sainte ! et je voudrais être aussi sûr de mon salut éternel que je suis sûr que Dieu vous a pardonné.

Puis le chapelain, tirant le comte de sa préoccupation profonde, le prévint que madame de Villarcy l'attendait.

En voyant devant elle son mari, dont les yeux étaient baignés de larmes, la jeune femme fit un effort pour se soulever sur sa couche, et elle dit :

— Plus près... plus près... car ma voix est bien faible.

Le comte se pencha ; madame de Villarcy continua :

— C'est Dieu qui m'a inspiré la pensée que je réalise en ce moment, et je vous supplie de croire que, sans ma faiblesse qui ne me permet pas de me lever, ni même de faire un mouvement, c'est à deux genoux, à deux genoux que je vous parlerais...

— A genoux ! toi ! devant moi ! interrompit le comte ; que dis-tu, mon amie ?...

— Oui, à genoux, comme devant un juge suprême, car c'est à un juge que je m'adresse en ce moment...

— Un juge !... répéta M. de Villarcy, croyant presque à un délire momentané, supposition démentie cependant par l'abattement profond des traits de la mourante.

— Ne m'interrompez pas, continua la comtesse ; mes instants sont comptés, et je n'aurais pas la force d'aller jusqu'au bout... J'ai à vous faire un aveu terrible... J'ai commis une faute... un crime... Pardonnez-moi... Ne me maudissez pas !

La comtesse, épuisée, s'arrêta pendant une seconde. Son mari, stupéfait, l'écoutait sans la comprendre.

Elle reprit :

— Lorsqu'il y a trois ans, je devins votre femme, j'avais pour vous de l'affection et de l'estime, mais point d'amour. J'en aimais un autre. Ma famille le savait, et comme elle désirait me donner à vous, on vint me dire un jour que celui que j'aimais et qui était un cadet de famille, officier de fortune, venait d'être tué en duel. Je crus ce qu'on me disait, et je vous donnai ma main en me jurant à moi-même d'être toujours une honnête femme... Je n'ai pas tenu mon serment !...

La comtesse s'interrompit de nouveau, respira fortement comme pour ranimer un peu sa poitrine épuisée, puis elle continua :

— On m'avait trompée !... Il vivait... il m'aimait toujours... Je le revis... Il me reprocha ce qu'il appelait une trahison... Il parla de mourir... Il se jeta à mes pieds en me suppliant de vous abandonner... de fuir avec lui... d'aller nous cacher en Italie... en Allemagne... que sais-je ? Je résistai... je résistai deux ans !

Les yeux du comte étaient hagards et son front contracté. La mourante, calme et pâle, parlait d'une voix de plus en plus affaiblie, mais cependant toujours distincte.

— Un jour, reprit-elle, il y a de cela un an, vous vous éloignâtes de ce pays pendant un mois. Il le sut ; enhardi par votre absence, il osa venir jusqu'ici me reparler de son amour.... Je le chassai... Il ne se lassa point... il revint... Sans cesse je priais Dieu de me défendre contre lui et contre moi-même... Un soir... j'oubliai de prier... je fus perdue !... Oh ! pardonnez-moi !... Je crois avoir expié ma faute par un an de remords... par un an de larmes cachées, par une vie usée dans les pleurs et la prière ; enfin, par ma mort à vingt ans !... Soyez grand et généreux comme Dieu lui-même... ayez pitié ! pardonnez-moi !

— Il y a un an ?... murmura M. de Villarcy d'une voix sombre.

— Il y a un an... répéta la mourante.

— Madame, dit alors le comte avec une énergie terrible, suis-je le père de votre enfant ?

La mourante laissa tomber sa tête, qu'elle cacha dans ses deux mains, et ne répondit point.

Une sombre fureur éclata dans le regard de M. de Villarcy ; il recula de deux pas en faisant un geste de malédiction et en s'écriant :

— Malheureuse femme !...

La comtesse poussa un faible cri et perdit connaissance.

En ce moment, la porte de la chambre s'ouvrit violemment, et un nouveau personnage entra, vainement repoussé par un domestique qui cherchait à le contenir.

C'était Étienne, l'enfant que nous connaissons déjà, le frère de la jeune fille qui se mourait dans la maison du bord de l'étang.

— Oh ! not' seigneur... oh ! monsieur le comte, s'écria l'enfant en se jetant aux genoux du gentilhomme ;

au nom de la Sainte Vierge Marie, mère de Dieu, et de nos saints patrons, écoutez ce que j'ai à vous dire...

— Plus tard... demain! dit le comte en proie à une impatience pleine de colère et de douleur ; demain, je vous entendrai ; maintenant, sortez !

— Oh! not' seigneur! not' bon seigneur! répondit Étienne ; demain, il ne sera plus temps ; c'est tout de suite, tout de suite qu'il faut m'écouter!... D'ailleurs, je n'ai qu'un mot, rien qu'un mot à vous dire... et il s'agit de la vie, oui, not'seigneur, de la vie ou de la mort de quelqu'un.

— Eh bien! parle, fit M. de Villarcy, vaincu par cette insistance.

— Alors, venez par ici, un peu, not'seigneur... qu'il n'y ait que vous qui m'entendiez !

Le comte suivit l'enfant dans l'embrasure de la fenêtre.

— Eh bien ? demanda-t-il.

— Je viens de la part de Geneviève...

— Geneviève ! s'écria le comte en tressaillant.

— C'est ma sœur, et elle m'a chargé de vous répéter ces mots : *Geneviève se meurt ! elle vous attend* !

— Geneviève se meurt ! répéta M. de Villarcy, est-ce possible, mon Dieu !

— Oh! elle est bien malade, ma pauvre sœur, allez, not' seigneur ; elle souffre comme les damnés en enfer ; elle m'a dit de venir, et je suis venu. J'ai sonné à la grille ; le portier n'a pas voulu m'ouvrir, et il m'a crié que j'étais un vagabond ; alors, j'ai tourné autour du parc et je suis entré par une brèche...

Ceci expliquait très-clairement comment, quelques instants auparavant, le comte avait aperçu une forme grisâtre franchissant un mur et se coulant parmi les massifs.

— Je *m'en revas*, not'seigneur, poursuivit l'enfant. Qu'est-ce qu'il faut que je dise à ma pauvre sœur?

— Rien... Tu vas quitter le château, tu gagneras la brèche du parc, et là, tu m'attendras...

— Oui, not' seigneur.

Et l'enfant sortit de la chambre après une profonde révérence.

Les paroles que M. de Villarcy venait d'entendre prononcer avaient produit sur lui une impression bien étrange et bien inattendue, car au moment où il s'approcha du lit de sa femme, il n'y avait plus rien sur ses traits de la sombre fureur qui y dominait seule si peu de temps auparavant.

Il avait l'air profondément triste, mais résigné.

La comtesse venait de reprendre connaissance ; elle pleurait silencieusement, tandis que le chapelain l'exhortait au courage et à la résignation.

M. de Villarcy lui prit la main, se pencha à son oreille et lui dit tout bas :

— Pauvre femme ! pauvre femme ! que votre âme soit calme ; que la paix rentre dans votre cœur ; vous avez expié d'une façon bien cruelle une faute involontaire. Je fus trop coupable pour n'être pas indulgent. Je vous pardonne, je vous pardonne du fond du cœur...

— Oh ! s'écria la mourante avec une expansion qui se fit jour malgré son anéantissement complet, est-ce bien vrai ?... est-ce bien vrai ?...

— Vrai, comme il est vrai que je prie Dieu de vous laisser à moi, et de rallumer de son souffle puissant le flambeau de votre vie...

— Et... et... murmura la jeune feune, mon enfant...

— Votre enfant est le mien, et je l'aime comme un père doit aimer son fils.

— Oh ! merci, mon Dieu ! merci ! dit la mourante.

Mon âme peut partir maintenant ! Je suis heureuse, bien heureuse ! Adieu !... adieu !...

La tête pâle de la comtesse retomba sur l'oreiller, parmi ses cheveux blonds, qui semblaient lui faire une lumineuse auréole.

Un dernier tressaillement qui n'avait rien de douloureux agita tous ses membres ; un dernier souffle s'échappa de ses lèvres, entr'ouvertes comme pour un sourire.

Le docteur s'approcha et posa sa main sur le cœur.

— Tout est fini ! dit-il.

Et il ferma les yeux de la morte.

Le comte, le docteur et le chapelain s'agenouillèrent, et le prêtre se mit à psalmodier d'une voix émue les versets du *De profundis*.

L'enfant dormait dans le berceau où il avait été placé par les soins du médecin.

— Monsieur l'abbé, dit le comte en se relevant, je suis obligé de vous confier, pour quelques heures, le triste privilége de veiller et de prier seul dans cette chambre mortuaire.

Le prêtre s'inclina en signe d'acquiescement.

— Quant à vous, docteur, poursuivit le comte, veuillez me suivre ; je vais avoir besoin de votre ministère.

— Nous sortons donc, monsieur le comte ?

— Oui.

— Et nous allons ?

— Vous le saurez. Peut-être, hélas ! n'en avons-nous point fini avec la mort, cette nuit !...

M. de Villarcy et le docteur, nous l'avons dit à la fin du chapitre précédent, descendirent dans le jardin, laissant le prêtre agenouillé près du corps de la jeune femme.

La lune montait au ciel derrière de grands nuages qu'elle achevait de dissiper, ou dont elle argentait les bords de sa pâle et mélancolique lueur.

Le givre étincelait aux branches des arbres dépouillés, la neige craquait sous les pieds du médecin et du gentilhomme.

Étienne, le frère de la pauvre Geneviève, attendait, tout transi de froid, près de la brèche du mur d'enceinte.

Le comte lui fit signe de les suivre ; ils marchèrent ensemble pendant environ deux cents pas, puis M. de Villarcy tira les verrous rouillés d'une petite porte qui donnait sur les champs, et tous trois s'enfoncèrent dans la campagne.

Le profond silence de la nuit n'était interrompu, d'instant en instant, que par la voix funèbre d'un hibou qui s'envolait du tronc d'un vieux chêne, ou par le glapissement lointain d'un renard chassant quelque lièvre au fond des bois.

Rien n'était plus lugubre que la marche hâtive de ces trois personnages, glissant ainsi que des ombres et sans échanger une parole sur la vaste nappe blanche qui couvrait le sol comme un linceul.

Bientôt l'enfant quitta ses compagnons, et prit sa course à travers champs pour aller annoncer à sa sœur qu'il ne revenait pas seul.

Le docteur rompit alors le silence et dit :

— Vous avez prononcé tout à l'heure, monsieur le comte, de sinistres paroles.

M. de Villarcy ne répondit point.

— *Peut-être n'en avons-nous point fini avec la mort cette nuit!* Ce sont vos expressions, poursuivit le docteur ; faudra-t-il donc déplorer un nouveau malheur? Où allons-nous? Qui nous attend ?...

— Docteur ! docteur ! interrompit M. de Villarcy avec un accent déchirant, au nom du ciel ne m'interrogez pas ! je suis hors d'état de vous répondre ! Ma tête se perd ! une fatalité terrible semble s'appesantir sur moi !

Je porte malheur à tout ce que j'aime ! à tout ce qui me touche ! Hier au soir mes cheveux étaient gris ; vous verrez, docteur, vous verrez qu'ils auront achevé de blanchir cette nuit !

Force fut au médecin de respecter la douleur profonde et concentrée du comte, et de continuer à le suivre silencieusement.

Mais nous, nous pouvons en quelques mots expliquer à nos lecteurs ce que peut-être ils ont deviné déjà.

Geneviève, la fille de l'ancien garde-chasse du château, était sans contredit la plus jolie paysanne des domaines de Villarcy.

Un jour que le comte chassait un chevreuil, il fut surpris par une pluie violente, tout auprès de la chaumière de Geneviève ; il entra et fut frappé de la beauté singulière et de la grâce parfaite de la pauvre enfant.

Le comte n'était point un libertin, mais dans ce temps, comme aujourd'hui, les maris les meilleurs, ne se reprochaient guère une infidélité ; et puis, justement à cette époque, la comtesse, de plus en plus triste et souffrante, témoignait une froideur croissante, dont M. de Villarcy ne s'accommodait pas toujours volontiers.

Bref, il revint à la maisonnette ; souvent d'abord, puis tous les jours, et il fit comprendre à Geneviève qu'il se regarderait comme fort heureux de l'honorer de ses bonnes grâces.

La jeune fille était sage et se défendit de son mieux ; mais le moyen de résister longtemps à un gentilhomme encore jeune et fort bien fait de sa personne, qui prie alors qu'il pourrait commander, et parle d'amour en termes choisis à une pauvre paysanne, ni plus ni moins qu'à une marquise, dont elle possède, assure-t-il, tous les attraits et toute la distinction !

Prise à la fois par le cœur, par les sens et par l'amour-propre, Geneviève ne pouvait guère résister ; elle céda et devint la maîtresse de M. de Villarcy.

Et si l'on s'étonne que le comte, riche et généreux, eût laissé la jeune fille dans une chaumière presque en ruines, et dans un état voisin de la misère, nous répondrons qu'il lui avait offert à plus d'une reprise de changer cette position et de lui procurer une complète indépendance.

Mais toujours Geneviève avait répondu que, puisqu'elle avait perdu le seul bien qu'elle possédât en ce monde, son honneur de jeune fille, elle en voulait du moins garder l'apparence à tous les yeux, et qu'accepter un seul des bienfaits de son amant, c'était avouer tout haut sa honte et ne plus pouvoir supporter sans rougir les regards de ses compagnons d'enfance.

En vain le comte avait insisté, Geneviève se montrait inébranlable.

De sa part c'était honnêteté; si c'eût été calcul, rien n'aurait été plus habile, car chaque jour M. de Villarcy s'attachait davantage à sa jeune maîtresse, dont il appréciait le caractère noble et désintéressé, et ce fut presque avec joie qu'il apprit la grossesse de la pauvre enfant qu'il avait séduite.

Mais en même temps, il put concevoir l'espérance que la comtesse, sa femme, portait, elle aussi, dans ses entrailles, un fruit de sa tendresse, tendresse légitime, cette fois, et que le fils qui naîtrait d'elle n'aurait point à courber le front sous la tache de bâtardise.

On devine que cette certitude vint apporter un singulier refroidissement dans ses amours de la main gauche, et que la pauvre Geneviève fut bientôt presque complètement négligée.

A peine si de loin en loin le comte venait dire à la jeune fille une parole à peu près indifférente et lui don-

Elle ne se plaignit point, elle pleurait dans la solitude et trouvait toujours un sourire de joyeuse bienvenue pour accueillir l'arrivée de son amant.

M. de Villarcy finit par oublier presque complètement la grossesse de Geneviève et la prochaine époque de son accouchement.

Nous savons dans quelle circonstance fatale on vint lui remettre ce souvenir devant les yeux. Nous savons comment la faute qu'il avait commise le rendit indulgent pour celle que la comtesse mourante venait de lui confesser, et nous comprenons combien était terrible sa position entre ces deux femmes, l'une morte et coupable, l'autre innocente et mourante ; entre ces deux enfants, l'un légitime qui n'était point à lui, l'autre bâtard et dont il se savait le père !

Cependant les nocturnes visiteurs approchaient de la maisonnette.

Déjà la faible lueur projetée derrière la vitre ternie apparaissait à travers les arbres et se reflétait sur la surface polie du petit étang.

La dernière et faible distance fut franchie.

La porte était entr'ouverte. Le comte la poussa et, suivi du docteur, entra dans la maison.

Le corps presque inanimé de Geneviève s'affaissait sur le lit en désordre.

Au bruit des pas de son amant, la vie sembla courir de nouveau dans les veines qu'elle était près d'abandonner, et tandis que M. de Villarcy se penchait sur sa couche, Geneviève se souleva dans un suprême effort, jeta ses bras défaillants autour du cou du gentilhomme, et dans un long baiser colla sur sa bouche ses lèvres avides, en murmurant :

— Enfin ! enfin !

Le comte tressaillit sous le baiser de ces lèvres déjà froides.

Il s'arracha à l'étreinte convulsive de la jeune fille, dit en lui serrant la main avec une tendresse affectueuse :

— Pauvre enfant ! pauvre enfant !

— Oh ! ne me plaignez pas ! répondit Geneviève avec un sourire joyeux, mais déchirant, ne me plaignez pas... Vous êtes venu... je vous vois... vous m'aimez toujours... cela m'a sauvée... je ne souffre plus !... je vous assure que je ne souffre plus !

En ce moment, la jeune fille aperçut pour la première fois le docteur, qui contemplait cette scène avec un profond étonnement ; elle se serra contre M. de Villarcy avec une sorte d'effroi en demandant :

— Quel est cet homme ?

— Un ami dévoué... un médecin que j'ai amené... pour toi...

— Qu'il s'en aille ! qu'il s'en aille ! murmura Geneviève, dont la pudeur se révolta de la pensée qu'un étranger allait connaître le secret de sa grossesse. Pourquoi l'avoir conduit ici... je n'ai pas besoin de lui... je vais bien... je ne souffre plus...

Mais elle n'avait point achevé cette phrase, qu'une crise plus épouvantable que les précédentes vint démentir ses paroles ; elle retomba sur son lit, tordue par la douleur et poussant des cris sourds et inarticulés.

. . . .

Au bout de peu d'instants, il y avait au monde un orphelin de plus, et la jeune mère était morte sans avoir repris connaissance, sans avoir pu, consolation suprême, embrasser son enfant !

—Vous aviez raison, dit le docteur en rejetant le drap du lit sur le pâle visage de Geneviève, vous aviez raison, c'est une triste nuit que celle-ci !

Et il présenta l'enfant nouveau-né à M. de Villarcy.

— Pauvre créature innocente, murmura le comte en l'enveloppant dans le pan de son manteau, tu entres dans la vie par une triste porte ! puisse l'avenir ne point te punir de la faute de ta naissance !

Et il sortit de la chaumière, suivi du docteur et du petit Étienne, dont les sanglots étaient déchirants.

———

Certes, nous ne sommes point de ceux qui nient la *Providence* et proclament à sa place le *hasard*, le *destin*, ou la *fatalité* ce *Deus ex machinâ* des poëtes antiques.

Comme, selon nous, il n'y a que deux partis à prendre dans cette vie, celui du doute ou celui de la croyance, nous aimons mieux humilier notre faible raison que de nous jeter dans les sentiers perdus d'un scepticisme désespérant, et nous cherchons à voir partout la main de Dieu, alors même qu'elle semble laisser aller les destinées humaines à la dérive et sans pilote.

Certains romanciers ont affiché des opinions de tout point contraires à la nôtre, et, dans des livres dont il ne nous appartient point d'apprécier le mérite littéraire, ont pris à tâche de se faire les séides de la *fatalité*, en mettant sans cesse en présence le bien et le mal, le vice et la vertu, et en faisant systématiquement triompher le mauvais principe.

Or, nous le répétons, là où ils voient le hasard, nous voyons, nous, la Providence. Comme eux nous admettons les faits ; mais nous en voulons tirer des conclusions tout à fait différentes.

La suite de ce récit expliquera surabondammment à nos lecteurs les réflexions qui précèdent, en leur en dévoilant le but et la portée.

Voici quels étaient la volonté et les desseins du comte de Villarcy, dans la position terrible où il se trouvait placé.

D'abord, il comptait élever ensemble, et dans des rapports d'une égalité fraternelle, le fils de sa femme et l'enfant de Geneviève.

C'était pour lui une sorte de première expiation que d'envelopper dans une même tendresse les tristes fruits d'un double adultère. C'était un châtiment mérité que de voir son nom porté fièrement par l'enfant qui n'était le sien que selon la loi, tandis, qu'au contraire, son fils véritable subirait la désolante flétrissure d'une naissance illégitime.

Il voulait, du reste, adopter un jour ce dernier, et lui assurer une existence complètement heureuse et indépendante, au moins sous le rapport de la fortune.

Les deux enfants furent baptisés le même jour.

L'un reçut le nom de Roland : c'était le vicomte de Villarcy.

L'autre, le fils de la paysanne, fut appelé Richard.

Dix années se passèrent. Roland et Richard avaient grandi sous les yeux du comte, que tous deux appelaient *mon père*, et qui, fidèle à la ligne de conduite qu'il s'était tracée, n'avait point cessé de leur témoigner à tous deux une affection pareille.

Le moment approchait où M. de Villarcy allait s'attacher son fils véritable par les liens de l'adoption, quand, dans une grande chasse à courre, il fut renversé avec son cheval, en franchissant un ravin.

La chute fut affreuse. La tête avait porté sur une pierre aiguë. Le comte ne reprit point connaissance, et l'on ne rapporta au château qu'un corps inanimé.

Quoique ne comprenant pas parfaitement toute l'étendue du malheur qui les frappait, les deux orphelins témoignèrent une égale et profonde douleur, exprimée seulement d'une façon différente, comme leurs caractères.

La douleur de Roland fut sombre et concentrée.

Celle de Richard, plus expansive, s'exhala en sanglots et en cris de désespoir.

XV

Les deux frères.

A partir du jour de la mort du comte de Villarcy, la position des deux orphelins se trouva modifiée d'une façon complète.

Le comte n'avait rien fait encore pour assurer la position de Richard, qui fut dès lors considéré comme un subalterne par tout l'entourage du château.

Le tuteur du jeune Roland l'autorisa, à la vérité, à partager encore les études et les jeux de son pupille; mais ledit tuteur blâma tout haut l'étrange manie du feu comte, qui faisait donner à l'enfant d'un vassal les habitudes et l'éducation d'un fils de gentilhomme.

Le gouverneur de Roland partageait cette manière de voir, et il ne perdait pas une seule occasion de faire sentir au pauvre Richard l'infériorité de sa condition et, partant, de son intelligence.

A lui les punitions et les reproches; à Roland les encouragements et les éloges.

De leur côté, les domestiques du château, jaloux de voir un enfant sortir de leur classe et mis au-dessus d'eux par les circonstances, prenaient à tâche de l'humilier sans cesse, et de lui laisser comprendre qu'ils n'avaient pas d'ordres à recevoir d'un bâtard, élevé par charité.

Et tout cela faisait fermenter dans l'âme de l'enfant un levain d'amertume qui se gonflait chaque jour ; car Richard se savait l'égal du jeune comte, et par la force physique, et par l'adresse, et par l'intelligence, et déjà il murmurait contre cette apparente injustice, qui, grâce au hasard de la naissance, faisait un supérieur de deux êtres dont l'un valait l'autre.

Disons tout de suite que Roland n'avait point cessé de témoigner à son compagnon une affection fraternelle.

Quelques années se passèrent encore. Les deux enfants se firent jeunes hommes, et atteignirent l'âge de dix-huit ans.

Leur éducation était achevée, éducation fort incomplète, comme presque toutes celles de cette époque, mais dont Richard, soit par plus d'aptitude, soit par plus de travail, avait mieux profité que Roland.

Le jeune comte, libre de son temps et de sa personne, entama des relations fréquentes avec les gentilshommes du voisinage et de presque toute la province.

C'était chaque jour des parties de chasse et des fêtes de toutes sortes.

Il va sans dire que Richard n'était jamais compris dans ces invitations, n'était jamais convié à ces fêtes.

Et, tandis que Roland courait à de joyeuses réunions, le fils de Geneviève, le regard sombre et le cœur rongé par la jalousie, s'enfonçait dans les bois, emportant sur l'épaule un fusil dont il ne faisait pas usage, et tenant à la main un livre qu'il ne lisait point.

Les paysans de la seigneurie l'enviaient et le détestaient, et se disaient les uns aux autres, en le voyant errer dans les sentiers ou sous les futaies :

— Tiens, voilà le bâtard qui passe ! Qu'est-ce qu'il a donc fait au bon Dieu, celui-là, pour être si heureux ?

Heureux ! lui !...

Mais, bien souvent, c'est ainsi que juge le peuple.

Répétez donc encore le vieux proverbe : *Vox populi, vox Dei !*

Ce n'est pas tout, quand les gentilshommes, amis de Roland, se réunissaient au château de ce dernier, Richard avait bien d'autres petites humiliations à subir.

Il assistait, à la vérité, dans ce cas, aux parties de chasse et aux soupers, mais comme un intrus que l'on tolère et qui gêne.

Pour la chasse, il avait le plus mauvais cheval ; à table, il était le dernier servi.

A peine lui parlait-on, et si par hasard quelqu'un lui adressait la parole, c'était invariablement avec une sorte de condescendance protectrice, plus offensante qu'un silence complet.

Parfois, quand on le croyait absent, il entendait des phrases dans le genre de celle-ci, qui le faisaient bondir de colère.

— Sais-tu bien, mon cher comte, que pour un manant, ce pauvre diable que tu gardes chez toi n'a vraiment point trop mauvaise tournure ; à ta place, j'en ferais un *heiduque* superbe, ou un *coureur* de toute beauté !

Et le levain d'amertume se gonflait à déborder, dans le cœur de Richard, qui se sentait pris pour Roland (bien innocent pourtant de tout cela) d'une haine sourde et profonde.

Un jour il se fit un grand changement dans la vie et dans le cœur du jeune homme.

Il oublia tout d'un coup ses douleurs et ses haines, il enveloppa soudain le genre humain entier dans le sentiment d'une immense bienveillance ; il lui sembla que la nature était plus belle, les bois plus verdoyants, le soleil plus doux ; il lui sembla qu'il commençait une nouvelle existence.

Il aimait.

Il aimait pour la première fois.

Cet amour fut une pastorale des temps antiques, une églogue mise en action, quelque chose de naïf et de bucolique comme devrait l'être toujours la première tendresse d'un cœur vierge.

Voici comment cela s'était fait :

Par une chaude après-midi du mois de juin, Richard s'était jeté sur la mousse au pied d'un grand chêne, et tout au bord d'un petit lac, situé au milieu des bois, et dans lequel venaient se baigner, pendant les jours caniculaires, tous les merles et tous les bouvreuils des taillis d'alentour.

Là il s'endormit.

Son sommeil fut interrompu bientôt par une voix douce qui chantait à côté de lui quelques fragments d'une chanson rustique.

Il ouvrit les yeux, et vit une jeune fille d'environ quinze à seize ans, qui, la jupe bravement retroussée et entrant dans l'eau jusqu'au genou, faisait boire quelques chèvres, qui cabriolaient autour d'elle et broutaient d'un air mutin les larges feuilles de nénuphar qui glaçaient de leur belle teinte verte la surface transparente du petit lac.

Cette jeune fille était vêtue d'une jupe rayée, relevée, nous l'avons dit, jusqu'à mi-jambes.

Elle avait enlacé une guirlande de feuilles de chêne et de fleurs des champs à ses cheveux noirs négligemment noués sur sa tête.

Elle tenait à la main une baguette de coudrier, mi-partie blanche, grâce à un ruban d'écorce enlevé dans toute sa longueur ; et avec cette baguette elle menaçait, tout en chantant, ses chèvres indociles.

C'était gracieux comme le serait une figure peinte par Roqueplan dans un paysage de Diaz.

Richard fit un mouvement. La jolie fille l'aperçut alors. Il était vêtu comme un gentilhomme en négligé ; elle laissa retomber sa jupe dont les bords se mouillèrent ; elle fit une grande révérence, rassembla ses chèvres, et disparut dans le taillis ; où le jeune homme la suivit longtemps d'un regard surpris et charmé.

Le lendemain (avons-nous besoin de le dire ?) il revint s'asseoir sous le grand chêne, mais cette fois il ne s'endormit pas.

A la même heure que la veille, la paysanne ramena son troupeau.

Elle rougit beaucoup en voyant Richard.

Richard rougit de son côté.

A partir de ce moment ils s'aimèrent.

C'était du reste la passion la plus chaste et la plus ingénue qu'il fût possible d'imaginer. Pendant trois mois, les deux enfants filèrent en paix le parfait amour, se donnant des rendez-vous le jour sous les futaies, le soir au milieu des blés murs, et passant le temps à se tenir la main dans la main, à se répéter : *Je t'aime*, sur tous les tons, à écouter la chanson du rossignol amoureux, et à se jurer, sur les nuages qui passaient, une fidélité éternelle.

Ces amants vertueux songeaient à se marier. Étiennette (ainsi se nommait la petite fille) avait pour père un métayer, lequel, assurait-on, possédait jusqu'à cent écus d'économie, dans un sac de toile, ce qui était une fortune.

Richard, confiant dans l'avenir, ne songeait point à empiéter sur les futurs droits de mari. Les plus considérables faveurs qu'il eût obtenues d'Étiennette consistaient en quelques baisers et autres *menus suffrages*, plutôt dérobés que donnés.

Mais voici qu'un jour tout changea et que le mauvais sort qui semblait poursuivre le fils de Geneviève se remit de la partie.

Sans raison connue, sans motif apparent, Étiennette eut au rendez-vous du soir l'air distrait et préoccupé ; elle abandonna moins mollement sa main à la main de Richard ; elle ne fit aucun serment, ni sur la lune, ni sur les nuages qui passaient.

Et quand son amant lui demanda ce qu'elle avait, elle répondit :

— Je n'ai rien ! — avec cette impatience nerveuse qui, chez les paysannes comme chez les grandes dames, signifie d'une manière certaine que le baromètre de l'amour est à la tempête.

Richard crut à un caprice passager, et se berça de l'espoir que le lendemain les choses seraint *remises en l'état*, comme on dit en termes de procédure. Il n'en fut rien. Le lendemain et les jours suivants, tout, au contraire, alla de mal en pis. Etiennette trouva moyen d'abréger considérablement et sous une foule de prétextes frivoles la durée des rendez-vous, et enfin elle finit par cesser complètement d'y venir.

Alors un profond désespoir s'empara de Richard, et à ce désespoir se joignirent bientôt les morsures aiguës du serpent de la jalousie.

Quel autre motif qu'un nouvel amour, en effet, se disait le jeune homme, aurait pu pousser Etiennette à une rupture aussi brusque et aussi peu prévue ?... Evidemment elle en aimait un autre... Mais qui ?

La était le problème à résoudre. Richard se fit espion. Pendant plusieurs semaines il inventa des ruses de Mohicans pour pénétrer le fatal secret. Tout fut inutile ; il ne découvrit rien.

Le hasard seul pouvait désormais lui donner la clef de l'énigme. Le hasard seul pouvait lui désigner ce rival inconnu auquel il était sacrifié, et qui trouvait moyen de se cacher si bien qu'il échappait à la plus habile de toutes les surveillances, parce qu'elle en est la plus intéressée, celle d'un amoureux, et qui plus est d'un amoureux jaloux.

Le hasard le servit à souhait.

Un soir, ou plutôt une nuit, voici ce qui arriva.

Richard, le désespoir dans le cœur, avait passé la journée entière à courir dans les bois comme un fou, cherchant instinctivement à calmer par la fatigue du corps la fièvre de jalousie qui lui brûlait le sang.

Il avait gravi des collines abruptes, traversant sans s'en apercevoir des fourrés et des taillis qui lui déchiraient le visage et les mains, et faisant une trouée parmi les massifs les plus épais, comme un sanglier poursuivi par une meute.

Il avait, sans y prendre garde, franchi des marécages, ayant de l'eau et de la boue jusque par-dessus les genoux, et le hasard seul lui avait évité de disparaître à tout jamais dans les fondrières qu'il avait côtoyées sans les voir.

Et dix fois, pendant cette course sans but, il était revenu, malgré lui et à son insu, près du petit lac où, quelques mois auparavant, la douce image d'Etiennette lui était apparue.

Alors il se mettait à pleurer comme un enfant, se jetant à genoux sur le sol, et couvrant de ses baisers ardents le gazon et le sable sur lesquels s'étaient appuyés naguère les pieds de la paysanne.

Puis soudain il se relevait et s'éloignait d'un pas rapide, pour revenir encore, après de longs détours, aux lieux où l'attirait fatalement l'aimant de son amour.

Quand vint le soir, la lassitude avait brisé ses membres, et il était par cela même un peu calmé.

Il se dirigea vers la demeure du père d'Étiennette.

Cette demeure, chaumière simple mais propre, était située à quelques centaines de pas de la lisière du bois.

Un enclos, planté d'arbres fruitiers et défendu par une haie vive de noisetiers et de rosiers sauvages, s'étendait tout autour.

Il pouvait être dix heures, la nuit était profonde, pas une étoile ne brillait au ciel.

Richard s'appuya contre la haie, et pendant quelques instants fixa son regard avide et désolé sur la chaumière d'Etiennette.

A travers les branches des arbres du jardin, on entrevoyait la faible lueur d'une petite lampe, placée derrière les carreaux étroits d'une fenêtre du rez-de-chaussée.

C'était la lampe de la jeune fille.

Soudain cette lueur disparut.

Etiennette était couchée sans doute.

Richard posa son fusil sur le gazon, s'étendit lui-même au long de la haie vive, et bientôt, vaincu par la fatigue, s'endormit profondément.

Tout à coup son sommeil fut interrompu par un bruit léger qui se faisait à côté de lui.

Il s'appuya sur son coude, écouta, et entendit distinctement que quelqu'un écartait les branchages de la haie pour pénétrer dans le jardin.

A ce bruit succéda celui d'un pied furtif qui foulait avec précaution la terre fraîchement remuée des plates-bandes.

— C'est un voleur !

Telle fut la première pensée de Richard, qui se leva, arma son fusil et mit en joue un homme qu'il entrevoyait vaguement se glisser au milieu des arbres.

Cet homme s'arrêta près de la fenêtre qui donnait dans la chambre d'Etiennette, et sembla hésiter pendant un instant.

Richard appuya son doigt sur la détente de son arme, mais il réfléchit à l'instant que la balle pourrait aller frapper la jeune fille endormie, et il attendit.

Le nocturne visiteur fit encore un pas, et Richard, à travers le profond silence de la nuit, interrompu seulement par les puissantes vibrations de son cœur, entendit distinctement le son de trois coups légers frappés contre la vitre.

— Que veut dire ceci! pensa-t-il.

La question qu'il s'adressait fut à l'instant résolue. La fenêtre s'ouvrit sans bruit, et l'homme, qu'on attendait sans doute, disparut aussitôt dans la chambrette de la jeune fille, dont la fenêtre se referma.

— Malédiction! s'écria le fils de Geneviève, qui se sentit le cœur traversé par un trait de feu. Malédiction! ce n'est pas un voleur, c'est un amant!

. . . .
. . . .
. . . .

Trois heures se passèrent ainsi.

Richard, debout, immobile à la même place, et appuyé sur le canon de son fusil, fixait son œil enflammé, avec une persistance d'oiseau de proie, sur la fenêtre fatale.

Le matin approchait.

Déjà, à l'orient, une ligne moins sombre indiquait vaguement les points de jonction de la terre et du ciel.

La fenêtre s'ouvrit, et un homme sortit de la chambre d'Etiennette, puis il s'arrêta pour échanger encore avec la jeune fille, une étreinte, un baiser... et une fois de plus, depuis qu'il y a des amants qui s'aiment et qui se le prouvent, c'est-à-dire depuis le commencement du monde, la ravissante scène du balcon de *Roméo et Juliette* fut jouée au premier chant de l'alouette, à la première clarté de l'aube.

Enfin les branches se déjoignirent, et l'amant d'Etiennette parut se diriger de nouveau vers l'endroit de la haie qui cachait Richard.

Ce dernier, la crosse de son fusil appuyée à l'épaule, attendit, couché derrière le feuillage, que son rival repassât par la brèche qu'il avait pratiquée en venant.

Cette attente fut déçue. L'inconnu, soit qu'il ne retrouvât pas la trace de ses pas, soit que la muraille de verdure lui parût ailleurs plus accessible, fit un détour et sortit du jardin à environ soixante pas du guetteur.

Richard le vit au moment où il allait atteindre le bois et se confondre avec les troncs d'arbres.

Il visa rapidement et fit feu.

A la détonation succéda un cri sourd, puis le bruit de la chute d'un corps.

Le coup avait porté.

Richard, épouvanté de ce qu'il venait de faire, crut soudain voir autour de lui les ténèbres devenir sanglantes, crut entendre des voix funèbres murmurer à son oreille : Assassin! assassin!

Il prit alors sa course à travers la campagne, arriva jusqu'au château, entra dans le parc par une petite porte qu'il trouva ouverte, circonstance qui ne fut pour son esprit troublé l'objet d'aucune remarque, et enfin, gagnant sa chambre, se jeta sur son lit, où il s'évanouit.

La veille au soir, le comte Roland avait donné ses ordres à ses gens pour une chasse à courre qui devait avoir lieu ce même jour, et à laquelle il avait invité quelques gentilshommes du voisinage.

Ces derniers arrivèrent de bonne heure.

Le valet de chambre alla prévenir le jeune comte que ses hôtes l'attendaient.

Il trouva la chambre vide. Le lit non défait prouvait même que Roland n'avait point couché chez lui.

A ce fait se rattachait naturellement la supposition de quelque aventure gaillarde; on supposa que M. de Villarcy s'était oublié dans les bras amoureux de quelque gentille vassale; un malin sourire vint effleurer les lèvres de ses amis, et son absence ne causa ni étonnement ni inquiétude.

Un déjeuné matinal avait été préparé pour les chasseurs; ils s'attablèrent, et, bien que la place du maître de la maison fût restée vide, ils firent le plus grand honneur aux pièces de bœuf froid, aux jambons, aux pâtés de gibier, au vieux bordeaux et au vieux bourgogne qui couvraient la nappe hospitalière.

Plus d'un toste gaillard fut même porté, assure-t-on, aux aventures, si longtemps prolongées, du beau Roland de Villarcy.

Cependant le temps passait. L'heure de se mettre en chasse sonna, Roland ne paraissait pas.

Alors commença la surprise, puis à la surprise succéda l'inquiétude, et, de fait, à mesure que marchaient les aiguilles de la grande horloge du château, la disparition de Roland devenait de plus en plus inexplicable.

Enfin, vers le milieu du jour, on eut tout à coup la clef de cet étrange mystère, en voyant deux paysans apporter sur une civière faite de branchages un corps inanimé et sanglant.

Ce corps était celui de Roland, trouvé sur la lisière du bois, sans connaissance et la cuisse traversée par une balle.

On s'épuisa en conjectures, qui n'approchèrent point de la vérité, pour savoir par qui le crime avait été commis.

Nos lecteurs sont suffisamment renseignés à cet égard.

La blessure de Roland, d'ailleurs, était grave, mais point mortelle. La violence de la douleur et la perte du sang avaient seulement déterminé un évanouissement immédiat, dont il fut très-difficile de tirer le jeune comte. Des soins empressés et habiles lui furent du reste prodigués, et bientôt tout vint faire supposer que la guérison serait complète et prochaine.

La stupéfaction de Richard fut profonde, quand il apprit que son rival dans le cœur d'Etiennette, l'homme qu'il avait lâchement cherché à assassiner, n'était autre que son compagnon d'enfance.

Un changement complet, ou plutôt une essentielle modification, s'opéra alors dans l'esprit et dans les façons d'agir de Richard.

Sa nature, qui avait été mauvaise, redevint pire; son caractère aigri devint, plus que par le passé, envieux et hypocrite; il voua à Roland de Villarcy une haine implacable, et jura de se venger de cet homme qui, non satisfait de le dominer par les priviléges de la naissance, le primait encore par ceux de l'amour.

Et cette haine, ces projets de vengeance étaient d'autant plus terribles, d'autant plus dangereux que Richard sut les cacher sous les apparences de la plus sincère affection, du plus complet dévouement.

Sitôt que la blessure de Roland fut guérie, ce qui du reste ne fut pas long, Richard prit à tâche de lui devenir indispensable. Il se fit son complaisant, son flatteur, presque son valet; il effaça lui-même les vestiges d'égalité qu'il aurait pu se croire en droit de réclamer par suite de leur éducation commune. Il proclama hautement son infériorité et sa dépendance.

Tout ceci le mena précisément au but qu'il voulait atteindre : il capta, de la façon la plus complète, la confiance, et, disons plus, l'affection de M. de Villarcy, qui arriva bien vite à en faire un second lui-même, et à ne plus pouvoir s'en séparer une minute.

Une fois dans cette position, Richard attendit que l'occasion se présentât de satisfaire sa haine, d'assouvir sa vengeance, d'une façon qui fût tout à la fois facile, point compromettante et profitable.

« *La vengeance se mange très-bien froide!* » se disait-il de temps en temps pour se faire prendre patience.

Il attendit deux ans.

Au bout de ce temps, le comte Roland lui parla du projet qu'il venait de former, d'un voyage à Paris.

Richard approuva fort ce dessein, et le voyage fut résolu.

— Enfin! pensa le fils de Geneviève, enfin, nous partons! j'aurai bien du malheur, en vérité, si je ne trouve point là-bas la bonne occasion qu'il me faut!

XVI

Aventures de voyage.

Roland de Villarcy ne tarda point à mettre en œuvre la résolution qu'il venait de prendre.

Nous voulons parler de son projet de voyage à Paris. Les préparatifs furent immédiatement commencés.

On sortit de la remise le vieux carrosse aux armes des Villarcy, qui, vu son poids et ses dimensions exagérées, ne servait guère que dans quelques rares et solennelles occasions, le jeune comte préférant de beaucoup l'usage du cheval à celui d'un véhicule antique et incommode. Cependant, en raison de la longueur du trajet, il fut décidé qu'on voyagerait dans ce carrosse.

Le chargement de la voiture fut d'ailleurs des plus simples et des plus restreints, et les bagages ne l'encombrèrent point. Roland, comprenant que sa garde-robe de province ne serait pas de mode à Paris, et se réservant, une fois arrivé à destination, de la renouveler entièrement, ne se munit, pour ainsi dire, que de linge, de quelques vêtements indispensables pour la route, et d'une paire de pistolets de grand prix et d'un précieux travail, qui lui venaient de son père.

Il renferma dans une petite valise ses titres, ses papiers de famille, et une somme de quarante mille livres en or, somme qu'il jugea suffisante pour faire face aux principales dépenses qu'entraînerait son séjour dans la grande ville. Il y mit de plus quelques lettres de recommandation qui lui furent données par les gentilshommes les plus considérables de la province, à l'effet de le faire bien venir de ceux de leurs parents et amis qui habitaient Paris ou Versailles.

Ces différents et courts préliminaires achevés, on attela au vieux carrosse les deux plus vigoureux chevaux des écuries de Villarcy ; Roland monta dans la voiture et s'assit dans le fond, adossé au coin de droite ; Richard prit place en face de lui, sur la banquette du devant, et l'attelage s'ébranla au milieu des souhaits de bon voyage et de prompt retour, formés par tous les vassaux du jeune comte, qui s'échelonnaient sur une double ligne, pour assister au départ de leur maître et seigneur.

Roland avait fait, relativement à ses domestiques, le même calcul que pour sa garde-robe. Il s'était dit que ces bons vieux serviteurs, dévoués et fidèles sans doute, mais un peu rustiques de formes et d'allures, feraient sans contredit à Paris une figure assez piteuse, et il avait résolu de prendre à son service, au moment de son arrivée, quelques laquais de plus leste tournure, et mieux façonnés aux usages du monde dans lequel il allait vivre.

En conséquence, il emmenait seulement son cocher et son valet de chambre.

Ce dernier n'était autre qu'Etienne, le jeune frère de la pauvre Geneviève.

———

Tant que la voiture roula sur les domaines de Villarcy, Roland eut assez à faire de répondre, par un geste ou par un sourire, aux vœux naïfs et sincères de ceux des paysans qui n'avaient pu se trouver dans la cour du château, et qui regardaient comme un grand événement le départ du seigneur suzerain des belles et riches terres dont ils étaient tenanciers.

Mais sitôt que l'extrême limite des propriétés du comte eut été franchie, Roland se sentit atteint d'une vague tristesse. Il lui sembla qu'il quittait à tout jamais les lieux où s'étaient écoulés les jours de son heureuse jeunesse, et qu'il ne reverrait plus, au-dessus des sombres dômes de la forêt, les girouettes de son vieux château.

Ces pressentiments sinistres et sans cause l'absorbèrent d'abord tout entier, et, s'accoudant à l'angle de la voiture, il pencha la tête, sentit croître sa profonde mélancolie à chaque tour de roue qui l'éloignait davantage, et fut au moment de crier à son cocher de tourner bride et de le ramener au château.

Mais bientôt il réfléchit au ridicule immense qui s'attacherait sans doute à une démarche semblable ; il se dit que les pressentiments dont il était obsédé n'auraient pas plus de fâcheux résultats qu'ils n'avaient de cause rationnelle ; que la tristesse qu'il ressentait n'était que l'inséparable compagne d'un départ, et qu'il devait s'efforcer de chasser au plus vite les lugubres pensées qui lui servaient de cortège, pour ne plus voir que les magiques tableaux que Paris présentait à son esprit dans un lointain et féerique mirage.

Les phases diverses de la lutte intérieure que Roland venait de subir s'étaient l'une après l'autre peintes sur son visage, et Richard, placé en face de lui comme nous l'avons dit, n'avait point perdu une seule des nuances fugitives reflétées successivement par la physionomie de son compagnon.

Tant que la tristesse avait voilé les regards de Roland, une tristesse semblable, mêlée d'une sorte de découragement, avait assombri de même les yeux de Richard.

Quand l'attitude du jeune comte exprima son hésitation croissante à poursuivre le voyage commencé, l'anxiété et l'effroi se peignirent sur les traits du fils de Geneviève.

Mais quand, enfin, le triomphe de Roland sur les appréhensions qui l'assiégeaient devint évident, et quand le nuage se fut graduellement dissipé, un éclair de triomphe étincela dans la prunelle de Richard, et un geste mal dissimulé, mais cependant inaperçu, sembla dire qu'il prenait possession de l'avenir.

Roland releva la tête et dit :

— Richard?...

— Que voulez-vous, mon frère? répondit ce dernier.

Il est bon d'expliquer en passant à nos lecteurs que, grâce à une enfance et à une éducation communes, une sorte de familiarité de langage s'était perpétuée entre les jeunes gens. Tous deux ils s'appelaient *mon frère;* seulement Roland tutoyait Richard, sans être tutoyé par lui.

— Nous voilà donc partis ! fit le jeune comte.

Ce lieu commun n'avait évidemment d'autre but que d'engager la conversation, aussi Richard ne pouvait-il y répondre autrement qu'il ne le fit, c'est-à-dire par une simple affirmation.

— A chaque instant, poursuivit Roland, nous nous éloignons davantage des vieux murs qui nous ont vus naître... y reviendrons-nous, mon frère ?

— Pourquoi cette question, et qui donc pourrait, mon frère, nous empêcher d'y revenir ?

— Le sais-je? mon Dieu ! Nous allons bien loin... des périls peut-être nous guettent sur la route, ou nous attendent là-bas... Peut-on dire enfin, au moment du départ, si le retour sera possible ?

— Il y a du vrai et du faux dans ce que vous dites, mon frère. La vie est pleine de hasards, l'avenir est douteux ; pas plus que d'autres nous ne sommes en droit de compter sur le lendemain ; mais, ici comme ailleurs, à Villarcy comme à Paris, les chances sont les mêmes ; pourquoi donc vous forger des chimères et vous alarmer sans motif ?

— Tu te trompes, Richard, je ne m'alarme point.

— Comment cela ?

— Ce que je ressens, ce n'est point une crainte, c'est un regret.

— Un regret, dites-vous ; de quoi ?

— De quitter un bonheur calme et sûr pour courir après l'inconnu. Est-ce que tu ne regrettes rien, toi, Richard ?

— Moi ?

— Oui.

— Non, en vérité. Je suis avec vous, cela me suffit.

— Merci, mon frère. Dis-moi, cependant, ne sens-tu donc pas quelque regret d'abandonner ainsi tous les souvenirs de ton enfance ?

— Ces souvenirs, mon frère, répondit Richard avec une secrète amertume, je ne les abandonne pas, je les emporte avec moi.

— Je te comprends ; mais, vois-tu, Richard, notre position n'est pas la même ; depuis ton enfance, tu as toujours semblé rechercher la solitude ; depuis quelque temps surtout, je ne sais pourquoi, tu t'es de plus en plus isolé de moi et de ceux qui m'entouraient ; ton plus grand bonheur était de t'enfoncer dans les bois, seul avec ton fusil ; cette vie te convenait, tu étais heureux...

— Bien heureux ! répéta Richard, sans qu'il fût possible de distinguer dans son accent l'étrange ironie de cette phrase.

— Moi, au contraire, je quitte de nombreux amis, des compagnons de table et de chasse, des cœurs dévoués, des affections sincères, car à Villarcy tout le monde m'aime...

— Vous êtes si bon, mon frère!

— Parmi tous ceux qui me connaissent, je n'ai pas un ennemi.

— Qui donc vous haïrait, Roland?

— Une seule fois, j'aurais pu croire le contraire...

— Quand donc?

— Tu le sais... quand on me rapporta mourant au château... Un coup de fusil avait été tiré sur moi.

Richard pâlit en entendant ces mots; cependant il répondit d'une voix qui ne tremblait point :

— Cet accident terrible, je vous l'ai dit déjà, mon frère, ne peut être que le résultat d'une erreur incompréhensible : quelque braconnier trompé par l'obscurité, sans doute, ou quelque malfaiteur étranger au pays...

— C'est possible, car, pour commettre un aussi lâche assassinat, il fallait quelque motif de vengeance, et personne ne pouvait avoir à se venger de moi.

— Personne... murmura Richard.

— Enfin, écartons ce souvenir, le seul pénible de toute ma vie.

— Puis-je oublier que j'ai failli perdre mon frère?

— Bon Richard! je sais combien tu m'aimes ; mais parlons de Paris, de cette ville où nous allons et dont on raconte tant de merveilles, que moi, gentilhomme campagnard jusqu'à ce jour, je puis à peine y croire ; on dit que les femmes y sont bien jolies, Richard.

— Et peu cruelles, ajoute-t-on.

— Cela t'importe peu, à toi, jeune sauvage, sévère

comme Platon : jamais ton cœur ne brattra sous le regard de deux beaux yeux..

— Qui sait?

— Ah! ah! est-ce qu'en quittant ses forêts natales, Socrate tournerait à l'Alcibiade ?

— Peut-être ; mais c'est vous, mon frère, qui ne rencontrerez point chez ces dames de portes closes ni de vertus farouches...

— Tu crois !

— J'en suis sûr.

— Et pourquoi donc?

— Parce que vous êtes beau, jeune, riche, élégant et spirituel.

— Flatteur !

— Les cœurs se suspendront aux crocs de vos moustaches blondes, les femmes vous courront sus et les maris vous donneront au diable !

— Ma foi! j'en accepte l'augure. Nous mènerons joyeuse vie, et quis, quand il sera temps de se ranger, je trouverai quelque héritière riche et jolie ; je l'épouserai...

— Ce qui doublera votre fortune, et vous reviendrez à Villarcy, pour y tenir le rang du premier gentilhomme de la province, et vous voir le plus heureux des époux et des pères.

— Sais-tu que cet avenir est enchanteur, et qu'il y a des gens qui viennent au monde singulièrement favorisés !

— Cela est juste! aux uns tout, aux autres rien : ainsi va le monde !

— Comme tu dis cela! on croirait que tu as à te plaindre du sort !

— Moi!... par exemple!...

— Excepté d'être gentilhomme, que te manque-t-il?

— Mon Dieu ! rien.

— Tu es extrêmement beau garçon, tu es plus instruit que moi...

— Non, certainement.

— Je soutiens que si, car tu as mieux profité que moi des leçons que nous recevions ensemble, ce qui tient à la beaucoup trop grande indulgence que me témoignait notre brave précepteur ; tu as fort grande mine, et, avec un habit brodé, on te prendrait sans contredit pour un seigneur.

Roland ne s'apercevait point qu'en parlant ainsi il enfonçait un poignard dans la plaie jalouse qui saignait au cœur de Richard ; il poursuivit :

— Ecoute, mon frère, je veux faire quelque chose pour toi.

— A quoi bon ?

— J'y tiens : mon père t'aimait autant qu'il m'aimait moi-même, et j'ai hérité de cette affection. Aurais-tu du goût pour l'état militaire ?

— Pourquoi cette question ?

— Parce que, si tu veux, je t'achèterai une compagnie, et ma foi, alors, il ne tiendra qu'à toi de faire ton chemin...

— Voulez-vous donc m'éloigner de vous, Roland ?

— Dieu me garde d'avoir cette pensée ! je voudrais seulement t'affranchir de la position...

Roland hésita.

Richard l'interrompit.

— De la position subalterne que j'occupe auprès de vous, fit-il... N'est-ce pas là ce que vous pensez, mon frère !

— Pas le moins du monde ! tu n'es point un subalterne, tu es un ami, un frère, et je prétends seulement parler d'une carrière indépendante et digne de toi.

— Je vous remercie de votre bonne volonté, Roland, mais je refuse d'en profiter. Je ne désire rien, je me trouve à ma place là où je suis ; tout changement me serait pénible. Je suis heureux.

— Comme tu voudras... Enfin, si tu changes d'avis, nous aviserons à ce dont je te parlais tout à l'heure... ou à autre chose.

— Je ne changerai point.

— Nous verrons.

La conversation continua quelque temps encore, puis Roland, fatigué par les continuels soubresauts du carrosse, qui, nous devons le dire, était fort mal suspendu, comme toutes les voitures de l'époque, s'endormit profondément.

Richard, lui, ne dormit pas, et, à voir l'œil ardent et sombre avec lequel il contemplait le sommeil paisible du jeune comte de Villarcy ; à voir les rides profondes qui sillonnaient sans cesse son front, on eût deviné qu'il avait accueilli et qu'il caressait quelque projet sombre, quelque sinistre pensée.

On arriva à l'endroit de la couchée, et là seulement s'interrompit le somme de Roland, qui, tout en soupant gaîment, raconta à son compagnon qu'il avait rêvé que les maisons de Paris étaient tout en or, avec des toits de perles fines, et que douze duchesses couronnées de roses l'attendaient à la barrière pour se disputer son amour.

Le lendemain se passa sans aucun incident qui mérite d'être raconté.

Le surlendemain, les voyageurs s'arrêtèrent pour y passer la nuit, dans une petite ville dont le nom nous échappe.

Tandis qu'ils dînaient, il se fit tout à coup un grand bruit sur la place située en face de l'auberge où ils étaient descendus.

C'était une sorte de musique bizarre, composée des

sons discordants d'un tambour, d'un cor de chasse et d'un haut-bois.

Par moment, cette sauvage mélodie s'interrompait et l'on entendait une voix criarde et monotone défiler rapidement un chapelet de mots hétéroclites, dont le sens n'arrivait pas distinctement jusqu'aux oreilles de Roland et de Richard. Puis, immédiatement après, le tambour exécutait un roulement forcené, et le cor de chasse ainsi que le hautbois l'accompagnaient de leurs notes les plus aiguës.

Les deux jeunes gens quittèrent leur repas et allèrent à la fenêtre.

Ils virent au milieu de la place, une charrette attelée d'un cheval, sur laquelle trônait fièrement un grand gaillard en habit rouge chargé de broderies d'or toutes fanées.

Auprès de lui, les trois musiciens, dont un nègre, vêtus en Turcs et en Espagnols, continuaient leur infernal sabbat.

Une foule de badauds, le nez en l'air et la bouche béante, se pressaient autour de la cariole et recevaient, qui une fiole, qui une petite boîte, qui un sachet, etc., etc., le tout, bien entendu, en échange de différentes pièces de monnaie.

La musique fit silence pendant un instant, et l'homme en habit rouge en profita pour déclamer sur une mélopée inimaginable le morceau suivant, tandis que de la main droite il désignait une bouteille au long cou, qu'il tenait de la main gauche :

« L'or de tous les climats qu'entoure l'Océan
« Peut-il jamais payer ce secret d'importance?
« Mon remède guérit, par sa rare excellence,
« Plus de maux qu'on n'en peut nombrer dans tout un an. »
   La gale,
   La rogne,

La teigne,
La fièvre,
La peste,
La goutte,
Vérole,
Descente,
Rougeole,
O grande puissance
De l'orviétan ! (1)

Ceci produisait le plus grand effet sur les assistants, et tandis que la musique reprenait, il se fit une consommation inouïe de petites bouteilles et de petites boîtes.

Le tambour, le cor de chasse et le hautbois se turent de nouveau, et l'homme en habit rouge continua :

« Admirez mes bontés, et le peu qu'on vous vend
« Ce trésor merveilleux que ma main vous dispense.
« Vous pouvez, avec lui, braver en assurance
« Tous les maux que sur nous l'ire du ciel répand ! »

La gale,
La rogne,
La teigne,
La fièvre,
La peste,
La goutte,
Vérole,
Descente,
Rougeole,
O grande puissance
De l'orviétan !

La vente marcha de nouveau, puis le charlatan, ses musiciens et sa cariole se remirent en marche pour aller chercher fortune un peu plus loin.

(1) Molière, l'*Amour médecin*, acte II, scène VII.

Roland et Richard se rassirent à table et achevèrent leur repas.

Immédiatement après le dîner, le comte de Villarcy sortit pour aller visiter les curiosités de la ville.

Le fils de Geneviève prétexta un léger malaise et put ainsi se dispenser de le suivre.

Mais sitôt que Roland se fut suffisamment éloigné, il quitta l'auberge à son tour et s'en alla par la ville s'informer de la demeure du charlatan.

Il n'eut point de peine à la trouver, et la première personne à laquelle il s'adressa sut lui indiquer une mauvaise hôtellerie borgne, où descendaient d'habitude les bateleurs, saltimbanques, acrobates, montreurs de curiosités, bohémiens, coureurs de foires, etc., etc....

Il se dirigea donc de ce côté, et justement comme il arrivait, le grand gaillard en habit rouge venait de rentrer, assez content de sa recette, et commandait d'une voix enrouée une omelette de vingt-quatre œufs accompagnée d'un colossal plat de *porc aux choux* (1).

Le charlatan voyant un jeune homme de bonne mine qui le demandait, se hâta de faire trêve à ses préoccupations ordinaires, et s'avança le sourire aux lèvres et les coudes arrondis.

— Qu'y a-t-il pour votre service, mon gentilhomme? demanda-t-il de l'air le plus patelin et le plus obséquieux.

— Vous possédez, à ce qu'il paraît des secrets merveilleux... fit Richard.

— Merveilleux, c'est le mot, mon gentilhomme! il n'est point de maladie sous le ciel que je ne me flatte de guérir radicalement en un tour de main. Mon arrière-grand-père, mon grand-père et mon père étaient

---

(1) *Porc aux choux*, — voir *Tragaldabas*, pièce héroïco-burlesque en cinq actes, par M. Vacquerie.

les plus fameux savants de l'Orient, et m'ont transmis, avec leur héritage, des recettes et des secrets admirables, que j'ai encore perfectionnés par ma propre science; car, tel que vous me voyez; j'ai pris tous mes degrés dans les plus illustres facultés du monde connu, et, si je cours, comme vous me le voyez faire, les villes et les campagnes, c'est que je veux mettre ma science à la portée de tout le monde et me dévouer au bonheur de l'humanité !

— Fort bien, fit Richard, qui, singulièrement préoccupé, n'avait guère écouté cette longue tirade, récitée du reste avec une volubilité vraiment prodigieuse.

— C'est comme j'ai l'honneur de vous le dire, reprit incontinent l'homme habillé de rouge. J'ai des remèdes pour tous les maux, petits et grands, connus et inconnus, et je voudrais vous voir atteint de deux ou trois douzaines de maladies incurables, pour vous en débarrasser dans les vingt-quatre heures !

Je vous remercie, fit Richard, qui ne put malgré lui s'empêcher de sourire.

— Ah! mon Dieu, il n'y a pas de quoi! avez-vous une jambe cassée? je vais vous la remettre sans appareils et sans éclisses... il n'y paraîtra plus tout à l'heure, et vous vous en irez danser un menuet ou une sarabande, comme si de rien n'était....

— Pardon, mais....

Le charlatan était lancé, il poursuivit :

— Avez-vous une bosse entre les deux épaules? Un demi-grain de mon opiat va vous la fondre incontinent comme une huître dans du lait...

— Mais....

— Avez-vous mal à une dent? qu'elle soit canine, molaire ou incisive, je vais vous l'extirper sans douleur et vous mettre à la place une véritable perle d'Orient...

— Ce n'est pas....

— Je vois d'ici votre affaire, mon gentilhomme....; vous vous portez le mieux du monde, et n'avez nullement besoin de mes remèdes, que je vous engage cependant à prendre par précaution. Ce qu'il vous faut, c'est un philtre pour vous faire aimer de toutes les femmes....

— Mais, monsieur....

— Ou bien, serait-ce plutôt, qu'épuisé par des fatigues amoureuses, vous veuilliez quelque réconfortatif puissant qui vous permette des prouesses dans un premier rendez-vous avec une belle longtemps farouche... Je possède justement la recette du fameux breuvage que prit le divin Alcide, autrement dit le célèbre Hercule, avant d'accomplir le plus illustre de ses travaux. Je vais vous accommoder cela, et vous m'en direz des nouvelles; ceci ne vous coûtera que six livres, quoique l'an passé je l'aie fait payer dix mille piastres, en Perse, à un pacha à trois queues.

— Ah çà! s'écria Richard, perdant enfin patience, ah çà! m'écouterez-vous?

— A vos ordres, mon gentilhomme; je croyais bien faire en vous mettant au fait des nombreuses ressources dont ma prodigieuse science me permet de disposer...

— Je n'ai besoin ni de remèdes, ni de philtres, ni de breuvages....

— Je ne vois pas trop alors....

— Écoutez...

— Je suis tout oreilles.

— Richard s'approcha du charlatan, et lui dit quelques mots à voix basse.

Tandis qu'il parlait, l'expression du visage de l'homme à l'habit rouge changea complètement.

Un éclair illumina son regard et un sinistre sourire vint errer sur ses lèvres minces.

— Ah! ah! fit-il quand Richard eut fini.
— Eh bien? demanda ce dernier.
— Je ne m'étonne plus, mon gentilhomme, si vous ne vouliez point de ce que je vous proposais d'abord....
— Eh bien? répéta le fils de Geneviève.
— Le tout est de s'entendre. J'ai ce qu'il vous faut....
— Donnez!
— Seulement c'est beaucoup plus cher.
— Faites votre prix.
— Trois louis, et c'est pour rien.
— Voici les trois louis. J'attends.
— Je suis à vous à l'instant.

Le charlatan s'éloigna, mais il revint au bout d'une demi-minute et remit à Richard un tout petit paquet qui pouvait contenir deux ou trois pincées d'une poudre blanche impalpable.

— Voici, dit-il.
— Vous me répondez de l'effet?
— Il est infaillible; essayez plutôt! ajouta l'homme rouge en ricanant.
— Et vous serez discret?
— Comme la tombe; c'est une vertu de mon état.
— Oubliez que vous m'avez vu.
— C'est fait; d'ailleurs j'y trouve mon intérêt comme vous le vôtre.
— Comment?
— Vous achetez, c'est vrai, mais moi je vends, et monsieur le lieutenant de police ne nous saurait gré ni à l'un ni à l'autre de cette innocente transaction.
— C'est juste. Adieu.
— Bonne chance, mon gentilhomme!

Le charlatan retourna surveiller amoureusement son omelette et son plat de porc au choux.

Richard regagna son auberge.

Le comte Roland de Villarcy n'était point encore rentré.

Il revint au bout d'une demi-heure, en fredonnant un refrain du temps.

Il s'informa du malaise prétendu de Richard, et, rassuré par la réponse qui lui fut faite, il donna ses ordres pour partir le lendemain de très-bonne heure, monta se coucher et s'endormit.

Richard se coucha, lui aussi, après avoir serré soigneusement sous son oreiller le paquet de la précieuse poudre.

Mais il ne dormit point.

Trois ou quatre jours se passèrent.

Les étapes se suivaient et se ressemblaient. Aucun événement, si minime soit-il, ne venait couper la monotonie des heures de route et des nuits à l'auberge.

Un repas un peu meilleur ou un peu moins bon que la veille, une route plus montueuse ou plus plate, un lit plus ou moins dur, voilà les grands incidents de ces quelques journées.

Un soir les deux voyageurs, attablés depuis assez longtemps, achevaient de souper et dégustaient à petites gorgées, dans la plus belle chambre d'une hôtellerie de village, un vieux vin des côtes du Rhône, digne en tout point de figurer sur la table du roi.

Le valet de chambre du comte de Villarcy, Etienne, en les servant, regardait avec une évidente convoitise, qui n'échappait point à Richard, le précieux liquide étincelant au fond des verres qu'il colorait d'une nuance de topaze brûlée.

— Sortons-nous, demanda Roland en se levant de

— Je vous suis, répondit Richard.

Le jeune comte quitta la salle à manger.

Richard remplit son verre pour la dernière fois et le porta à ses lèvres, mais il ne but que quelques gouttes du contenu.

— Étienne, dit-il en se levant à son tour, allez, je vous en prie, chercher mon chapeau, qui est dans ma chambre.

Le domestique obéit immédiatement.

Sitôt qu'il se vit seul, Richard tira de sa poitrine le petit paquet que nous connaissons, et versa dans son verre, encore à moitié plein, une ou deux pincées de poudre blanche.

Étienne rentra en apportant le chapeau demandé.

Richard sortit, mais au lieu de s'éloigner il attendit quelques instants à la porte.

Trois bruits successifs et distincts frappèrent presqu'aussitôt son oreille.

Ce fut d'abord celui d'un objet de cristal qui tombait, et qui se brisait en tombant.

Puis un cri, un seul, mais si rempli d'angoisse et d'épouvante, qu'il exprimait une souffrance surhumaine.

Et enfin le bruit de la chute d'un corps lourd qui s'affaissait sur le plancher.

Tout ceci s'était passé en beaucoup moins de temps que nous n'avons mis à le raconter.

Richard rentra.

La première chose qui s'offrit à sa vue fut Étienne gisant sans connaissance à côté des débris du verre de vin du Rhône.

— Au secours! cria-t-il, au secours!

On accourt, on cherche par tous les moyens possibles à rappeler à la vie le malheureux domestique.

Ce fut en vain.

Un médecin aussitôt appelé, déclara qu'Étienne avait succombé à une attaque d'apoplexie foudroyante. s'étonna de voir un pareil phénomène se manifester chez un homme aussi jeune, et se promit d'adresser un mémoire à l'académie de Lyon, relativement à ce fait curieux.

Roland, qui aimait beaucoup son valet de chambre, fut désolé de cette mort imprévue et terrible, et voulut passer toute la journée du lendemain dans le village où ils se trouvaient afin de surveiller lui-même les préparatifs de son enterrement.

Richard témoignait la plus sincère affliction.

Le voyage jusqu'à Lyon fut singulièrement triste. Le comte de Villarcy était assailli de nouveau par un cortége de sombres pressentiments, et cette fois il ne parvenait point à les éloigner, comme il avait su le faire en quittant ses domaines.

De son côté, Richard était plongé dans une préoccupation profonde.

Les jeunes gens se reposèrent pendant quatre jours à Lyon, puis ils se mirent en marche.

La seconde nuit après leur départ de cette dernière ville, voici ce qui se passa :

Disons d'abord que chaque jour, en arrivant au lieu de la couchée, Roland prenait la valise qui contenait ses titres, ses lettres de recommandation et son or, et la montait lui-même dans la chambre qu'il devait occuper, où il l'enfermait dans le plus solide des meubles qui se trouvaient là.

Le vieux carrosse était remisé dans quelque grange, ou sous quelque hangar.

Or, le jour, ou plutôt la nuit dont il s'agit, Richard, vers les une heure du matin, quitta furtivement son lit, descendit, sans lumière et en étouffant le bruit de ses pas, l'escalier qui conduisait au rez-de-chaussée, ouvrit une fenêtre, sauta dans la cour et se dirigea au milieu des ténèbres vers le hangar à moitié rempli de fagots sous lequel se trouvait la voiture.

Que fit-il là? nous ne saurions le dire, mais au bout de peu de minutes, il rentrait dans la maison et regagnait sa chambre sans avoir donné l'éveil à quelqu'un.

Une demi-heure après ce moment, le ciel se colorait d'une nuance pourpre, et cette clameur sinistre : *au feu!* retentissait soudain au milieu du silence de la nuit, troublant dans leur sommeil les habitants épouvantés.

C'est qu'en effet un violent incendie dévorait les fagots amoncelés sous le hangard, et par la même occasion le vieux carrosse du comte Roland.

On parvint à maîtriser les flammes et à les empêcher de gagner le corps de logis, mais voilà tout; déjà la voiture n'était plus qu'un monceau de cendres fumantes et de ferrements rougis dans le brasier.

Le comte Roland prit son parti le mieux du monde de cette mésaventure, et décida que le voyage, commencé en carrosse s'achèverait à cheval.

En conséquence, il donna à son cocher la somme nécessaire pour regagner le château de Villarcy, ne jugeant point utile de s'embarrasser d'une troisième monture ; puis il se procura des selles et des brides d'occasion, car il ne fallait pas songer à trouver du neuf dans cet endroit peu voisin de toute grande ville, et le lendemain, la précieuse valise ayant été attachée sur celui des chevaux que montait Roland, les deux compagnons se remirent en marche de grand matin.

Être seul avec Roland, voilà précisément ce que voulait Richard.

A l'époque où se passe notre récit, la route qui conduit de Lyon à Châlon côtoyait, comme aujourd'hui, la Saône, au milieu des plus riantes campagnes.

De tous côtés de vastes prairies d'un vert d'émeraude, et semées de maisons blanches.

Çà et là de gracieux coteaux, coupés de bouquets d'arbres, et surmontés par les tourelles aiguës d'un grand nombre de châteaux.

Il était impossible, on le voit, d'imaginer un paysage plus enchanteur, et cependant le comte Roland n'y prêtait qu'une attention infiniment médiocre.

Les chevaux, vigoureuses bêtes remplies d'ardeur, mais lourds *carrossiers* normands, avaient de rudes allures qui secouaient fort durement leurs cavaliers, habitués à moitié barbe moitié arabe, qui se perd de jour en jour davantage.

On était d'ailleurs au milieu du mois d'août. La chaleur était étouffante, et les voyageurs respiraient à pleins poumons la poussière de la route soulevée par de nombreux piétons.

— Vertudieu! dit tout à coup Roland, dont la fatigue et la mauvaise humeur étaient arrivées à leur comble, vertudieu! il est impossible de continuer plus longtemps ainsi!

— Pourquoi cela, mon frère?

— Je suis brisé.

— Moi aussi, qu'y faire?

— Prendre un parti.

— Lequel?

— Acheter une autre voiture.

— Où la trouver?

— Le sais-je!...

— Et d'ailleurs, qui nous conduira, puisque vous avez renvoyé Jérôme?

— Tu as raison, et cependant nous ne pouvons pas achever ainsi notre voyage; la chaleur m'étouffe, la poussière m'étrangle, je suffoque, et j'offre de parier qu'il ne fait pas plus chaud en Afrique que sous les rayons de ce satané soleil.

— C'est vrai.

— Je ne me sens point capable d'arriver vivant jusqu'à Paris.

— Faut-il donc rester en route ?

— Dans quelque méchante auberge!... ce serait réjouissant!

— J'ai une idée.

— Ah! ah! voyons un peu.

— Les journées sont brûlantes...

— Autant que l'incendie de ce matin...

— Et les nuits sont fraîches.

— Sans doute, mais la nuit, nous dormons.

— Voilà justement ce qu'il ne faut pas faire.

— Comment.

— Changeons nos heures de marche ; reposons-nous pendant qu'il fait chaud et voyageons la nuit.

— Tu as là, ma foi, une merveilleuse inspiration ! je t'en fais compliment, et nous la réaliserons dès demain.

— Quant à aujourd'hui, faisons de nécessité vertu, et poussons nos chevaux, pour arriver plus vite.

— Qu'il soit fait comme tu le dis ! Allons, un temps de galop ! Je déclare que nous nous arrêterons au premier village. Tant pis si nous faisons aujourd'hui moins de chemin que d'habitude. Nous regagnerons cela la nuit prochaine.

— Sans doute.

— Sais-tu que ce sera charmant de voyager le long de cette belle rivière, à la douce clarté des étoiles. Ce serait bien le cas de passer notre temps à rimer des sonnets, si nous étions poètes !

— La circonstance aidant, peut-être le deviendrons-nous !

Roland et Richard partirent au galop, et moins d'une demi-heure après, ils atteignaient un petit village que les détours de la route et un bouquet de bois leur avaient caché jusque-là.

Par bonheur, ce petit village avait une auberge passable. Les deux jeunes gens mirent pied à terre, et bientôt le comte oublia ses passagères fatigues, devant un copieux repas, amplement arrosé de vieux vin de Volnay.

Malgré les instances de Roland, le fils de Geneviève refusa de manger. Il était souffrant, disait-il, et il se retira presque immédiatement dans la chambre qu'on avait préparée pour lui.

Là, au lieu de se jeter sur son lit pour se reposer, il s'assit devant une petite table en sapin, faisant partie du rustique ameublement de cette pièce, cacha son visage entre ses deux mains, et s'abîma dans de sombres et profondes réflexions.

Quand il releva la tête, on aurait pu voir sur son front contracté l'empreinte terrible, le sceau fatal, que jadis, sans doute, imprima le Seigneur au front du premier assassin, de Caïn, le fratricide !

Il était onze heures du soir.

Le comte Roland avait donné l'ordre au garçon de l'auberge de tenir les chevaux prêts, et de venir l'éveiller, à cette heure.

On alla prévenir Richard.

Il était tout habillé et descendit aussitôt.

Sa pâleur était tellement livide, que Roland ne put s'empêcher de la remarquer, et lui dit :

— Tu souffres donc toujours, mon frère ?

— Ce n'est rien, répondit Richard.

— Veux-tu que nous remettions notre départ à la

nuit prochaine? du moins ainsi tu pourrais te reposer.

— Non, non! fit vivement le fils de Geneviève, au contraire, partons à l'instant, ce sera mon meilleur remède, le grand air me fera du bien.

— Puisque c'est ainsi, en route!

— En route! répéta Richard en montant à cheval.

Il est impossible à la plume de donner une idée du calme solennel et de la sérénité majestueuse de la nuit pendant laquelle se passèrent les événements qu'on va lire.

Il n'y avait pas un nuage au ciel, éclairé à l'horizon par le croissant de la lune naissante, et qui, de l'Orient à l'Occident, s'illuminait de myriades d'étoiles, brillant semis de paillettes d'or, sur un manteau de couleur sombre.

La Saône, semblable à un ruban d'argent, roulait ses flots silencieux entre des rives de gazon.

La nature et les hommes, tout dormait.

Seulement, dans le lointain, on entendait par intervalles, faible comme un soupir contenu, les notes d'un cor de chasse, qui murmurait une fanfare.

Depuis deux heures à peu près, le comte Roland et son compagnon marchaient en silence et au pas, sans avoir rencontré un seul être vivant.

Le fils de Geneviève se tenait un peu en arrière, à une demi-longueur de cheval.

Ils arrivèrent à un endroit où la route se bifurquait.

La voie principale tournait à droite pour traverser un petit bois.

A gauche, au contraire, un étroit sentier pratiqué dans la prairie suivait la lisière de ce même bois, et rejoignait la grande route à peu près à une demi-lieue de là.

Roland s'engagea dans le sentier.

Ils firent environ deux cents pas.

L'endroit où ils étaient parvenus se trouvait resserré entre un mur bas et croulant, à moitié tombé dans le fossé qui bordait le bois, et la rive de la Saône, élevée de huit ou dix pieds.

Richard s'arrêta tout à coup.

— Mon frère, dit-il.

— Que veux-tu? demanda le comte en se retournant.

— Je crois que mon cheval est blessé, il boite.

— Ah! diable! fit Roland, ce serait fâcheux! mais peut-être est-ce peu de chose, un caillou dans le fer; il faut voir.

Et tout en parlant, il sauta à bas de sa monture.

Richard l'imita et attacha la bride de son cheval à une branche d'arbre qui faisait saillie au-dessus du sentier.

Roland, de son côté, en avait fait autant.

— De quel pied l'as-tu senti faiblir? demanda-t-il.

— Du pied de devant, hors montoir.

Le comte se pencha et souleva l'avant-bras du cheval, dont il examina le sabot en connaisseur.

— Je ne vois rien, dit-il, je ne sens même aucune chaleur dans le pied; c'est peut-être de l'épaule qu'il boite.

Tandis que Roland parlait ainsi, Richard s'était glissé derrière lui.

Il tira de sa poitrine et sortit de sa gaîne un petit couteau de chasse, long de huit pouces à peine, à la lame épaisse, triangulaire et affilée.

Au moment où M. de Villarcy allait se relever, il

lui enfonça cette lame tout entière entre les deux épaules.

— On m'assassine ! au secours ! à moi, Richard ! cria le comte, qui tomba sur ses genoux et s'affaissa sur le dos.

C'est alors qu'il vit au-dessus de sa tête la figure pâle du fils de Geneviève, le regardant d'un air égaré, et tenant encore le couteau qu'il avait arraché de la plaie.

— Toi ! Richard ! murmura-t-il. Oh !

Et il fit un effort pour se soulever, mais le sang coulait comme un ruisseau de son affreuse blessure ; il ne put faire un mouvement.

Il entr'ouvrit les lèvres et chercha à articuler quelques mots.

Un flot de sang jaillit de sa bouche, ses yeux tournèrent dans leur orbite, une convulsion faible fit tressaillir ses membres, et ce fut tout.

Il était mort.

Richard avait accompli la moitié de sa besogne, il se mit immédiatement à l'œuvre pour le reste.

D'abord, il lança au milieu de la rivière le couteau qui lui avait servi à consommer le meurtre.

Ensuite il visita soigneusement les poches de Roland, lui enleva ses bagues et ses bijoux, et le dépouilla de ses vêtements, dont il fit un paquet.

Il dessella le cheval que montait le comte, prit une des sangles, et s'en servit pour attacher une lourde pierre au pied du cadavre.

Cela fait, il souleva dans ses bras le corps déjà roidi, et s'avançant jusqu'au haut de la berge, le laissa tomber dans la Saône, dont l'eau calme et profonde se referma sur lui.

Et les étoiles du ciel éclairaient cette scène de leur douce lueur, et les notes du cor de chasse, redisant sa fanfare, retentissaient toujours au loin comme le soupir d'une nuit d'amour.

Richard n'en avait pas encore fini.

Il prit par la bride le cheval de Richard, et le fit reculer jusqu'à la rive.

Là il lui donna avec le mors une violente secousse.

Les pieds de derrière du pauvre animal glissèrent sur le talus rapide. Vainement, dans un suprême effort, il essaya de se cramponner au sol, la terre friable s'éboulant sous chacun de ses sabots ferrés, il roula jusqu'à la rivière en poussant un hennissement de douleur et d'effroi, et après avoir battu l'eau pendant quelques instants, il disparut à son tour dans les flots.

Richard mit dans les fontes de sa selle les riches pistolets du comte, puis il amoncela quelques fragments de bois mort, y joignit les vêtements de sa victime et y mit le feu.

Il descendit ensuite au bord de l'eau avec des précautions infinies. Il lava ses mains ensanglantées et son visage trempé de sueur, puis toute trace du crime ayant ainsi disparu, hors la mare de sang qui baignait le sol, mais que sécheraient les rayons du soleil naissant, il monta à cheval et partit au grand galop en criant d'une voix étouffée, dans un élan de joie féroce :

— L'avenir est à moi ! — Roland de Villarcy est mort ! vive Roland de Villarcy !

Les dernières paroles de Richard nécessitent une explication, quoique, sans aucun doute, tous nos lecteurs en aient compris le sens et la portée.

En effet, modifier violemment ce que la destinée avait fait et mal fait, selon lui, se substituer au comte assassiné, devenir en un mot Roland de Villarcy, tel avait été le but de Richard.

Et, si invraisemblable que puisse paraître un semblable résultat, les plans infâmes du fils de Geneviève devaient se voir cependant couronnés par un succès complet.

Ce succès s'expliquera d'ailleurs d'une façon que nous croyons satisfaisante pour ceux de nos lecteurs qui voudront bien, en parcourant le chapitre suivant, se rendre compte des moyens d'action qui se trouvaient à la disposition de Richard, et dont il sut faire usage avec la plus infernale habileté.

XVII

Richard.

Nous prions nos lecteurs de vouloir bien se transporter avec nous à Paris, trois semaines environ après le moment où se passaient les faits que nous venons de raconter.

Nous y retrouvons Richard.

Il était possesseur de la précieuse valise renfermant les titres de noblesse, les titres de propriété et les lettres de recommandation de Roland.

Personne, excepté ceux qui avaient connu le jeune comte, ne pouvait donc mettre en doute l'identité de Richard, et lui contester le nom qu'il avait pris.

Il fit un usage immédiat des lettres de recommandation, et fut accueilli partout comme devait l'être naturellement le représentant d'un beau nom et le possesseur d'une fortune magnifique.

Peu de jours après son arrivée, il écrivit au château de Villarcy qu'il venait d'avoir la douleur d'assister à l'agonie de Richard, *son frère d'affection*, mort la veille au soir dans ses bras, après une courte et douloureuse maladie.

Il s'étudia dans cette lettre à reproduire d'une façon exacte l'écriture de Roland.

Cela lui fut d'autant plus facile que les deux jeunes gens ayant eu le même maître dans leur enfance, il y avait dans leurs écritures une frappante analogie.

Puis, enfin, l'intendant auquel la lettre s'adressait n'était point grand clerc, et il serait tombé dans un piège moins habilement tendu.

La nouvelle de la mort de Richard passa du reste sans produire aucune sensation dans le pays. Nous savons qu'il n'avait pas de famille, et personne ne s'intéressait à lui.

Tout marchait au gré des désirs de Richard.

Il n'avait à craindre qu'un seul écueil, mais sur lequel pouvait sombrer la barque de sa fortune.

C'était de se trouver un beau jour face à face avec quelqu'un des gentilshommes voisins de campagne et compagnons de plaisir de Roland.

Mais dans ce temps un voyage à Paris n'était point, comme de nos jours, une chose toute simple, et il pouvait fort bien se faire que le péril que nous venons de signaler ne devint jamais sérieux.

Cependant Richard prit ses précautions.

D'abord, et une fois qu'il eut été accueilli et reconnu par un certain nombre de grands seigneurs comme le véritable comte Roland de Villarcy, il n'eut plus que des rapports assez peu fréquents avec le monde dans lequel sa position sociale semblait le destiner à vivre.

Puis, comme il avait soif de plaisirs et de voluptés, il se lança à corps perdu dans cette bohême de fils de famille en train de manger leur héritage en herbe, de chevaliers du lansquenet, de la bassette et du pharaon, moitié filous et moitié dupes de filles d'Opéra, de femmes galantes, etc., etc., etc.

Richard ne manquait ni d'esprit ni de bravoure ; il avait de l'argent et n'hésitait point à le dépenser sans compter ; il se fit donc une sorte de réputation pour ses bons mots, ses prodigalités ; mais ce renom de mauvais aloi ne dépassait guère le cercle de cette société équivoque dont il était un des héros.

Un jour il disparut, et pendant deux ans on n'entendit plus parler de lui.

Voici ce qui lui était arrivé :

Un certain soir, comme il était dans un brelan, en train de gagner quelques centaines de pistoles, il leva les yeux par hasard, et vit en face de lui, de l'autre côté de la table, quelqu'un qui le regardait fixement, dont l'aspect le déconcerta à un tel point qu'il changea soudain de figure, et fut au moment de laisser tomber ses cartes.

Cependant il vint à bout de faire assez bonne contenance, et l'on comprendra que ce ne dut point être sans peine, quand on saura qu'il avait reconnu, dans la personne qui l'examinait avec une si grande attention, le marquis de Boismorand, jeune gentilhomme du Dauphiné, un des amis les plus intimes de Roland de Villarcy.

Sitôt qu'il fut possible de quitter la partie sans affectation, il se leva, et, se faufilant au milieu des groupes, chercha à gagner une issue et à s'esquiver.

Mais au moment où il arrivait à la porte, il sentit une main se poser sur son épaule et une voix qu'il reconnut aussitôt lui dit avec un accent dauphinois incontestable :

— Eh ! non, mordioux ! je ne me trompe pas ! c'est ma foi bien vous, maître Richard !

— Monsieur le marquis, j'ai l'honneur de vous saluer,

répondit le jeune homme qui venait de prendre un parti.

— Je suis en vérité bien aise de vous voir, mon garçon! fit M. de Boismorand. Je crois me souvenir vaguement avoir entendu dire à l'intendant de Villarcy que vous étiez mort, et j'ai grand plaisir à m'assurer par mes propres yeux du contraire.

— Monsieur le marquis est bien bon, et je l'en remercie.

— Il n'y a vraiment pas de quoi, d'autant que vous allez me rendre un service.

— Ce sera pour moi une précieuse faveur.

Tout en parlant, Richard avait amené son interlocuteur sur l'escalier, et le conduisait insensiblement jusqu'à la rue.

— De quel service voulez-vous parler, monsieur le marquis?-reprit-il.

— Il s'agit de me dire à quelle heure il est possible de rencontrer chez lui votre maître?

— Mon maître! s'écria Richard, dont les joues s'empourprèrent et dont le regard étincela de colère.

— Je parle du comte Roland, continua Boismorand, sans remarquer l'émotion de Richard.

— Je n'ai pas de maître, monsieur le marquis, répondit ce dernier en s'efforçant de se contenir.

— Au fait, répliqua le provincial, j'aurais dû deviner que vous n'étiez plus au service du comte, en voyant votre costume de gentilhomme, et la façon toute galante dont vous semiez tout à l'heure l'or sur les tapis verts! Savez-vous bien que vous avez presque des allures de seigneur!

— Vous trouvez, monsieur le marquis?

— Ma foi, oui! Peste! mon garçon, il paraît que nous avons fait fortune à Paris.

— Peut-être bien!

— Tant mieux ! mais je vous dis là des balivernes, je ne sais pourquoi. Pouvez-vous répondre à ma question de tout à l'heure ?

— J'ignore complètement que vous m'ayez fait une question.

— Je vous ai demandé à quelle heure je pourrais rencontrer le comte Roland. J'ai passé trois fois chez lui sans le trouver jamais.

— C'est cela que vous voulez savoir ?

— Oui.

— Eh bien ! envoyez un laquais s'en informer : je ne suis pas à vos ordres.

Richard et le marquis étaient alors à cent pas de la maison de jeu, en pleine rue et sous un réverbère.

— Savez-vous, maraud ! s'écria M. de Boismorand, blessé du ton de Richard, savez-vous que vous me parlez avec une singulière impertinence !

— Ah ! vous avez remarqué cela ! répliqua le jeune homme en ricanant.

— Sans doute !

— Et n'auriez-vous point aussi remarqué, monsieur le marquis, que je porte une épée ?

— Oui, mordioux ! et je m'en étonne ! Une épée ! à vous ! pourquoi faire !

— Pour corriger les insolents, monsieur le marquis !

— Vous dites ?

Richard répéta sa phrase.

— Et quels sont-ils ces insolents ? demanda Boismorand.

— Vous d'abord !

— Mon cher garçon, vous êtes très-drôle, et je suis en vérité bien aise de ne pas avoir de canne sous la main, car je ne pourrais résister au désir de vous la casser sur le dos.

— Et moi, monsieur le marquis, je désire si vivement vous enfoncer trois pouces de fer dans la poitrine, que je vais m'en passer la fantaisie.

Tout en parlant, Richard avait tiré son épée.

— Un duel! fit le gentilhomme en riant à gorge déployée. Allons donc! est-ce que nous nous battons avec des *espèces!!!*

Ces derniers mots n'étaient pas prononcés, que Richard avait fouetté du bout de sa lame le visage du marquis, qui bondit de colère et se mit en garde, oubliant la qualité de l'homme qui venait de l'insulter et ne voyant plus que l'outrage.

Richard recula jusque dans une petite ruelle déserte où il attira son adversaire.

Là, les deux épées se croisèrent.

Le résultat de ce combat est prévu.

Après une courte lutte, le marquis tomba frappé à mort, et Richard, pour être bien sûr d'en avoir à tout jamais fini avec cet homme qui pouvait le perdre, lui traversa deux fois la gorge de la pointe de son arme avant de se retirer.

Pourtant, cette aventure l'effraya pour l'avenir.

Il ne savait point si le marquis était venu seul à Paris ; il tremblait de rencontrer sur sa route quelque autre gentilhomme dont il serait également connu, et, comme il ne contestait point la valeur de cet axiôme bien connu :

« Qui s'expose au danger y périra ! »

il résolut de se soustraire au péril par une prompte fuite.

En conséquence, il emprunta une somme considérable sur les domaines de Villarcy ; il acheta une berline, envoya quérir des chevaux de poste, et partit pour l'Italie.

Il n'entre point dans le plan de ce récit de suivre

Richard au milieu de mille aventures de ses voyages, qui durèrent deux ans.

Ce temps passé, il jugea qu'il pouvait, sans grand inconvénient, revenir à Paris, et là, il se lança de plus belle dans la vie folle et dissipée dont il avait doublement besoin.

Et ce n'est point sans raison que nous nous servons ici de ce mot : *doublement*.

Il fallait à Richard le fracas tumultueux de l'orgie, le bruit des verres qui se choquent et qui se brisent, la mousse du champagne sur de blanches épaules, le cliquetis des dés qui tournent, le son provoquant de l'or qui roule, et la vue des cartes qui tombent, et les baisers des filles d'amour ; d'abord parce que tout cela était l'un des besoins principaux de sa nature ardente et sensuelle... mais ensuite, et surtout, parce que tout cela l'étourdissait, l'aidait à oublier, et qu'il cherchait par tous les moyens, bien souvent sans y parvenir, à oublier et à s'étourdir.

A mener cette vie, Richard, ou plutôt Roland de Villarcy (car à l'avenir nous lui donnerons seulement ce nom, sous lequel il était connu), ébrécha rapidement sa fortune.

De folie en folie, d'emprunt en emprunt, il arriva à avoir hypothéqué ses domaines pour une somme au moins égale à leur valeur, et il en fut réduit à vivre d'industrie.

Il s'en tira d'ailleurs à merveille. Personne ne soupçonna sa ruine. Le jeu, peut-être encore d'autres ressources clandestines et plus honteuses, lui permirent de ne rien retrancher à son faste et à sa dépense.

Il courut plus que jamais les ruelles et les tripots, et

c'est dans l'un d'eux, comme nous l'avons déjà dit au commencement de ce livre, que le fils de Geneviève, devenu le comte Roland, avait fait la connaissance du marquis Hector de Cout-Kérieux, le héros de notre histoire.

XVIII

Le nœud d'une intrigue.

On se souvient, du moins nous aimons à l'espérer, que, lorsque nous avons momentanément abandonné M. de Cout-Kérieux, c'est-à-dire vers le milieu à peu près de la deuxième partie de ce livre, Roland, qui le quittait dans les couloirs de l'Opéra pour aller souper chez sa danseuse, venait de lui promettre d'aller passer la soirée du samedi suivant chez la marquise Diane de Lormois, à laquelle Hector, bien malgré lui, venait de le présenter.

Roland avait pris en outre l'engagement d'honneur de ne jamais sortir avec Diane des limites de la plus simple galanterie, et d'éviter de nuire au succès des platoniques amours d'Hector, ou même d'exciter sa susceptible jalousie, en attirant sur lui-même les bienveillants regards de la jolie marquise.

Comme, dans le moment dont il est ici question, le comte de Villarcy était fort épris de Manuela l'Espagnole, qui avait succédé dans son cœur à Albertine, l'autre fille d'Opéra pour laquelle il s'était battu, peut-être était-il de bonne foi en faisant la seconde des deux promesses que nous venons de remettre sous les yeux de nos lecteurs.

Cependant, nous ne prenons point sur nous de l'affirmer.

Le samedi soir arriva.

Roland, qui n'avait, pour cette soirée, ni projet fait d'avance, ni partie convenue ; qui précisément boudait Manuela, véhémentement soupçonnée par lui d'avoir fait des avances fort inconsidérées à un mousquetaire rouge, et de s'être compromise la veille, en dansant son pas, jusqu'à envoyer un baiser, du bout de ses doigts roses, à un cent-suisse doué de formes herculéennes, Roland, disons-nous, se souvint, entre deux bâillements, de l'invitation de Diane, et se dirigea vers l'hôtel Lormois, comptant s'ennuyer fort, car, vu sa grande habitude de la mauvaise compagnie, le monde aristocratique ne lui plaisait que très-médiocrement.

A peine arrivé chez Diane, il se fit dans le cours de ses idées un revirement complet.

D'abord, la souveraine beauté de la jeune femme lui porta à la tête comme un vin capiteux, et, pour nous servir du style maniéré de l'époque, l'éblouit ainsi que l'eussent fait les rayons du soleil.

Puis ensuite, la splendeur des salons, la merveilleuse élégance des ameublements, la richesse des livrées, enfin les mille détails de la fête, tout ce luxe, tout ce bon goût, simple en apparence, mais horriblement cher en réalité, témoignaient d'une fortune immense.

Une pensée nouvelle traversa l'esprit de Roland, et s'en empara bientôt entièrement.

Voici cette pensée dans sa nudité hideuse :

Se faire aimer de Diane, spéculer sur cet amour, et se faire payer chèrement sa discrétion, quand il y aurait entre eux un coupable secret.

Quelques courtes réflexions morales nous semblent ici nécessaires.

N'ayez point peur, nous serons bref.

Certes, nous n'avons pas la prétention de voir en beau notre siècle.

Certes, nous ne disons point, avec le docteur *Pangloss*, que tout est pour le mieux dans le meilleur des mondes possibles.

Nous croyons connaître notre époque aussi bien que qui que ce soit.

Nous avons, à plus d'une reprise, soulevé le manteau qui voile ses plaies et ses ulcères.

Nous avons exploré ses boues.

Nous avons fouillé dans les égouts de ses vices.

Et pourtant, nous devons l'avouer, rien ne nous a paru plus rare que l'ignoble calcul de Roland de Villarcy, calcul qui pourrait se formuler ainsi : *l'Exploitation de la femme par l'homme.*

Il faut presque, pour rencontrer de semblables faits, descendre jusqu'à ces hommes qui, n'ayant pas de nom dans notre langue, ont été obligés d'en emprunter un au vocabulaire de la science ichtyologique.

C'est une anomalie, que de voir un homme appartenant au monde dans lequel nous vivons, faire d'un secret de cœur une spéculation honteuse, et battre monnaie avec l'amour, ou avec la crainte qu'il inspire.

Si quelque misérable ose encore l'essayer, et si le hasard vient à divulguer sa honte, il n'y a qu'une voix pour le flétrir, et les plus dissolus le renient et le repoussent.

Nous nous plaisons à le confesser, c'est un progrès, un progrès immense.

A l'époque que nous avons choisie pour servir de cadre aux événements de notre récit, c'était chose commune, et parfaitement acceptée par une morale plus que facile, que de voir un gentilhomme, souvent possesseur d'un grand nom, mais ruiné jusqu'à la corde par les folies d'une jeunesse orageuse, vivre splendidement, grâce à la bourse toujours ouverte de deux ou trois vieilles coquettes, riches et dupées.

L'une soldait les mémoires du sellier et du carrossier.

L'autre subvenait aux dépenses de la toilette, et comptait avec les bijoutiers, parfumeurs, coiffeurs, etc.,

La troisième, enfin, remplissait d'or les poches des habits fournis par ses grotesques rivales, payant ainsi sans le savoir quelque impure ou quelque grisette, avec laquelle le beau gentilhomme les trompait toutes les trois.

Et si ces mœurs exorbitantes nous font taxer d'inexactitude ou d'exagération, nous sommes tout prêt à fournir les pièces à l'appui de ce que nous avançons.

Fouillez les mémoires, les épigrammes, les pamphlets du temps.

Parcourez les comédies de Regnard, celles mêmes que le Théâtre-Français a conservées au répertoire;

Lisez surtout les petites pièces de Dancourt : *le Chevalier à la mode*, *l'Été des Coquettes*, *les Bourgeoises à la mode*, etc., etc.

Nous n'en finirions pas si nous voulions citer.

Du reste, nous croyons avoir atteint le but que nous nous proposions, et qui n'était autre que de prouver à nos lecteurs que nous n'inventions rien en fait de corruption, et que bien loin de nous était la pensée de faire de l'immoralité à plaisir.

Le plan du comte Roland était simple.

Il ne s'agissait que de plaire à Diane, et dans l'esprit du roué habitué aux faciles succès en amour, la réussite ne se présentait point seulement comme probable mais bien et tout d'abord comme certaine.

Il ne se faisait point faute d'ailleurs d'interpréter favorablement le vif désir que Diane lui avait témoigné, peu de jours auparavant, de le recevoir chez elle.

De plus, il croyait lire un encouragement non équivoque dans l'expression des regards qui répondaient aux siens, quand ses yeux rencontraient ceux de la marquise.

Avait-il tort ? Avait-il raison ?

C'est ce que l'avenir nous apprendra.

Quittons, s'il vous plaît, le comte de Villarcy pour un instant, et rejoignons le marquis de Cout-Kérieux.

Deux jours environ après la soirée du samedi, Hector se dirigea du côté de la rue des Tournelles.

Trois heures de l'après-midi sonnaient à l'horloge de l'église Saint-Paul, au moment où il arrivait à la porte de l'hôtel Lormois.

Un gros suisse, poudré et galonné, ventru comme un personnage de Rabelais, rouge de trogne comme un buveur de Téniers, se pavanait devant la porte de sa loge.

Il salua très-respectueusement Hector.

— Madame la marquise est-elle à l'hôtel ? demanda ce dernier.

— Oui, monsieur le marquis, répondit le suisse.

Hector monta le large escalier, tout embaumé des fleurs les plus rares, qui conduisait aux appartements de Diane.

Il arriva dans l'antichambre.

Trois valets de pied en grande livrée jouaient au biribi et se trichaient les uns les autres.

Il se levèrent en toute hâte à l'aspect du jeune homme, et l'un d'eux s'approcha de lui avec une très-humble révérence.

— Annoncez le marquis de Cout-Kérieux, dit Hector.

18

— Pardon, fit le valet, mais je ne puis annoncer monsieur le marquis, madame la marquise est sortie.

— Ah !... fit Hector, elle est sortie !...

— Oui, monsieur.

— Vous en êtes sûr ?

— Parfaitement sûr ; madame la marquise a demandé son carrosse, il y a à peu près une demi-heure. Je ne comprends pas que le suisse ait donné à monsieur le marquis la peine de monter !

Devant une affirmation aussi positive, il n'y avait qu'à se retirer.

C'est ce que fit le jeune homme, mais non sans chagrin, sans soupçons et sans inquiétudes.

Mille pensées confuses, mille chimères, comme les amoureux s'en forgent à tout bout de champ, traversèrent en un instant son esprit.

Si l'on avait pu mettre en ordre et pour ainsi dire *numéroter* ces pensées diverses, voici quel eût été à peu près le résultat obtenu :

Nous faisons juges de l'exactitude de ce résultat tous les jaloux, qui, en arrivant chez leur maîtresse, dans des conditions semblables, ont trouvé porte close.

1° On vient de me dire deux choses ; laquelle est la vraie ?

2° Qui s'est trompé ? Est-ce le portier ? est-ce le valet ?

3° Diane est-elle réellement absente ?

4° Ou bien, a-t-elle donné l'ordre de ne point recevoir ?

5° Cet ordre est-il général ?

6° Ou n'aurait-elle pas plutôt procédé par exclusion, et donné cet ordre pour moi seul.

7° C'est cela, sans aucun doute ! elle me ferme sa

porte, pour me faire bien comprendre que mes visites lui déplaisent.

8° Mais alors, c'est qu'elle ne m'aime plus ! qu'elle ne m'a même jamais aimé !

9° Si elle en aimait un autre !

10° Malédiction !

11° Après tout, peut-être est-elle sortie.

12° Il est très-probable qu'elle est sortie.

13° Cependant, le suisse m'a affirmé...

14° Oui, mais le suisse dormait dans sa loge quand elle a passé. Cet homme ressemble à un tonneau ; par conséquent, il doit être ivre à perpétuité, et ne jamais savoir ce qu'il dit.

15° Sans aucun doute, la marquise est sortie ! c'est positif ! c'est évident !

16° Mais alors, il n'y a pas d'exclusion ?

17° Mais alors, elle n'a jamais cessé de m'aimer !

18° Elle m'adore ! elle m'adore plus que jamais ?

19° Je n'ai pas de rival !

20° Je suis le plus heureux des hommes !

. . . .
. . . .

Et cætera, et cætera, et cætera...

Cette révolution d'idées et d'impressions multiformes se fit dans l'esprit du jeune homme en bien moins de temps qu'il ne nous en a fallu pour la mettre sous les yeux de nos lecteurs.

Comme, d'ailleurs, il n'avait aucun moyen d'éclaircir ses doutes, si toutefois il lui en restait, il fit de nécessité vertu, et quittant l'antichambre, il reprit assez gaillardement le chemin du grand escalier.

Il allait mettre le pied sur la première marche, quand, dans sa préoccupation, il heurta presque une jeune femme qui montait vivement.

Le premier mouvement d'Hector fut de se rejeter en arrière.

Le second fut de regarder l'inconnue.

Il tressaillit tout aussitôt, car il reconnut, à n'en pouvoir douter, les jolis traits de la jeune fille qu'il avait vue une fois déjà, dans le corridor qui menait au logis de maître Lepicard, et que, devant lui, l'ex-valet de chambre du duc de Richelieu avait nommée Mariette.

— Vous ici, mademoiselle, dit-il avec un certain étonnement.

La jeune fille ainsi interpellée s'arrêta, se retourna à demi, car elle avait déjà dépassé le marquis, abaissa ses longues paupières sur ses beaux yeux, et laissant tomber sur Hector un regard demi-voilé, demi-moqueur, un regard de soubrette enfin, elle répondit d'une voix de fausset évidemment contrefaite :

— Est-ce que c'est à moi que vous parlez, monsieur ?

— Sans doute.

— Alors, qu'est-ce que vous me voulez ?

— Vous ne me reconnaissez donc pas ?

— Moi ?

— Vous.

— Non, certainement, puisque je ne vous ai jamais vu !

— Mais vous vous trompez, mademoiselle...

— Je ne crois pas, monsieur.

— Il n'est pas possible que vous ayez oublié...

— Quoi donc ?

— Que nous nous sommes rencontrés déjà.

— Je n'ai pas de mémoire !

— J'aiderai vos souvenirs.

— A quoi bon ?

— J'y tiens. Souvenez-vous de la rue du Mail...

— Après ?

— Du néméro 30, et de M. Guillaume Lepicard, chez qui vous sortiez.

— Voilà tout...

— N'est-ce point assez ?

— Non certes, et bien décidément, monsieur, vous me prenez pour une autre.

Tout en parlant, la jeune fille fit un léger détour, et glissant à côté d'Hector, elle entra dans l'antichambre.

— Allons, pensa le marquis, cette fois encore je me suis trompé ! Mais il faut convenir que je suis poursuivi sans cesse par de bien étranges ressemblances !

Et il se mit à descendre l'escalier.

Son pied touchait à la dernière marche, quand le jeune homme entendit un pas léger derrière lui, et quand une petite voix douce murmura au-dessus de sa tête :

— Psit ! psit ! monsieur... attendez-moi donc !

Il se retourna et vit, non sans surprise, qu'il était poursuivi par la gentille inconnue.

Alors eut lieu la contre-partie de la scène précédente,

— Est-ce à moi que vous en voulez, mademoiselle, demanda-t-il, prenant ainsi sa revanche de la réponse qui lui avait été faite par la jeune fille, peu d'instants auparavant.

— Monsieur, lui dit-elle tout bas et d'une voix rendue haletante soit par l'émotion, soit par la vitesse de sa course, monsieur je suis la femme de chambre de madame.

— Quelle *madame?* demanda Hector.

— La marquise Diane de Lormois.

— Ah ! fit le jeune homme.

— Et je vous avais bien reconnu tout à l'heure...

— Vous ?

— Sans doute.

— Vous oubliez donc, dit Hector en souriant,

vous oubliez donc que vous ne m'avez jamais vu !

La soubrette, au lieu de répondre, baissa les yeux en rougissant avec une petite moue très-gentille.

— Vous vous êtes trompée *tout à l'heure* ou vous vous trompez *à présent*, continua le marquis ; entre ces deux erreurs, choisissez.

— Dame ! c'est difficile de choisir..... ça sera celle que vous voudrez....

— J'aime mieux que ce soit celle de *tout à l'heure*.

— Moi aussi.

— Pourquoi.

— Parce que ça se rapproche plus de la vérité.... du moins je le crois.

— Et moi j'en suis sûr ! mais dites-moi, je vous prie, quelle est la raison, bonne ou mauvaise, qui vous empêchait de convenir que c'était bien vous que j'avais rencontrée il y a quelque temps !

— Dame ! j'espérais...

— Quoi donc ?

— Qu'en m'entendant nier le fait, vous vous figureriez vous être trompé...

— Très-bien, et je dois avouer que vous avez failli réussir. Mais vous aviez sans doute un but en espérant cela ?...

— Certainement !

— Lequel ?

Mariette baissa de nouveau les yeux et ne répondit pas.

— Je devine ! reprit Hector en riant.

— Quoi donc ? fit vivement la soubrette en attachant sur le marquis un regard curieux et inquiet.

— Ç'avait été, du reste, ma première idée le jour où je vous vis là-bas... et M. Guillaume Lepicard...

— Vous dites ?... demanda Mariette, voyant qu'Hector s'interrompait.

— Peste ! continua le jeune homme, c'est un heureux coquin !
— Je ne comprends pas, monsieur !
— Cela me paraît cependant assez clair !
— Expliquez-vous mieux, je vous en prie.
— Vous voulez que je mette les points sur les i ?...
— Oui, monsieur.
— Eh bien ! puisque vous m'y forcez, je veux dire que plus d'un jeune seigneur s'estimerait heureux d'obtenir de vous les mystérieuses faveurs que vous réservez sans doute à maître Lepicard.
— Oh ! monsieur, répliqua vivement Mariette, dont les joues et le front devinrent pourpres, oh ! monsieur, pouvez-vous croire !...
— Est-ce que cela n'est pas ?
— M. Lepicard ! lui ! par exemple !
— Cependant...
— Vieux comme il l'est, et pas beau du tout, ni grand seigneur ; ah ! fi donc.

Une marquise n'aurait point prononcé ce *fi donc!* avec un plus grand air.

Hector, un peu ébranlé dans sa croyance, mais non encore convaincu, reprit :

— Il est vieux et laid, c'est vrai ; vous êtes jeune et jolie, c'est encore plus vrai ; mais ce n'est pas une raison concluante pour...
— Si, monsieur ! interrompit Mariette.
— Enfin, expliquez-moi...
— Rien !... Je ne puis ni ne veux rien vous expliquer ; mais je puis et je veux vous demander quelque chose...
— A moi ?
— A vous.
— Vous ne sauriez me faire un plus grand plaisir ! De quoi s'agit-il ?

— Mais ne me refuserez-vous point ?
— Non, sans doute !
— Promettez-le-moi.
— Le puis-je sans savoir de quoi il est question.
— Vous le pouvez.
— Mais si ce que vous me demandez est impossible ?
— C'est, au contraire, très-possible, et, je dirai plus, très-facile.
— Allons, soit, j'agis en aveugle !...
— Vous promettez ?...
— Je promets.
— Vous jurez ?
— Je jure ! mais, au nom du ciel ! parlez, quel est donc ce mystère ?
— Il s'agit tout simplement de me garder le secret...
— Le secret ! je n'en sais pas qui vous concerne.
— Pardon.
— Lequel donc ?
— Celui de notre rencontre.
— Ah ! il ne faut pas dire...
— Que vous m'avez vue rue du Mail ? Non, monsieur, à personne au monde, et surtout à madame la marquise.
— Fort bien ; mais, puisque M. Lepicard n'est pas votre amant, pourquoi diable avez-vous si peur ?...
— Ceci me regarde. J'ai votre parole et je compte que vous n'y manquerez pas.
— Non, sans doute, mais à une condition.
— Une condition, soit !... Laquelle ?
— Je vais vous le dire, mais d'abord promettez de l'accepter.
— Le puis-je sans savoir ?..
— Très-bien.
— Cependant...

— Oubliez-vous que je n'en savais pas plus que vous tout à l'heure, et que j'ai consenti ?...
— Allons ! je ferai comme vous.
— Vous promettez...
— Oui.
— Vous jurez ?
— Je jure !... Et maintenant, de quoi s'agit-il ?
— De parler de moi à votre maîtresse.
— Oh ! monsieur !... et que voulez-vous que je lui en dise ?...
— Mais, tout ce qui vous passera par la tête : que je la trouve la plus belle et la plus charmante de toutes les femmes, que j'en suis très-passionnément épris, que ses rigueurs me rendront fou, et que, dans un moment de folie, quelque acte de désespoir peut me pousser à mettre fin à mes jours....
— Quelle horreur ! J'espère bien que tout cela n'est pas vrai.
— Tout cela est, au contraire, de la plus affligeante exactitude.
— Et vous avez la prétention que j'aille répéter...
— Sans doute... de temps en temps... le soir et le matin, par exemple, en habillant et en déshabillant madame la marquise.
— Si peu que cela !
— Mon Dieu, oui !
— Je suis fâché de vous le dire, mais vous comptez sans votre hôte ; je n'en ferai rien !
— Pourquoi donc ?
— Pour une foule de raisons, toutes meilleures les unes que les autres.
— Voyons un peu...
— Je n'ai pas le temps...
— Une minute, je vous en prie !... J'espère au moins, mademoiselle, que vous ne refuserez pas de faire mon

éloge devant votre maîtresse, et de lui rappeler mon nom.

— Ceci est différent.

— Ainsi, vous consentez?...

— Oui; mais je pense à une chose.

— Laquelle?

— Je ne le sais pas, votre nom, monsieur.

— C'est juste... Je m'appelle Hector, marquis de Cout-Kérieux.

— Je m'en souviendrai... je tâcherai du moins, car il n'est pas des plus faciles à retenir, ce nom-là.

— Tenez, mon enfant, prenez ceci, et gardez-le comme souvenir et pour l'amour de moi.

Et, tout en parlant, Hector mit dans la main de Mariette une petite bourse brodée, qui contenait une douzaine de pièces d'or.

La soubrette fit quelques façons pour accepter la bourse, qu'elle prit néanmoins, et elle répondit, tout en faisant une grande révérence.

— Mais, en vérité, monsieur le marquis... je ne sais... si je dois...

— Vous devez, n'en doutez point, d'ailleurs, c'est moins que rien.

— Cependant...

— Pas un mot de plus, ou bien je croirais que vous avez l'intention de me blesser par un refus.

— Alors je me tais.

— Et Mariette fit couler lestement la bourse dans la poche de son tablier.

— A bientôt, ma petite.

— Au revoir, monsieur le marquis.

— N'oubliez pas votre promesse.

— Et vous, souvenez-vous de la vôtre.

— Vous avez ma parole de gentilhomme... Je serai muet comme la tombe.

Et, tandis qu'il disait ces mots, Hector descendit les dernières marches de l'escalier.

Mariette se pencha sur la rampe pour le voir s'éloigner.

— Il disparut bientôt sous la voûte qui menait à la porte cochère.

— Pauvre garçon! dit la soubrette en secouant la tête d'un air triste; pauvre garçon! c'est dommage! mais qu'y faire?

Et elle regagna l'antichambre.

Hector avait fait vingt pas à peine dans la rue des Tournelles, quand un carrosse passa à côté de lui, au grand trot de deux chevaux gris pommelés et s'arrêta devant la porte de l'hôtel Lormois.

— Serait-ce Diane? se demanda le jeune homme.

Et pour avoir une réponse à cette question, il s'arrêta et se retourna.

Ce ne fut point la marquise, mais bien le comte Roland de Villarcy, qui descendit de carrosse.

— Voilà qui est étonnant! se dit Hector, j'ai vu le comte Roland hier au soir, et il ne m'a point parlé de ce projet de visite.

Et, tout en réfléchissant à cette apparence de mystère, Hector se rapprocha quelque peu de l'hôtel.

— Au reste, ajouta-t-il presqu'à haute voix, puisque madame de Lormois n'est point chez elle, Roland va ressortir, et je lui parlerai.

Hector regarda sa montre.

Elle marquait trois heures et demie.

— Je donne quatre minutes à Roland, se dit le marquis, le temps de monter, de parler à un valet de pied et de redescendre.

Et il se mit à se promener de long en large, nous ne dirons pas *sur le trottoir*, il n'y en avait pas à cette époque, mais au bord de la rue, dans un endroit où le pavé était sec.

Quand il regarda de nouveau sa montre, elle marquait trois heures trente-cinq.

— Diable ! pensa Hector, ceci est bizarre ? Le comte Roland aurait-il, comme moi, rencontré la camériste de Diane !

Cinq minutes se passèrent encore...

Puis cinq autres...

Et Roland ne ressortait pas...

La patience d'Hector était à bout. Il avait achevé la revue de tous les motifs plus ou moins probables qui pouvaient, selon lui, motiver le retard du comte de Villarcy. La colère et la jalousie, ces deux terribles sœurs, s'éveillèrent à la fois dans son âme, y secouant tous leurs serpents, y distillant tous leurs venins.

Le marquis se cramponna de nouveau à la logique des raisonnements jaloux que nous avons *numérotés* pour nos lecteurs dans l'un des précédents chapitres, et il arriva à cette conclusion, que, puisque la marquise fermait pour lui la porte qu'elle ouvrait à Roland, c'est que Roland et elle étaient d'intelligence, et qu'il était par conséquent tout à la fois, trompé dans son amour et dans son amitié.

— Mais, ajouta-t-il intérieurement, cela ne se passera pas ainsi ! je me vengerai, je le jure ! je me vengerai de tous les deux, ou j'y perdrai mon nom !

Et il reprit avec une fureur croissante et convulsive sa promenade devant l'hôtel.

La station fut longue.

Cinq heures sonnaient au moment où le comte Roland reparut.

Que l'on calcule, si l'on se sent capable de le faire, l'intensité que doit avoir atteint un paroxysme de colère jalouse, après une heure et demie d'attente.

Quant à nous, nous estimons qu'une machine à vapeur de la force de vingt-cinq chevaux doit rester de beaucoup en arrière, pour les résultats possibles.

Hector vint à bout cependant de commander à sa figure et à sa démarche une apparence de calme.

Roland s'apprêtait à remonter en voiture.

Hector s'approcha de lui.

— Monsieur le comte.... dit-il d'une voix un peu tremblante, en lui touchant l'épaule.

Roland se retourna vivement.

Son visage prit une expression joyeuse, au moment où son regard rencontra celui du marquis de Cout-Kérieux.

— Ah ! bah ! mon très-cher, s'écria-t-il, te voilà.

— Deux mots, je vous prie, dit Hector.

— Vingt, si tu veux, répondit le comte, feignant de ne point remarquer le ton inaccoutumé du marquis ; mais d'abord, donne-moi de tes nouvelles... comment vas-tu ?

— Monsieur... commença Hector.

— Serais-tu souffrant, par hasard, et veux-tu monter dans mon carrosse ? Je te trouve, en te bien examinant, une figure de l'autre monde ! ne te serait-il point arrivé, par hasard, quelque chose de fâcheux !

— Il ne s'agit point de moi...

— Ah ! ah ! et de qui donc ?

— De vous, monsieur !

— De moi ! fit Roland avec un étonnement fort bien joué.

— Oui, monsieur, de vous ! il s'agit de me rendre des comptes ! de m'expliquer votre façon d'agir !

— Ma façon d'agir ! deviens-tu fou, mon cher, ou prends-tu l'habitude, comme le *Mercure galant*, de parler en énigmes ?

— Vous me comprenez à merveille...

— Point, je t'assure...

— Et je trouve étrange que vous feigniez de ne me pas entendre, quand je viens vous demander compte d'une trahison indigne !

— Plaisantez-vous? demanda M. de Villarcy, dont le ton changea tout à coup.

— En ai-je donc l'air? répondit Hector.

— C'est que, voyez-vous, si c'était une plaisanterie, je dois vous déclarer que je la trouverais d'infiniment mauvais goût ! Cependant, je serai bon prince. Veuillez donc m'expliquer ce que vous avez, ou plutôt, ce que vous croyez avoir à me reprocher, et ensuite, si cela vous convient, nous irons faire un tour et échanger un coup d'épée, au cloître Saint-Benoît. J'attends!

L'embarras d'Hector fut grand, nous devons le dire, en se voyant ainsi mis au pied du mur, et forcé d'articuler nettement un grief positif ; car enfin il n'avait guère, jusqu'alors, que la certitude morale et sans preuves irrécusables de la trahison du comte Roland.

Cependant, après un instant d'hésitation, il répondit :

— Ne savez-vous point, monsieur le comte, que j'aime la marquise, Diane de Lormois ?

— Si, pardieu !

— Ne vous êtes-vous point engagé sous serment, et avec toute l'apparente loyauté qui convient entre gentilshommes, je dirai plus, entre amis, car nous l'étions ; ne vous êtes-vous point engagé, disais-je, à vous abstenir de toutes tentatives ayant pour but de me supplanter dans le cœur de madame Diane ?

— Oui, certes ! mais je ne vois pas encore très-bien, je l'avoue, où vous voulez en venir.

— A ceci, qu'il y a près de deux heures, m'étant présenté chez madame de Lormois, j'ai trouvé sa porte fermée. Vous êtes arrivé dix minutes après moi, et vous avez été reçu. Que conclure de tout cela, je vous prie?

Roland, en entendant ces paroles, partit d'un éclat de rire si joyeux et si franc, que les convictions d'Hector en furent aussitôt ébranlées.

— Ah! ah! ah! s'écria le comte dès que son accès d'hilarité se fut un peu calmé; ainsi, mon pauvre garçon, voilà l'unique cause de la scène ridicule que tu es venu me faire tout à l'heure!

— N'est-ce donc point assez?

— En vérité, mon très-cher, je devrais, pour t'apprendre à douter ainsi d'un ami, je devrais te laisser quelque temps dans l'inquiétude où je te vois; mais j'ai pitié de ta jalousie, et je vais parler...

— A la bonne heure!

— Mais comme voici déjà longtemps que nous faisons de grands gestes au beau milieu de la rue, et que je trouve fort ridicule d'initier les badauds à ce que nous pouvons avoir à nous dire, tu vas me faire le plaisir de monter dans ma voiture; je te conduirai ou chez toi, ou chez moi, ou partout ailleurs, à ton choix, et chemin faisant nous nous expliquerons.

— Mais... fit Hector.

— Il n'y a pas de *mais*! en voiture, ou je me tais.

— Eh bien! soit! répondit le marquis en montant dans le carrosse de Roland.

— Je n'abuserai point de ta patience, dit ce dernier aussitôt qu'il eut pris place à côté de M. Cout-Kérieux, je commence :

« Prête-moi donc, mon cher, une oreille attentive,
Et chasse de ton front cette ombre... intempestive! »

« Or, figure-toi qu'il y a environ deux heures, mais tu sais cela aussi bien que moi, j'arrive chez madame la marquise de Lormois, à qui je devais une visite, puisque j'avais été invité à sa dernière soirée. Je suis introduit, et tout en saluant la maîtresse de la maison, je ne puis m'empêcher de lui trouver un air infiniment soucieux. J'ose lui demander quelle est la cause des nuages qui obscurcissent ses jolies traits, et elle me répond, tout en minaudant :

« — En vérité, monsieur le comte, je dois être maussade à faire peur, car je suis horriblement contrariée !

— De quoi donc, madame la marquise ?

« — Des sottises de mes gens.

« — Qu'ont-ils donc fait qui mérite votre courroux ?

« — Mille gaucheries, plus impardonnables les unes que les autres.

« — Mais encore ?...

« La marquise fit une petite moue et ne répondit point.

« Comme bien tu penses, mon ami, je n'insistai pas, de peur de sembler indiscret. La conversation languit pendant un instant, mais bientôt la marquise reprit :

« — Croiriez-vous, monsieur le comte, à ce qui vient d'arriver chez moi par la sottise étrange de valets maladroits ! Tout à l'heure, il y a de cela dix minutes à peine, j'entends parler dans mon antichambre, je sonne, et l'un de mes laquais m'apprend que la personne que je tenais le plus à recevoir, M. le marquis Hector de Cout-Kérieux, votre ami, vient de se présenter, et qu'on l'a renvoyé en lui disant que je venais de sortir. Quelle interprétation stupide de la consigne donnée à mes gens de ne laisser passer ni les importuns, ni les fâcheux !

« — En effet, madame la marquise, ceci est fort contrariant ; mais, cependant, moins grave que je ne l'aurais craint.

« — Y songez-vous, monsieur ? Et si le hasard veut que M. Cout-Kérieux apprenne que j'étais chez moi, et que je recevais, au moment où il trouvait ma porte fermée, ne me saura-t-il pas un mauvais gré infini de ce tort involontaire, et ne rejettera-t-il pas sur moi, avec quelque apparence de raison, la maladresse de mes gens ?...

« J'ai de mon mieux rassuré la marquise, en lui parlant, comme je le devais, de ton tact exquis et de ton parfait savoir-vivre, et voilà, mon très-cher, le récit véridique et détaillé du commencement de notre entrevue.

« Je crois que jusqu'ici tu n'as point à te plaindre.

« Quant au reste, tu as été encore plus favorisé, car la conversation n'a roulé que sur toi, tes qualités et tes perfections, et si elle s'est prolongée longtemps, c'est que tu avais en moi un intarissable prôneur, et en la marquise un auditeur avide et point désintéressé. »

— Et tout ceci est exact? demanda Hector, qui ne demandait pas mieux que de se trouver convaincu...

— Je t'en donne ma parole d'honneur.

— Alors, voici ma main.

— Tu ne m'en veux donc plus ?

— Non-seulement je ne t'en veux plus, mais je te fais de très-sincères excuses de la vivacité plus qu'inconvenante avec laquelle je t'ai parlé tout à l'heure. Il reste d'ailleurs parfaitement convenu que si tu exiges une réparation d'un autre genre, je me mets à ton entière disposition.

— Allons donc, mon cher ! Nous battre, parce que tu as cédé à un mouvement d'impatience nerveuse ! Je sais vivre : tu es jaloux, c'est un tort ; mais la jalousie, à mes yeux du moins, fait tout excuser ; qu'il ne soit donc plus question de rien, et dînons ensemble, si tu n'as pas d'autres projets pour ce soir.

Hector accepta, et les deux rivaux se trouvèrent, comme avant cette explication, les meilleurs amis du monde.

XIX

Une mort et un mystère.

Qu'elles fussent menteuses ou sincères, les affirmations du comte Roland avaient dissipé, nous le répétons, tous les soupçons de M. de Cout-Kérieux, et quelques circonstances qui se succédèrent à de courts intervalles vinrent le raffermir de plus en plus dans ses confiantes dispositions.

Ainsi, dès le lendemain, il ne manqua point de se présenter chez la marquise de Lormois, et cette dernière lui répéta d'une façon presque littérale, avec accompagnement des plus aimables réticences, les paroles flatteuses qu'il avait entendues la veille, de la bouche du comte Roland.

Ainsi encore, à partir de ce jour, la conduite de Diane avec lui fut soumise à des modifications très-sensibles et fort avantageuses.

Autant, jusqu'alors, elle avait semblé peu désireuse de laisser Hector lui parler librement de sa tendresse, autant au contraire elle multiplia les occasions de tendres tête-à-tête, et parut indulgente en écoutant le chapelet des paroles d'amour que le jeune homme égrénait à ses pieds.

D'un autre côté, les visites du comte Roland devinrent infiniment rares, et parurent même cesser tout à fait.

Bref, quoiqu'il n'eût encore rien obtenu de décisif que quelques demi-aveux, fort voilés, le marquis de Cout-Kérieux n'en était pas moins au comble du bonheur.

Or, nos lecteurs l'ont deviné sans doute, tout ce délicieux mirage d'amour charmant et d'avenir enchanteur n'était que le résultat de l'une des combinaisons du comte Roland, qui, voyant Hector sur la piste de son intrigue avec Diane, avait, et non sans raison, supposé que le meilleur moyen de le dérouter complètement était de lui donner le change en lui persuadant à lui-même que la marquise commençait à l'aimer.

Cependant M. de Villarcy, devenu, avec une facilité qui le surprit lui-même, l'amant *complètement* heureux de madame de Lormois, n'eut pas plutôt atteint le but qu'il s'était proposé, qu'il vit tout à coup l'horizon s'élargir devant lui, et que dans les lumineuses ténèbres de son esprit surgit un nouveau plan, d'une profondeur et d'une portée véritablement diaboliques.

Nous assisterons bientôt à la première mise en œuvre de ce plan, dont il n'est point encore temps de faire connaître les bases et la trame.

Quant à M. de Lormois, insignifiant personnage, autour duquel se croisait l'inextricable réseau d'intrigues si diverses, il paraissait tout ignorer.

Ne voyait-il rien, en effet, possédant ainsi une très-large part de cette bienheureuse myopie, don que le ciel dans sa clémence fait à de si nombreux maris ?

Ou bien, par insouciance et par philosophie, laissait-il volontairement à Diane une complète liberté d'action ?

Voilà ce que nous ne pourrions et ne voudrions point décider.

Afin d'éviter de nouveaux hors-d'œuvre, qui viendraient fort mal à propos entraver la marche de notre récit, désormais rapide, c'est ici le lieu, ce nous semble, de noter en quelques lignes un fait d'une certaine importance.

Le comte Roland possédait un valet de chambre, son âme damnée, son second lui-même.

Ce valet s'appelait *Champagne*, du nom de la province où il était né ; mais il faisait mentir énergiquement le dicton railleur qui n'accorde aux Champenois qu'une dose infiniment restreinte d'esprit, d'astuce et de finesse.

Champagne, a bon droit célèbre parmi tous les valets de sac et de corde de la jeunesse rouée et blasée de cette époque, était l'une des contre-épreuves les plus parfaites du type illustre des Mascarilles et des Crispins.

A lui seul il réunissait superlativement les vices de toutes sortes, dont ses confrères jouissaient isolément.

Il était joueur, à perdre ses chausses et son pourpoint, ou à gagner avec des dés pipés l'âme de son prochain.

Menteur, à nier l'évidence et à soutenir à grand renfort de serments, devant les rayons du soleil, qu'il faisait noire nuit.

Ivrogne à vider un tonneau, mais supportant si bien *le doux jus de la treille*, par excès d'habitude, qu'il ne tombait guère sous la table qu'à la vingt-sixième bouteille.

Libertin. . . . .
. . . . . . le reste se devine.

Voleur, à se voler lui-même, s'il ne trouvait nulle part quelque bourse égarée.

« Au demeurant, le meilleur fils du monde. »

Comme l'avait dit Scarron d'un de ses acolytes.

Champagne, avec tous ces défauts, ou si l'on veut, toutes ces perfections (cela dépend de la manière d'envisager la chose), était fait pour le comte Roland, comme le comte Roland était fait pour lui.

Ce n'était pas là une alliance imparfaite comme celle de *Sganarelle et de don Juan*. C'était un tout homogène et indissoluble, c'était mieux, sans contredit, que *Méphistophélès* et *Faust*.

Donc, Champagne, autant pour obéir à son maître que pour suivre ses propres instincts, fit à Mariette, la jolie camériste de la marquise Diane, une cour clandestine mais entreprenante.

Nous ne savons, d'ailleurs, s'il fut favorisé aussi vite et aussi complètement que le comte, mais ce que nous pouvons affirmer, c'est que la gentille soubrette prit sur le valet fripon une influence plus grande qu'il n'eût voulu l'avouer.

Cette influence devait avoir dans l'avenir d'importantes conséquences.

Et certes, après le beau trait que nous venons de *commettre*, nous espérons que nul de nos lecteurs (si tant est que ce pluriel ne soit point une fallacieuse hyperbole), nous espérons que nul de nos lecteurs ne nous accusera de délayer notre prose et de *tirer à la page* (style d'éditeurs et d'hommes de lettres), car enfin, n'avions-nous pas une charmante occasion d'écrire ici tout un chapitre, façon Marivaux, ou façon Beaumarchais, à propos des amours peu candides d'un Mascarille ou d'une Lisette ?

Nous préférons nous abstenir.

C'est cinq ou six louis que nous perdons !

Nous ne les regretterons point, ô lecteurs ! si vous savez apprécier, comme il convient, ce sacrifice !

Peu de jours après son explication *si satisfaisante* avec le comte Roland, Hector, au moment où il se disposait à sortir pour aller faire à madame de Lormois sa visite accoutumée, vit entrer chez lui un laquais tout effaré.

Ce laquis était des gens de M. de Cardillac.

Hector, depuis qu'il s'était épris pour la marquise Diane d'une passion violente, avait singulièrement négligé son oncle le commandeur; il se hâta donc de demander au valet qu'il reconnut aussitôt :

— Qu'y a-t-il, Comtois, et pourquoi cette figure bouleversée ? serait-il arrivé quelque chose à mon oncle ?

— Ah! monsieur le marquis! monsieur le marquis....

Et le valet ne put continuer.

— Mais parlez donc, Comtois ! au nom du ciel, parlez donc !

— C'est que voyez-vous, monsieur le marquis, c'est si terrible, si inattendu... votre excellent oncle, mon bon maître...

— Vous me faites mourir ! Est-il blessé ! malade ?

— Il est à l'agonie !!

— A l'agonie !!!

— Hélas! oui, monsieur le marquis! et le médecin en désespère !

— Mais, c'est impossible, Comtois ! vous exagérez le mal....

— Plût au ciel !

— Mon oncle, malgré son âge, jouissait, jusqu'à ce jour, d'une santé florissante.

— Vous avez bien raison, monsieur le marquis, il y a quelques heures encore, votre excellent oncle se portait comme vous et moi...

— Eh bien ?

— Eh bien ! il a passé sa soirée d'hier à jouer au reversi avec M. le vicomte de Conflans, et M. le chevalier d'Essonne, et M. le baron de Quingey ; il était même de très-joyeuse humeur. — Sur les onze heures, il a soupé de fort bon appétit, d'un consommé et d'une aile de perdrix à la gelée, et s'est mis au lit frais et dispos...

— De grâce, Comtois, abrégez ces détails et arrivez au fait ! Vous voyez bien que je suis sur des charbons ardents !

— J'abrège, monsieur le marquis, j'abrège... Le fait est que, vers les trois heures du matin, je fus réveillé par le bruit de la sonnette de M. le commandeur ; je courus à sa chambre, sans prendre, pour ainsi dire, le temps de me vêtir, et je le vis à la lueur de la lampe de nuit, pâle comme un mort, avec quelque chose de renversé dans les traits et un regard qui me fit peur.

« — Monsieur a besoin de moi ? demandai-je.

« — Comtois, je me sens bien mal, me répondit votre oncle.

« Je l'interrogeai sur sa maladie, et il me dit qu'il ressentait dans les jambes un froid glacial, une sorte d'engourdissement qui montait, montait sans cesse, mais lentement, et qui menaçait d'envahir bientôt la poitrine et le cœur.

» Je lui tâtai les pieds, on aurait dit un morceau de glace. J'essayai de les réchauffer ; rien n'y faisait. Alors, je m'épouvantai, j'éveillai toute la maison, et j'envoyai quérir les médecins, qui déclarèrent que c'était une paralysie complète, et que si l'on ne parvenait pas à l'arrêter, votre excellent oncle n'avait plus que quelques heures à vivre...

— Et qu'a-t-on fait, Comtois, qu'a-t-on essayé ? s'écria M. de Cout-Kérieux, sincèrement ému et affligé des nouvelles qu'il apprenait.

— On a tout tenté, monsieur le marquis, et sans obtenir le moindre résultat. La matinée entière s'est écoulée en essais infructueux. Les synapismes brûlants, la saignée au pied, n'ont point amené d'amélioration dans l'état du malade. La paralysie monte lentement, votre excellent oncle souffre beaucoup, car sa figure se décompose de plus en plus ; mais il a gardé toute sa raison, et son esprit est aussi sain et aussi lucide qu'il l'a jamais été. Il y a une heure à peu près que M. le commandeur, s'adressant à l'un des médecins qui se trouvaient au chevet de son lit, lui dit :

« — Docteur, voulez-vous me promettre de répondre avec une complète franchise à la question que je vais vous faire ?

» — Je vous le promets, a répliqué le médecin.

» — Quelle que soit cette question?

» — Quelle qu'elle soit.

» — Jurez-le-moi sur votre honneur ?

» — Sur mon honneur, je vous le jure.

» — Eh bien! docteur, y a-t-il encore quelque espoir ?

» Le docteur hésita.

» Vous avez promis et vous avez juré, répéta votre oncle, dites-moi donc, puisque je vous le demande, s'il y a encore quelque espoir?

» — Aucun, fit le docteur.

» Cette réponse ne parut point étonner, ni même émouvoir mon excellent maître; il poursuivit du même ton.

» — Quand mourrai-je ?

» — Quand la paralysie aura atteint la région du cœur.

» — Et combien de temps mettra-t-elle pour en arriver là ?

» Le médecin posa la main sur la poitrine de votre oncle, et regarda sa montre.

» — Trois heures, répondit-il.

» — Merci, docteur ! Je suis bien aise de savoir à quoi m'en tenir. Puisque j'ai encore trois heures à vivre, je tiens à ce qu'elles soient bien remplies.

» Je pleurais dans un coin de la chambre ; mon bon maître se tourna de mon côté et me dit :

» — Allons, Comtois, à quoi bon se désoler ? un peu plus tôt ou un peu plus tard, ne faut-il pas toujours en arriver là ? Approche-toi de mon lit, j'ai quelques ordres à te donner.

» J'obéis tout en sanglotant, et votre excellent oncle m'enjoignit d'envoyer à l'instant même quérir un notaire pour dicter son testament, et de venir moi-même vous chercher au plus tôt.

— Voilà ma triste mission remplie, monsieur le marquis. Le carrosse est en bas, vous plaît-il de partir ?

———

Peu d'instants après la conversation que nous venons de rapporter, M. de Cout-Kérieux mettait pied à terre dans la cour du petit hôtel de la rue de Babylone, hôtel que le commandeur occupait tout entier.

Hector traversa une enfilade de pièces fort luxueuses, pleines de domestiques dont l'attitude exprimait l'inquiétude et le chagrin, et il arriva à la chambre à coucher de M. de Cardillac, sorte de sanctuaire soigneusement fermé d'habitude à tous les profanes, et dans laquelle, lui-même, neveu du maître de la maison, n'était entré que très-rarement.

Cette chambre, ou plutôt ce boudoir, mérite, sans contredit, les honneurs d'une description de quelques lignes.

Les murailles étaient tendues d'une étoffe de soie d'un jaune pâle, semée de guirlandes de fleurs qui dessinaient sur la tenture un grand nombre de panneaux.

Chacun de ces panneaux contenait un médaillon

ovale merveilleusement encadré, et dont les peintures, fort recommandables sous le rapport artistique, l'étaient infiniment moins au point de vue de la morale.

C'est assez dire que les sujets les plus anacréontiques de la mythologie avaient été reproduits avec une hardiesse, un fini de détails et une perfection voluptueuse et nullement gazée, qui damait le pion aux plus vives licences de l'*Art d'aimer*, des *Métamorphoses* d'Ovide et des poésies légères de Tibulle et d'Anacréon.

C'était une odyssée complète des fêtes lubriques de Paphos, des étranges orgies d'Amathonte, et Vénus, la lorette olympienne, y brillait en plus d'un endroit par le décolleté de ses amours.

Mais ce musée cynique n'était point, à beaucoup près, ce qui devait le mieux attirer les regards surpris, dans cette chambre à coucher de vieillard.

De chaque côté de la cheminée, deux grands cadres renfermaient chacun une cinquantaine de petits portraits ; ceux-ci en buste, ceux-là en pied, portraits de femmes, toutes jeunes et jolies, quelques-unes d'une très-remarquable beauté.

Ces femmes, assises ou couchées, brunes ou blondes, coquettes ou langoureuses, tendres ou hautaines, n'étaient vêtues que de leur chasteté.

C'était peu.

Au-dessous de chaque portrait, il y avait un nom ; un nom écrit en toutes lettres sur un petit cartouche en ivoire.

Ces deux cadres, on l'a deviné déjà sans doute, étaient une sorte de catalogue iconologique des principales maîtresses de M. de Cardillac.

On eût trouvé là des duchesses et des grisettes, des femmes du monde et des filles du peuple. La petite bourgeoise y trônait à côté de la danseuse en renom, l'aristocratie de la beauté étant la seule admise dans les archives galantes du galant commandeur.

Deux ou trois de ces portraits avaient les yeux crevés.

C'étaient ceux des pauvres femmes à qui le commandeur ne pouvait pardonner d'avoir été infidèles les premières !

Qu'on se figure maintenant, dans cette chambre tout imprégnée de senteurs enivrantes, sous les rideaux brodés d'un lit merveilleusement élégant, au milieu des dentelles, des courtes-pointes et des oreillers, la figure décomposée de M. de Cardillac expirant.

Le contraste était terrible, étrange, effrayant même.

Le commandeur, adossé à deux ou trois coussins placés sous ses épaules, presque assis dans son lit par conséquent, se tenait immobile.

Il avait exigé qu'on le coiffât et qu'on lui mît du rouge ; mais ce rouge, maladroitement placé par la main tremblante de l'un de ses valets de chambre, faisait tache sur les joues au lieu d'imiter les couleurs de la vie.

Un mouvement convulsif agitait les lèvres pendantes du malade.

Les yeux seuls avaient conservé toute leur vivacité, toute l'expression et toute la mobilité de leur regard.

Ce vieux *roué* sceptique, libertin sans âme, mais charmant de formes, expirant sous le fard et les dentelles, nous semble personnifier, d'une façon assez exacte, l'agonie du dix-septième siècle.

Un médecin se tenait debout vers le chevet du lit.

Au milieu de la chambre, un homme maigre, tout vêtu de noir, écrivait sur une immense feuille de papier.

C'était le notaire minutant le testament.

—

Au moment où Hector entra dans la chambre de son oncle, M. de Cardillac fit un mouvement, tendit la main au jeune homme et lui dit d'une voix fort calme, mais coupée d'instant en instant par un hoquet sinistre :

— Ma foi, mon garçon, je suis bien aise de te voir. Tu arrives à propos, et j'avais grand'peur que Comtois, ne te rencontrant point dans ton logis, ne pût te trouver assez tôt pour t'amener ici, moi vivant... Cependant, ajouta le commandeur avec une sorte de sourire, je lui avais recommandé, en cas d'absence de ta part de toucher à l'hôtel Lormois, où je soupçonnais fort que tu pourrais être... Enfin, te voilà et tout est pour le mieux... Dis-moi adieu, mon garçon, dis-moi, adieu!

— Oh! mon oncle! mon bon oncle! dit Hector en pleurant ; mais ce n'est pas possible ! il y a des ressources... il y a de l'espoir... Vous vivrez... longtemps...

— Docteur, quelle heure est-il? demanda M. de Cardillac en interrompant le marquis de Cout-Kérieux.

— Il est deux heures, répondit le médecin.

— Hector, mon garçon, dit alors le malade, je vivrai cinq quarts d'heure, pas une minute de plus : voilà mon éternité ; prends-en donc ton parti, puisque rien ne peut l'empêcher.

Hector saisit la main de son oncle et la couvrit de larmes amères.

— Eh bien! qu'est-ce que c'est que ça! qu'est-ce que ça signifie ? s'écria le commandeur. Voilà que tu te désoles comme un enfant ! Ah ! certes, il fallait arriver à mon âge pour voir un neveu si chagrin de la mort d'un oncle dont il est le légataire universel ! car je te laisse tout, mon garçon, meubles et immeubles, et mes économies, et ma bibliothèque, et mon cuisinier, et ma cave, qui par parenthèse n'est point à dédaigner !

Hector ne put répondre.

— Allons donc! continua M. de Cardillac, allons donc! Du désespoir, quand je suis si calme! Mais, mon ami, je pars au bon moment, la vie pour moi maintenant est comme une orange dont j'ai sucé tout le jus et dont je rejette l'écorce. Que m'a-t-il manqué pour être heureux ? rien. Le hasard avait mis tous les biens de la terre à ma disposition, et j'ai su largement m'en servir. La table et l'amour, voilà le bonheur en ce monde. Les jolies femmes et les meilleurs vins ne m'ont jamais manqué ; voici que mon estomac devient difficile, et quant au reste, ah ! mon ami! je me faisais singulièrement pitié dans ces derniers temps en me souvenant du passé ! Les infirmités allaient venir. C'est un acte de bon sens et d'esprit de ma part d'éviter la goutte, les rhumatismes, les asthmes, la gravelle, toutes ces misères, enfin, qui fondent sur les vieux podagres. Je m'en vais de la vie au moment précis où toutes les jouissances de la vie s'en allaient de moi... Ne te désole donc point, mon ami, car je suis enchanté et tout est pour le mieux, je te le répète, dans le meilleur des mondes !

Tandis que le commandeur parlait ainsi d'un ton léger, comme au milieu d'une conversation de salon, Hector revoyait, par le souvenir, la mort si digne et si solennelle de son père, le marquis de Cout-Kérieux, dont les paroles étaient nobles et graves, dont les pensées étaient hautes et sévères, comme il convient dans un moment suprême.

Et, malgré lui, il s'étonnait, il s'affligeait de l'extrême dissemblance de ces deux agonies.

Il fit sur lui-même un violent effort, et dit d'une voix qu'il cherchait vainement à rendre ferme et distincte :

— Mon oncle... mon oncle... ne voulez-vous pas..., un prêtre ?...

— Un prêtre? demanda M. de Cardillac, pourquoi faire ?

— Mais... répondit le jeune homme, singulièrement déconcerté par cette réponse étrange, ne pensez-vous donc pas... qu'il est temps de songer à... votre âme?...

— Mon âme! répliqua le commandeur avec un rire sardonique que lui eût envié Voltaire. Mon âme, répéta-t-il, allons donc, mon ami! tu divagues. Te figures-tu donc que parce que je n'ai plus que trois quarts d'heure à vivre, je vais ajouter foi à tout ce qui, dans ma vie, m'a paru faux et ridicule! J'aurais cru que tu me jugeais mieux! Ai-je peur de l'enfer, par hasard? L'enfer! qu'est-ce donc? Le Tartare sous un autre nom. Pluton est devenu Satan, voilà tout! Contes fort propres, je l'avoue, à endormir les petits enfants; mais dont, pour ma part, je m'inquiète comme de cela! Et, puis dans tous les cas, n'ai-je pas ma croix de Malte pour me protéger! Un commandeur damné! vive Dieu! j'aimerais à le voir, pour la rareté du fait, je viendrais la nuit prochaine, mon garçon, te le dire à l'oreille, pour que tu le fasses répéter dans les *Nouvelles à la main!*

Anéanti, muet de stupeur, Hector écoutait ces lugubres blasphèmes, et c'était une chose terrible que ces paroles impies sortant de ces lèvres presque glacées déjà par le doigt de la mort.

— Le froid monte! le froid monte, reprit M. de Cardillac; il n'est plus qu'à dix lignes du cœur; laissez-moi terminer mon testament, car je veux qu'il soit bien en règle... dans ton intérêt, mon garçon.

M. de Cardillac, nous le savons, instituait Hector son légataire universel, et le chargeait de distribuer divers legs importants à ses domestiques et à quelques anciennes maîtresses.

C'était tout.

La minute de l'acte terminée par le notaire, il signa.

— Adieu, mon garçon! s'écria-t-il en laissant retomber la plume dont il venait de se servir et en posant la main sur son cœur. Le froid est là, tout est fini... je vais donc savoir... ce qu'il... y a... là... bas...

Et son geste indiquait l'espace.

Soudain tout son corps se raidit.

Un cri d'épouvantable angoisse s'échappa de sa gorge.

Son regard, devenu fixe et vitreux, exprima une indicible terreur.

Il était mort.

Mais au moment où l'âme brisait les liens charnels, au moment où l'œil de l'esprit s'ouvrait sur l'autre monde... qu'avait-il entrevu ?

Par le fait de cet héritage, dont l'importance était considérable, le marquis Hector se trouva tout d'un coup plus riche qu'il ne l'était avant d'avoir joué, perdu, compromis sa fortune et hypothéqué ses domaines.

Disons à sa louange que le premier usage qu'il fit de ces richesses nouvelles fut de régler ses comptes avec Éléazar, l'usurier, et de retirer ses lettres de change en les soldant intégralement.

Il rentra par conséquent en possession des titres de propriété de la seigneurie de Cout-Kérieux, à sa grande satisfaction, et surtout à la joie profonde du bon Chrysostome Peritus, qui s'écria en levant les mains vers le ciel, et en paraphrasant les paroles du vieillard Siméon :

— Maintenant je puis mourir, et je mourrai avec joie, puisqu'il m'a été donné de voir M. le marquis redevenu possesseur des domaines de ses ancêtres !

Sitôt après avoir avoir réglé ses affaires d'intérêt, Hector, qui avait pris le grand deuil, dut s'abstenir pendant un certain temps, non-seulement de paraître dans les lieux publics, mais encore de sortir de chez lui.

A cette époque, l'étiquette était rigoureuse. La mort semblait chose grave, et on ne la traitait point, comme de nos jours, légèrement et en plaisantant.

Un soir, trois semaines environ après la mort du commandeur, le valet de chambre d'Hector lui remit deux billets qui venaient d'être apportés à l'hôtel, presque en même temps.

L'un d'eux était renfermé sous une enveloppe élégante et satinée, exhalant un parfum des plus aristocratiques.

Les pattes de mouches de sa suscription révélaient une main de femme.

Il avait été apporté par un valet de pied de madame la marquise de Lormois.

Hector brisa vivement le cachet de cire blanche, splendidement armorié, et lut les lignes suivantes avec un ravissement contenu :

« *Nous partons demain, M. de Lormois et moi, pour notre terre de Touraine.*

« *Ne viendrez-vous point bientôt nous y voir et passer quelque temps avec nous?*

« *Nous vous désirons, et nous vous espérons tous deux.*

« Diane. »

Le second billet, écrit sur du papier grisâtre, et fort grossièrement plié, avait été laissé chez le concierge du marquis par une femme qui semblait jeune, quoiqu'elle cachât sous un long mantelet à capuchon sa taille et sa figure.

Il ne contenait que ces deux mots, tracés par une main inconnue :

Prenez garde!!!

QUATRIÈME PARTIE

LES PIÉGES

XX

Le château de Lormois.

Le lendemain, d'assez bonne heure, Hector monta en voiture et se fit conduire à l'hôtel Lormois.

Le suisse lui confirma ce qu'il avait appris par le billet de la veille au soir, c'est-à-dire le départ de la marquise.

M. et madame de Lormois s'étaient mis en route à cinq heures du matin.

En quittant la rue des Tournelles, M. de Cout-Kérieux donna l'ordre de toucher chez le comte Roland.

Il le trouva faisant des préparatifs de départ.

— Tu quittes Paris? lui demanda-t-il.

— Ma foi! oui, Paris, dans ce moment, est triste comme un enterrement, je vais voyager pendant quelques mois.

— Et où vas-tu?

— Dans les Pyrénées.

— Pourquoi faire?

— Pour y tuer des coqs de bruyères. Veux-tu venir avec moi?

— Je ne le puis.

— Qu'est-ce qui t'en empêche? Ce serait un charmant voyage...

— Oui, sans doute... mais...

— Mais, quoi?

— Je compte incessamment quitter Paris moi-même, et prendre une direction toute différente.

— Laquelle?

— Celle de la Touraine. Je dois passer quelque temps dans les terres de la marquise de Lormois.

— Tu l'aimes donc toujours, la marquise?

— Plus que jamais!

— Bravo! Sais-tu que les *Galaor*, les *Amadis des Gaules* et autres chevaliers errants, aussi constants que valeureux, n'étaient auprès de toi que de bien piètres sires et des amoureux bien légers!

Hector ne répondit à cette énigmatique louange que par un sourire.

— Au moins, je suppose, reprit le comte de Villarcy, que tu dois être maintenant du *dernier bien* avec la marquise...

M. de Cout-Kérieux continua à garder le silence.

Roland le regarda d'un air un peu moqueur.

— Est-ce que je me trompe? poursuivit-il, et serais-tu, comme par le passé, au régime peu substantiel des amours platoniques?

— La discrétion me ferme la bouche! répondit Hector, chez qui l'amour-propre parla plus haut que la sincérité, et qui, ne voulant pas mentir, voulut bien cependant laisser supposer un mensonge.

— Je comprends, fit le comte; mais, vertudieu, mon cher marquis, permets-moi de te dire qu'entre amis la discrétion n'est pas de mise, sans compter qu'elle n'est plus de mode, en quelque circonstance que ce soit. Cela sent la province en diable !

— Je le sais à merveille.

— Ce qui ne t'empêche pas de vouloir mourir, sous ce rapport, dans l'impénitence finale... Enfin, chacun agit comme il l'entend. Tu as ta manière de voir, j'ai la mienne... gardons-les.

— Je crois que c'est le plus sage.

— Encore une question cependant; mais tu n'y répondras que si tu le veux.

— Voyons cette question...

— Comment le mari prend-il la chose ?

— Le mieux du monde. Il ne se doute de rien.

— Cela devait être, ils sont tous ainsi ! c'est une véritable grâce d'État. Ah ! mon cher, ne nous marions jamais !

— Comment, tu crois que du moment où l'on est marié, l'on est en même temps et par la force des choses...

— Ce que Molière a fort crûment appelé par son nom.

— Précisément.

— Oui, sans doute.

— Sans exceptions ?

— Sans exceptions... autrement, on est bien à plaindre.

— Qu'est-ce que tu dis donc là ? A plaindre de *n'être point*?...

— Non pas de *n'être point*... ce que tu sais, mais bien d'être propriétaire d'une femme assez laide et assez revêche pour qu'aucun de nos amis n'en veuille, et Dieu sait ce qu'elle doit réunir pour cela de laideur et d'humeur fâcheuse, car c'est un piquant ragoût que l'amour, quand l'adultère l'assaisonne !

L'entretien continua quelques instants sur ce ton plus que léger, puis les deux amis se séparèrent.

Trois jours après, une chaise de poste, attelée de quatre vigoureux chevaux, entraînait le marquis de Cout-Kérieux sur la grande route de Touraine.

Il était à peu près dix heures du matin quand Hector, qui avait voyagé jour et nuit, vit ses postillons prendre un chemin de traverse qui conduisait au château de Lormois.

Au bout de trois quarts d'heure de marche, la voiture s'arrêta devant la haute et massive grille du parc.

Le chiffre et l'écusson des marquis de Lormois couronnaient les lances dorées de cette grille.

A droite et à gauche de l'entrée, deux petits bâtiments disposés en forme de pavillons servaient de logis au concierge et aux gardes-chasse.

Le valet de chambre d'Hector descendit du siége de la chaise de poste et sonna.

Un grand et gros suisse, galonné et armorié, apparut aussitôt sur le seuil de sa loge, ouvrit la porte à deux battants, et la voiture passa.

Hector, dont le cœur battait de joie et d'ivresse, à l'idée seule qu'il allait revoir la femme qu'il aimait, vivre sous son toit, respirer le même air qu'elle, voulut, comme il convient à un amant bien épris, se recueillir dans cette pensée, et donna l'ordre de traverser le parc au pas des chevaux.

Puis, il s'enfonça dans un coin de sa chaise et livra son âme à toutes les rêveries langoureuses, à toutes les imaginations passionnées, à tous les mirages, à tous les prestiges, à toutes les fantasmagories de l'amour.

Un son vague qui vient tout à coup mourir à ses oreilles l'arracha au monde fantastique dans lequel il vivait depuis quelques instants.

Il écouta.

Le vent qui bruissait dans les arbres lui apporta de

lointains accords dans lesquels il reconnut des fragments de fanfares.

Par instant, un aboiement de chien arrivait aussi jusqu'à lui, isolé, strident et rauque ; puis, avec une nouvelle bouffée de vent, lui venait, affaiblie, la grande voix de toute la meute.

La distance donnait un caractère d'étrangeté à cette musique lointaine, qui, tantôt s'évanouissait comme le dernier soupir d'une harpe éolienne, tantôt lançait plus rapprochés ses sons rapides et vibrants, ainsi qu'une fusée mélodieuse.

Soudain ces voix et ces fanfares s'élevèrent toutes ensemble comme un crescendo triomphant.

Les chiens hurlèrent leur chant de victoire ; les trompes jetèrent au ciel un dernier et éclatant hallali ; puis, tout se tut.

M. de Cout-Kérieux supposa que ces accords annonçaient la fin de la chasse.

Il ne se se trompait pas.

Le silence, du reste, ne fut pas de longue durée.

La chaise de poste d'Hector continuait à suivre lentement l'avenue. Tout à coup non loin de là, et dans un sentier latéral, retentit de nouveau une fanfare éclatante. A cette fanfare succéda une voix mâle et sonore qui chantait sur un air de chasse un couplet qu'Hector ne put entendre. Une seconde fanfare termina ce couplet.

Après un instant de silence, coupé par quelques aboiements de chiens, la voix reprit plus rapprochée :

« L'étoile de Vénus, au ciel qui se colore,
    Blanchit.
Et le vent du matin qui naît avec l'aurore,
    Fraîchit ;
Le lugubre hibou de la tour mal hantée
    S'est tu.
Et le bois est déjà, par la meute agitée,
    Battu. »

Après une nouvelle fanfare, après un nouveau silence, la voix reprit plus près encore :

> « Avant le jour, quittant ta couche et ta compagne,
> Chasseur,
> Sens battre de plaisir, en courant la campagne,
> Ton cœur.
> Entends le chant d'amour de la caille nomade,
> Et vois
> Le pas du sanglier, qui devant toi s'évade
> Du bois... »

Comme ce couplet finissait, huit ou dix chiens de haute taille débouchèrent dans l'avenue, suivis d'un piqueur qui tantôt les appelait par leurs noms, et tantôt faisait claquer son fouet à leurs oreilles pour calmer, par la crainte d'une correction, leur ardeur parfois indocile.

Dix minutes après, M. de Lormois, en costume de chasse et la cravache à la main, arrivait à cheval à la portière du carrosse, et souhaitait la bienvenue à Hector de la façon la plus cordiale.

En cet endroit la route tournait, et le château de Lormois, masqué jusqu'alors par des massifs épais, se dévoilait complètement.

Ce château consistait en un vaste pavillon carré, flanqué d'une tourelle ronde à chacun de ses angles.

Le toit principal était d'une hauteur excessive ainsi que les clochetons qui coiffaient les tourelles.

Clochetons et toits étaient couronnés par de gigantesques girouettes armoriées.

Des cordons de pierre vermiculées, dans le goût de la renaissaance, formaient les corniches de l'édifice et dessinaient de larges panneaux sur les revêtements de la maçonnerie.

Les couronnements sculptés des portes, des fenêtres et même des mansardes étaient dans le même style.

Ces bâtiments formaient le centre d'une terrasse fort large.

Un perron de huit marches conduisait de cette terrasse à l'entrée principale, ouvrant sur un vestibule immense, dallé de pierres polies, alternativement blanches et noires.

On descendait aux jardins par deux larges escaliers de pierre, disposés en fer à cheval et ornés de statues mythologiques, jadis blanches, mais dont la pluie, les brouillards et surtout l'indiscrétion des oiseaux avaient singulièrement compromis la nuance.

Les jardins, dessinés dans le goût de l'époque par un élève de Le Nôtre, montraient avec orgueil une profusion de bassins, de jets d'eau, d'ifs taillés d'une façon ingénieuse, de labyrinthes, de quinconces, de galants bosquets, de grottes sombres et de charmilles touffues et mystérieuses.

Ils joignaient le parc, lequel n'avait pas moins de trois lieues de tour, et était entièrement environné de murs, percés seulement çà et là de quelques portes et sauts de loups qui donnaient sur la campagne.

Des allées, ou plutôt des routes larges et ombreuses, les sillonnaient dans tous les sens. Les serfs et les chevreuils y vivaient par bandes nombreuses, et presque toujours y jouissaient d'une paix profonde, excepté pendant les très-rares séjours du marquis de Lormois, qui ne manquait point alors de s'y donner le plaisir d'une chasse quasi-royale.

Une avenue longue et sinueuse, plantée de chênes et d'ormes séculaires (celle dans laquelle nous avons rencontré le marquis de Cout-Kérieux), conduisait à travers les bois du château à la grille du parc.

Les écuries, les selleries, les communs, la faisanderie, les chenils et tous les autres bâtiments de service étaient situés derrière le corps de logis, dans cette partie de la plate-forme opposée aux jardins et à la terrasse.

Les voitures et les chevaux décrivaient un demi-cercle autour du château pour venir stationner devant le perron.

M. de Cout-Kérieux, en mettant pied à terre, monta tout d'abord dans l'appartement qui lui était destiné, et échangea ses vêtements de voyageur contre un costume des plus galants, et qui n'eût point été déplacé dans la grande allée de Versailles.

C'était d'abord une veste de taffetas blanc brodée en argent, et sur laquelle flottaient négligemment les dentelles de Malines d'un jabot magnifique.

L'habit était de velours grenat, brodé en or avec une richesse singulière.

Une culotte de taffetas, blanche comme la veste, des bas de soie dessinant une jambe nerveuse et bien prise, des souliers à talons rouge et une épée de cérémonie complétaient la toilette de M. de Cout-Kérieux.

Hector descendit au salon.

Diane n'était point encore rentrée d'une promenade qu'elle faisait dans le parc, et notre héros eut tout le temps d'examiner la pièce dans laquelle il se trouvait.

C'était un vaste salon, occupant en largeur et en profondeur la moitié du rez-de-chaussée, et prenant jour sur la terrasse par cinq hautes et larges croisées.

Ce salon avait dans son aspect quelque chose de triste et de solennel, malgré les flots de lumière qui jaillissaient par de nombreuses ouvertures sur son parquet brillant. Cette impression tenait sans doute à la teinte sombre des boiseries de chêne aux panneaux sculptés dont le temps avait à la longue noirci et pour ainsi dire *vernissé* les moulures.

Un effet semblable avait eu lieu pour les tableaux enchâssés de distance en distance, dans de riches cadres un peu ternis.

Ces tableaux reproduisaient la longue série des ancêtres du châtelain, depuis le premier Lormois, dont l'existence à demi fabuleuse se perdait dans les brumes du moyen âge, jusqu'au marquis alors vivant et dernier représentant de sa race, puisque Diane ne lui donnait pas d'enfant.

Ils étaient là, tous ces gentilshommes du temps passé.

C'était un pêle-mêle de barbes rudes et de moustaches rousses, de faucons sur le poing et de poings sur la hanche.

Parfois, un beau lévrier, un noble cheval de bataille ou quelque serviteur fidèle apparaissait sur le second plan.

Çà et là on remarquait un pourpoint de soie ou de velours ; mais les armures de guerre, les hauberts, les cottes de mailles dominaient.

Les trois ou quatre derniers portraits avaient la mine assez galante, l'air joyeux et le sourire aux lèvres ; mais à mesure qu'on remontait vers des dates plus lointaines, les visages s'assombrissaient, les yeux devenaient plus durs et les sourcils plus farouches.

La plume ne saurait facilement dépeindre la physionomie terrible que l'artiste avait prodiguée à certains marquis de Lormois, sous la visière à demi-baissée de leurs casques de fer.

Il y avait aussi des portraits de femmes. Les unes belles, les autres laides, mais toutes singulièrement nobles, à en croire les nombreux quartiers de l'écusson placé dans le coin gauche de chacun de ces tableaux.

Le portrait de Diane, la marquise actuelle, était le seul qui ne fût point armorié.

Aux deux extrémités de la pièce, s'élevaient de haules cheminées, où la moitié d'un chêne aurait brûlé sans peine.

L'écusson des Lormois se reproduisait sur le marbre sculpté de leurs chambranles, sur les lourds chenets, et jusque sur l'immense plaque de fer battu qui formait l'âtre.

Tout autour du salon étaient rangés dans un bel ordre, de hauts fauteuils blasonnés qui semblaient attendre une assemblée absente.

Au milieu de cette magnificence antique, à laquelle M. de Lormois n'avait rien voulu ni rien dû changer, car il regardait (et non sans raison, selon nous), ces vieux meubles et ces vieux portraits comme titres de familles et comme chose sacrée, au milieu de tout cela, disons-nous, et dans l'embrasure de l'une des fenêtres, on remarquait une chauffeuse et une table à ouvrage de cette forme gracieuse et maniérée alors à la mode et baptisée du nom de *Pompadour*.

Ces deux objets arrivaient de Paris.

C'étaient la chauffeuse et la table à ouvrage de Diane.

Hector eut un instant l'envie d'aller se mettre à genoux devant eux, dans une muette adoration.

Soudain la porte s'ouvrit, et la marquise elle-même entra dans le salon.

Elle était vêtue d'un peignoir de taffetas blanc, serré négligemment par une cordelière de soie autour de sa taille, fine, souple, cambrée et voluptueuse.

L'une de ses mains, aussi blanche que son peignoir, jouait avec un des rubans couleur de feu fixé à son corsage.

Les boucles soyeuses de son admirable chevelure brune, à demi dépoudrée, encadraient l'ovale charmant de son visage.

L'entourage sombre des vieux meubles et des vieux portraits servait pour ainsi dire de cadre à sa jeune beauté, qui ressortait éblouissante sur ce fond obscurci, comme une apparition lumineuse se détacherait sur les ténèbres.

Jamais Hector n'avait vu Diane si charmante.

Elle était entrée lentement, les yeux fixés sur un bouquet qu'elle tenait de la main gauche, et ne semblait point se douter qu'il y eût quelqu'un dans le salon.

M. de Cout-Kérieux, absorbé dans une contemplation, ou plutôt dans une adoration extatique, garda le silence pendant un instant.

Cependant, il comprit bien vite qu'il risquerait de jouer un rôle ridicule en se taisant plus longtemps, et il dit tout bas, bien bas, afin de ne point arracher brusquement la jeune femme à la rêverie dans laquelle elle paraissait plongée :

— Madame la marquise...

Diane releva vivement la tête.

— Vous! vous ici, monsieur le marquis! s'écria-t-elle en feignant d'avoir ignoré jusque-là l'arrivée du jeune homme, arrivée qu'elle savait depuis un quart d'heure.

— Suis-je donc venu trop tôt? demanda-t-il presque en tremblant.

— Pouvez-vous le supposer?

— C'est qu'à voir votre surprise, votre étonnement.

— Vous vous trompez, interrompit la jeune femme, je ne suis ni surprise ni étonnée, mais heureuse de voir que vous ayez pensé si vite à vos *amis* absents.

Et Diane appuya sur ce mot : *amis*.

— Oh! madame, que vous êtes bonne! fit Hector enivré de joie par cette réception gracieuse : aussi bonne que belle! c'est tout dire!

— Allons, monsieur, pas de flatteries, je vous en conjure ; autrement je me croirais encore dans mon salon de Paris, entourée d'une foule de fades courtisans. Nous sommes ici dans les bois, au fond d'une province, et la vérité seule y a droit de bourgeoisie.... Ne l'oubliez pas, monsieur le marquis...

— C'est m'autoriser à vous dire à toute heure que je vous aime plus que ma vie, qu'un de vos regards me rend fou, que...

— Silence! fit Diane avec un geste coquet. En admettant que ce que vous me racontez là soit vrai...

— Oh! madame!...

— Il y a, si je ne me trompe, un vieux proverbe qui prétend *que toutes vérités ne sont pas bonnes à dire...* Tenez, demandez plutôt à M. de Lormois que voici.

En effet, le mari de Diane entrait dans le salon.

— De quoi s'agit-il, mon cher hôte! fit-il en s'adressant à Hector, qui, tout à la fois étonné et embarrassé de l'aplomb de la marquise, ne sut que répondre dans le premier moment.

Diane avait prévu cet embarras, aussi répliqua-t-elle sans hésiter :

— M. de Cout-Kérieux me demande si je compte suivre à cheval les chasses de cette saison, je lui réponds que je suis un intrépide écuyer, une véritable Diane chasseresse, et j'en appelais à vous pour attester mes talents en équitation.

— Il est certain, dit M. de Lormois, que Diane monte à cheval avec une intrépidité qui m'épouvante quelquefois, et vous la verrez à l'œuvre...

— Ah! reprit Diane en souriant, quand j'ai dit : *Qui m'aime me suive!* il faut monter un véritable hippogriffe pour ne point se laisser distancer...

Elle se tourna vers Hector, et ajouta en le regardant fixement :

— Me suivrez-vous, monsieur le marquis ?

Le jeune homme s'inclina sans répondre, car il sentait à merveille que dans ce moment son accent l'aurait trahi.

Il était deux heures.

Un valet de pied ouvrit la porte du salon et rompit la conversation par ces mots :

— Madame la marquise est servie.

———

Nous ne saurions donner à nos lecteurs qu'une idée très-imparfaite des jouissances infinies qui remplirent les premières journées d'Hector au château de Lormois.

La matinée était habituellement consacrée à la chasse à courre.

Diane, en costume d'amazone, c'est-à-dire vêtue d'une longue robe de drap vert à brandebourgs d'or, et coiffée d'un chapeau de feutre gris aux larges ailes, dont la plume blanche flottait au vent, accompagnait son mari et M. de Cout-Kérieux.

Son ravissant costume rehaussait encore sa beauté, et c'était merveille de la voir guidant avec une adresse et une audace peu communes le cheval andalou qu'elle montait, le dompter d'une main d'enfant, dont la peau fine et délicate cachait des nerfs d'acier, bondir avec lui par-dessus les obstacles sans même vaciller sur sa selle, et parfois, murmurant son fameux : *Qui m'aime, me suive!* se lancer dans l'espace avec une intrépidité telle, que les plus déterminés chasseurs devaient bientôt renoncer à l'accompagner.

Est-il besoin de dire que, dans ces occasions, M. de Cout-Kérieux ne se laissait guère devancer?

Le soir, Hector faisait de la musique avec Diane, et sa voix frémissait de volupté en s'unissant à celle de la jeune femme dans les langoureuses mélodies des ariettes à la mode.

Tout cela c'était du bonheur.

Un bonheur, d'autant plus complet, qu'il était pur de tout mélange de soucis et de tourments jaloux.

C'était bien pour lui, pour lui seul que Diane se parait, pour lui seul que Diane était belle !

Enfin, suprême félicité ! l'appartement de la jeune femme et celui de M. de Lormois étaient aux deux extrémités du château, séparés l'un de l'autre par une douzaine de pièces immenses, et chaque nuit Hector, depuis la tourelle où il logeait, voyait les lumières s'éteindre successivement chez le marquis et chez la marquise.

Donc. . . . .
Et c'était un bonheur de plus... les hommes sont si crédules sur ce chapitre !

Selon les us et coutumes de l'époque, on dînait à deux heures de l'après-midi au château de Lormois, et l'on soupait entre huit et neuf heures du soir.

Le souper ! qu'il nous soit permis de le dire en passant, nos pères ont fait preuve d'une déplorable inintelligence en blasphémant ce qu'avaient *adoré*, leurs pères, et en laissant tomber en désuétude *le souper*, le seul *amusant*, le seul joyeux de tous les repas.

XXI

Le rond-point.

Le marquis de Lormois avait pris l'habitude de se promener seul dans le parc, pendant une heure, tous les jours à la nuit tombante.

Il affectionnait pour cette promenade une longue allée

couverte qui longeait un des murs d'enceinte et aboutissait à un rond-point environné de massifs épais.

Ce rond-point, sorte de salon de verdure, était entouré d'un banc de granit circulaire, coupé par huit piédestaux placés à une égale distance les uns des autres.

Quatre de ces piédestaux supportaient des vases de bronze imitant l'antique.

D'assez belles statues de faunes et de bacchantes en pierre polie faisaient l'ornement des quatre autres.

Des ronds-points semblables à celui que nous venons de décrire se voyaient assez fréquemment dans les jardins du dix-huitième siècle, et l'on pourrait en retrouver quelques-uns de nos jours, dans certains parcs où ils ont été respectés.

Tout auprès, et derrière une des statues, se trouvait une petite porte ouvrant sur la campagne, mais constamment fermée, quasi-condamnée, dont la forte serrure était rongée de jour en jour davantage par une rouille épaisse, et qui disparaissait derrière les touffes épaisses d'une végétation vigoureuse.

Il existait cependant une clef de cette petite porte, clef qui pendait en compagnie d'une infinité d'autres de toutes les dimensions, à l'un des clous d'un immense tableau numéroté, placé dans la chambre de l'intendant du château.

Nous ne savons pourquoi l'avenue qui conduisait au rond-point avait reçu le poétique surnom de l'Allée des Soupirs.

C'était là, nous le répétons, que le marquis de Lormois allait passer une heure chaque soir.

Notons en passant un fait qui, pour Hector, passa presque inaperçu, et qui cependant doit jeter, pour nos lecteurs, une clarté singulière sur la suite des événements de cette histoire.

Un matin, la chasse habituelle ne devait point avoir lieu.

Diane était fatiguée, et M. de Lormois avait à surveiller quelques travaux de terrassement dans une partie reculée du parc.

Hector se sentit la fantaisie d'explorer quelque peu la campagne des environs; il monta donc à cheval et quitta le château.

Environ à un quart de lieue du village, il se trouva dans un site charmant.

A gauche, la lisière d'un bois protégé par un petit fossé en talus, couvert d'un gazon fin et doux.

A droite, une prairie coupée par des bouquets de grands arbres, et traversée par un petit ruisseau dont l'eau transparente comme du cristal courait en chantant sur un lit de cailloux.

Des saules pleureurs mouillaient dans ce ruisseau l'extrémité de leurs longues branches d'un vert pâle et argenté.

Au fond, à trois ou quatre portées de fusil, une maisonnette à un seul étage, recouverte comme d'un réseau par une immense vigne vierge qui formait des ogives naturelles pour les portes et pour les fenêtres.

L'air était doux, tiède, parfumé.

Les oiseaux chantaient amoureusement sur les arbres, et des myriades d'insectes brillants bourdonnaient entre les brins d'herbe.

Hector mit pied à terre, laissa la bride sur le cou de son cheval, et s'assit sur le gazon, où il s'abandonna bientôt à une rêverie profonde.

A quoi donc pensait-il?

Eh! mon Dieu! tout simplement à un sonnet galant qu'il se proposait d'élaborer en l'honneur de Diane, et qui lui vaudrait un gracieux sourire et quelques doux regards.

Mais, hélas ! notre pauvre marquise n'avait point reçu du ciel le don de poésie L'inspiration était rebelle et la rime ne l'était guère moins.

Il avait bien trouvé cependant, après de laborieux efforts, quelques rimes dans le genre de celles-ci :

« Ame,
« Flamme,
« Réclame. »

Ou bien :

« Amours,
« Toujours,
« Beaux jours. »

Ou encore :

« Espérance,
« Constance,
« Clémence. »

Il savait à merveille qu'il voulait dire à Diane :
« Qu'elle était le soleil de son *âme !*

« Qu'il éprouvait pour sa beauté la plus inextinguible *flamme !*

« Qu'il attendait d'elle le don d'amoureuse merci que tout amant bien épris *réclame !*

« Que leurs tendres *amours* ayant eu un commencement, mais ne devant point avoir de fin, dureraient incontestablement *toujours !*

« Et que pour eux la vie ne serait qu'une longue succession de *beaux jours !*

« Que, du reste, il nourrissait l'*espérance* de voir bientôt couronner sa *constance.*

« Et que, quant à cet humble sonnet, il croyait pouvoir espérer que celle en l'honneur de qui il avait été fa t l'accueillerait avec quelque *clémence !* »

L'imagination d'Hector avait été assez riche, disons-nous, pour moissonner ces lieux communs dans les champs de la galanterie banale, mais il éprouvait une insurmontable difficulté à les enchâsser dans la forme du vers.

Les épis étaient à terre, mais le faucheur ne pouvait point les réunir en gerbes.

Tandis qu'il était là, contractant les sourcils, se frappant le front, suant sang et eau, tantôt levant les yeux au ciel, tantôt les abaissant sur le gazon, son regard tomba tout à coup et s'arrêta pendant un instant sur la petite maison coquette dont nous avons déjà parlé.

Cet instant suffit pour qu'il vît la porte s'ouvrir, et deux hommes s'avancer sur le seuil.

L'un de ces hommes jeta tout à l'entour un coup d'œil défiant.

Mais la campagne était déserte.

Un groupe d'arbres masquait le cheval du marquis, et le marquis lui-même disparaissait presque entièrement, assis comme il l'était sur le bord du talus.

L'habitant de la maisonnette se montra donc à demi, et Hector put entrevoir, non point sa figure, la distance était trop grande pour distinguer les traits, mais une robe de chambre, qui, à en juger par l'éclat mordoré de ses couleurs, devait être d'un lampas magnifique.

Le second personnage portait une souquenille bleue par-dessus des vêtements de paysan.

Ils causèrent tous deux pendant un instant, puis l'homme à la souquenille s'éloigna, et la porte de la maison fut refermée.

Or, la direction prise par le deuxième interlocuteur l'amenait précisément du côté où notre héros *invoquait vainement les Muses.*

Il n'était plus qu'à une vingtaine de pas de M. de Cout-Kérieux, quand il aperçut ce dernier.

A son aspect, il tira de sa poche un large mouchoir de toile, feignit de se moucher afin de cacher ses traits sans affectation, fit un détour à gauche, hâta le pas, et ne tarda point à s'enfoncer dans le bois, où il disparut.

Mais Hector avait eu le temps d'entrevoir sa figure, figure commune, quoique spirituelle et narquoise, éclairée par des yeux de renard, et coupée en deux par un nez dont l'excessif vermillon attestait un culte exagéré de la divine bouteille.

Hector connaissait ce visage caractéristique ; il l'avait vu jadis ; mais où ? mais quand ?

Voilà ce dont il lui fut impossible de se rappeler, et comme dans ce moment l'inspiration fugitive vint par malice souffler à l'oreille du malheureux poète juste la moitié d'un hémistiche longtemps cherché, on devine qu'il ne se préoccupa point davantage d'évoquer ses souvenirs peu fidèles.

Après un temps assez long de labeur infructueux, M. Cout-Kérieux remonta à cheval et continua sa promenade à travers les bois.

Il remarqua seulement, en passant à côté de la maisonnette, que les volets et les contrevents en étaient soigneusement fermés.

Hector avait été poussé par le hasard, ou plutôt par le caprice de sa monture, du côté de cette partie des taillis où l'homme en souquenille avait disparu lui-même.

Au bout de quelques centaines de pas, et au moment de déboucher dans une clairière, il entendit un bruit de voix, et bientôt il aperçut trois individus qui discutaient avec beaucoup d'action.

L'un d'eux était l'homme qu'il avait vu peu d'instants auparavant.

A l'aspect d'Hector, il tourna de nouveau les talons, et se perdit sous la feuillée.

Le marquis poussa son cheval de manière à passer à côté des deux autres, dont l'aspect ne manqua point de le surprendre quelque peu.

Et certes il y avait de quoi.

Figurez-vous ce type étrange et bien connu du spadassin coupe-jarret, comme on en trouvait alors dans tous les mauvais lieux de Paris, et dont les dessinateurs et les graveurs de l'époque ont à l'envi reproduit les allures excentriques.

Sur la tête un large chapeau de feutre déformé, crânement incliné du côté droit, et orné d'un nœud de ruban fané et effiloqué.

Pour vêtement, un pourpoint graisseux constellé de taches, brodé de déchirures, et un haut de chausses presque indécent.

Joignez à ceci une longue brette à garde de fer, battant les mollets d'un air provocateur.

Imaginez une figure maigre et dont la peau semble tannée, tant elle est adhérente aux os, et recouverte d'une couche de bistre. Deux moustaches noires, démesurément longues, soigneusement cirées, et dont les pointes menacent le ciel.

Représentez-vous tout cet ensemble peu flatteur, et vous aurez une idée exacte des deux personnages auprès desquels passa M. de Kout-Kérieux, et qui se servirent de leurs chapeaux comme d'un éventail pour lui dérober en partie leurs traits.

— Vertudieu! se dit Hector, quand il les eut dépassés, les bois de ce pays-ci sont peuplés d'une façon singulière.

Il continua sa route, et, chemin faisant, se posa plus d'une fois cette question :

— Qui diable peut être ce gaillard au nez rouge, que je connais, j'en suis certain, et qui donne des rendez-vous à des oiseaux de mauvais augure.

Mais, en dépit de toutes ses recherches, la mémoire d'Hector resta infidèle.

C'est donc à nous d'apprendre à nos lecteurs que l'homme à la souquenille bleue n'était autre que mons Champagne, le fidèle valet de Chambre du comte Roland de Villarcy.

Le soir de ce même jour, à la tombée de la nuit, et au moment où M. de Lormois faisait sa promenade accoutumée, le hasard voulut que Diane et le marquis de Cout-Kérieux se trouvassent ensemble et seuls au salon.

L'obscurité descendait, nous venons de le dire, mais les dernières clartés du crépuscule jetaient à travers les vitres des hautes fenêtres une lueur douce et voilée.

Quand Hector entra, Diane était assise au fond de l'une des profondes embrasures où d'habitude elle travaillait à quelque ouvrage de tapisserie.

Ses deux mains se joignaient sur l'un de ses genoux, son regard errait dans le vague, contemplant, sans les voir, les étoiles naissantes au-dessus des grands arbres.

En entendant le bruit léger des pas d'Hector, elle tourna à demi la tête, mais elle reprit aussitôt son attitude distraite et rêveuse.

Hector s'assit sur un tabouret aux pieds de la jeune femme.

Diane le laissa faire. Elle abaissa ses yeux vers lui et rencontra son regard, qui s'attachait avec ivresse sur le doux et beau visage qu'il entrevoyait dans l'ombre.

Il prit doucement une des mains de la marquise, Cette main lui fut abandonnée.

Alors Il se mit à genoux.

Diane pencha vers lui son front. Pendant un instant leur souffle et leurs cheveux se mêlèrent.

— Diane... murmura le jeune homme, d'une voix que l'émotion rendait tremblante.

La marquise se redressa soudain. On eût dit qu'elle s'éveillait d'un rêve, à la voir passer la main sur son front, tandis qu'elle disait tout bas et comme se parlant à elle-même :

— Il faut que cela finisse ! il le faut ! il le faut !

Et sans attendre qu'Hector l'interrogeât, elle reprit :

— Monsieur le marquis...

— Madame... fit Hector, qui se sentit le cœur serré, tant une froideur de glace avait subitement remplacé l'éclair de passion qu'il s'attendait à voir briller.

— Monsieur le marquis, poursuivit la jeune femme, j'ai à vous dire des choses sérieuses et tristes ; je vous supplie de m'écouter sans m'interrompre ; je vous supplie de me comprendre et de me pardonner...

— Vous pardonner, madame ! s'écria le marquis, ai-je bien entendu ! vous pardonner, moi ! mais qu'aurais-je à vous pardonner ? Vous jouez-vous de moi, et que signifient vos paroles ?

— Je vous ai prié, mon ami, de ne point m'interrompre. Vous m'aimez, Hector, vous m'aimez, je le sais, d'un amour sincère et profond.

— Oh ! bonheur ! vous le savez ! vous le croyez !....

— Armez-vous donc de courage et de résolution, mon ami, car c'est cet amour que je viens vous supplier de vaincre...

— Jamais ! j'aimerais mieux mourir !

— Vous ne mourrez point, et vous cesserez de m'aimer, quand je vous aurai bien fait comprendre que votre amour est sans but, et qu'il est sans espoir.

— Sans espoir ! que dites-vous, mon Dieu ! étais-je

donc égaré par un rêve de fol orgueil, quand il me semblait que votre regard devenait presque tendre en se fixant sur moi; quand il me semblait que votre voix se faisait plus douce en me parlant; quand je croyais, enfin, ne voir dans votre accueil ni indifférence ni dédain.

— Non, vous ne rêviez point, car tout cela était réel...

— Eh bien! madame?

— Eh bien! mon ami, je vous le disais tout à l'heure, j'ai besoin d'un pardon, car j'ai été coupable.... bien coupable...

— Je ne vous comprends pas!

— J'ai joué avec vous le triste jeu de la coquetterie... j'ai voulu vous attacher à mes pas pour me distraire des fades adulateurs dont mes salons étaient remplis... Aujourd'hui je comprends ma faute, et je tâche de la réparer, en vous disant, avec une complète franchise, que je conserverai toujours pour vous une vive et sincère affection, mais que je n'aurai jamais d'amour...

Diane, en parlant ainsi, obéissait tout à la fois à un sentiment généreux et à un instinct de prudence. D'une part, elle voyait la passion d'Hector grandir de jour en jour, et elle se reprochait d'avoir par ses encouragements perfides, attisé cet incendie; de l'autre, elle craignait que M. de Cout-Kérieux, s'il continuait à vivre plus longtemps si près d'elle, ne finît par ouvrir les yeux sur la coupable intimité qui l'unissait au comte Roland.

Hector, lui, avait écouté la jeune femme avec une stupeur morne et croissante. Il lui semblait sentir la vie s'en aller de son âme, tandis que Diane lui disait avec calme qu'elle ne l'avait jamais aimé et qu'elle ne l'aimerait jamais.

Pendant un moment, il lui sembla que le sang s'arrêtait dans ses veines, et que son cœur cessait de battre;

mais soudain une pensée inattendue traversa son esprit, l'énergie lui revint à flots, et il s'écria avec une exclamation passionnée :

— Diane! Diane! vous me trompez, ou vous vous trompez vous-même! Je ne peux pas! je ne veux pas vous croire... Pourquoi vous croirais-je d'ailleurs? est-ce autrefois que vous disiez vrai, alors que vos regards et vos sourires étaient tout chargés de promesses d'amour? Est-ce aujourd'hui, aujourd'hui, que votre voix est froide et que vos yeux semblent glacés? Je crois au passé, Diane, et je renie le présent! et puis, d'ailleurs, il me reste l'avenir... J'attendrai, madame, j'attendrai le jour où, à force de passion et de dévouement, je vous aurai prouvé que je suis digne de votre tendresse, et alors vous m'aimerez.... il le faut.... je le veux... et je vous jure que cela sera!....

Et sans laisser à madame de Lormois le temps de répondre un seul mot, Hector se leva, sortit précipitamment du salon et s'enfonça dans les jardins.

Il allait droit devant lui, la tête nue, le front brûlant, perdu dans ses craintes, dans ses désirs et dans ses espérances, et se répétant l'une après l'autre les moindres paroles qu'il venait d'entendre prononcer à Diane dans l'entretien précédent.

Le hasard le conduisit à son insu dans l'allée couverte où le marquis de Lormois se promenait d'habitude.

Arrivé au rond-point, il se laissa tomber sur un banc de pierre, s'adossa machinalement au piédestal de l'une des statues, et son âme s'envola de plus belle dans les domaines de la rêverie.

Quelques minutes s'écoulèrent ainsi.

L'obscurité avait remplacé peu à peu les dernières lueurs du crépuscule. Un silence profond régnait sur le parc et sur les jardins. Tout à coup retentit, dans le massif et derrière Hector, un bruit semblable au grincement d'une clef tournant dans une serrure rouillée.

M. de Cout-Kérieux ignorait l'existence de la petite porte dont nous avons parlé.

Il obéit à un vague sentiment de curiosité, et resta assis, immobile et silencieux.

Au bruit de la serrure succéda celui de la porte elle-même, qu'on faisait tourner avec précaution sur ses gonds criards.

Les arbrisseaux du massif furent entr'ouverts par une main furtive, et Hector entrevit vaguement, à dix pas de lui, les silhouettes de deux hommes qui s'arrêtèrent un instant et parurent écouter.

Nul bruit ne se faisait entendre.

Les deux hommes firent quelques pas et se parlèrent à voix basse.

Pourtant, au milieu du silence de la nuit, Hector put distinguer ces mots :

— As-tu laissé la porte ouverte ?

— Parbleu !

— C'est bon. On nous a dit l'allée à gauche, n'est-ce pas ?

— Oui.

— Nous y sommes. Voilà le rond-point. Il passera devant nous.

— S'il vient... J'ai peur qu'il ne soit trop tard.

— Eh ! non !

— Dans tous les cas, ce serait ta faute, tu n'en finissais pas !...

— Qu'est-ce que tu veux, j'ai besoin de boire avant de *travailler* !

— Et l'autre, où est-il ?

— A la *baraque*.

— Avec l'argent ?

— Sans doute... Sitôt la besogne faite, on nous paye et nous filons.

— Chut! je crois entendre quelque chose.

Les deux hommes disparurent dans l'ombre et se confondirent avec la verdure qui les environnait.

Le cœur d'Hector battait avec violence.

Il entrevoyait quelque projet sinistre.

Quels étaient ces hommes? qu'attendaient-ils? que voulaient-ils?

Il n'était point d'ailleurs exempt de toute inquiétude pour lui-même. Si sa présence était découverte, sa vie pouvait courir un danger des plus graves.

Que faire, avec une épée de parade plus élégante que dangereuse, contre deux assassins, armés peut-être jusqu'aux dents?

Devait-il essayer de fuir et donner l'alarme au château?

Devait-il au contraire rester ou il était, attendre et protéger autant qu'il le pourrait celui qu'on allait attaquer sans doute?

Il hésitait encore quand un pas retentit sur le sable de l'allée couverte.

Ce pas était lent, calme et s'approchait peu à peu.

Déjà le nocturne promeneur touchait presque au rond-point.

Hector reconnut le marquis.

Il se leva pour courir à lui.

Il ouvrit la bouche pour crier : *prenez garde!*

Mais avant qu'il ait eu le temps de faire un mouvement ou de prononcer une parole, les deux hommes embusqués quittèrent à la fois leurs cachettes, et s'élancèrent sur M. de Lormois.

Ce dernier, surpris à l'improviste, ne put même porter la main sur la garde de son épée.

L'un des assassins l'étranglait avec sa cravate qu'il lui tordait autour du cou, tandis que l'autre cherchait la place du cœur avec la pointe de son poignard.

C'en était fait du mari de Diane, quand soudain la scène changea.

Hector, arrivé par derrière, surprit les assassins à son tour, et plongea son épée jusqu'à la garde entre les épaules de l'homme qui tenait le marquis à la gorge.

Le misérable tomba en poussant un cri rauque et bien vite étouffé par le sang qui jaillit de sa bouche.

Son compagnon, épouvanté, lâcha son poignard et s'enfuit.

M. de Lormois n'avait d'autre mal qu'une profonde meurtrissure au cou, et une déchirure fort légère à la poitrine.

Il courut au château avec Hector, son sauveur, et tous deux revinrent sur la scène du crime accompagnés de domestiques qui portaient des torches et des flambeaux.

On releva le cadavre de l'assassin tué par Hector, il était étranger au pays, et personne ne l'avait jamais vu, excepté cependant M. de Cout-Kérieux, qui reconnut en lui un des coup-jarrets dont il avait surpris le rendez-vous dans les bois avec l'homme en souquenille bleue.

La petite porte fut trouvée ouverte.

Une clef était encore dans la serrure, et cependant l'autre (la seule, avait-on cru jusqu'à ce jour), pendait encore suspendue à son clou, sur le grand tableau numéroté de la chambre de l'intendant.

M. de Cout-Kérieux raconta les faits dont il avait été témoin pendant sa promenade du matin.

On se transporta aussitôt à la maisonnette désignée par lui.

Elle était vide ; seulement, le complet désordre qu'on y remarqua et des restes de linges et de vêtements achevant de se consumer dans une cheminée, attestaient un brusque départ.

On interrogea le propriétaire; il avait loué, quelques jours auparavant, à un étranger qui l'avait payé d'avance et dont le signalement s'accordait à merveille avec celui de l'homme au visage bourgeonné.

En apprenant tous ces détails, et surtout en voyant la clef, Diane pâlit et fut au moment de se trouver mal, car cette clef, elle l'avait donnée elle-même au comte Roland de Villarcy.

XXII

Le comte Roland.

ette tentative d'assassinat, dont les motifs restaient obscurs et que l'on pouvait craindre de voir se renouveler, décida le marquis de Lormois à quitter la Touraine et à ramener Diane à Paris.

M. de Cout-Kérieux les y avait précédés.

———

Laissons s'écouler quelques jours, et transportons-nous dans une élégante chambre à coucher de l'hôtel du comte Roland.

Il est huit heures du soir, et sur la cheminée brûlent les bougies de deux candélabres d'argent d'un précieux travail.

Roland, vêtu d'une robe de chambre de velours noir, doublée de satin cerise, que la cordelière dénouée laisse flotter derrière lui, se promène rapidement dans cette pièce.

Son allure est brusque et saccadée.

Tantôt il va droit devant lui avec une impétuosité telle, qu'il se heurte presque à la muraille tendue de damas couleur feuille morte.

Tantôt il tourne sur lui-même, comme les bêtes fauves ont coutume de le faire dans leurs cages.

L'expression de ses traits change à chaque instant.

Parfois un éclair de joie farouche illumine ses yeux et son front, et presque aussitôt il froisse avec colère une lettre qu'il tient à la main ; sa figure devient terrible, ses sourcils se contractent, et le violent orage qui gronde au-dedans de lui se lit sur son visage bouleversé.

De temps en temps il regarde la pendule et s'arrête pour écouter.

On frappe doucement à la porte.

— Entrez ! dit-il.

Et il s'appuie contre la cheminée.

La porte s'ouvre et laisse voir Champagne, le valet de pied que nous connaissons.

— Eh bien ? demande vivement Roland.

— C'est fait, monsieur le comte.

— Mon billet ?...

— Je l'ai remis.

— A qui ?

— A Mariette.

— Ainsi, dans ce moment...

— Dans ce moment il est entre les mains de madame la marquise.

— C'est bien !

— Monsieur le comte n'a plus besoin de moi ?

— Non, reste dans l'antichambre... je n'y suis pour

personne, pour personne, excepté pour ELLE... Tu m'entends bien ?

— Parfaitement, monsieur le comte.

Champagne sortit.

Roland, resté seul, recommença sa promenade dans la chambre avec plus d'emportement, si cela est possible, que l'instant d'auparavant.

Et tout en marchant, il murmurait des mots interrompus :

— Elle a lu mon billet, se disait-il, elle va venir... elle viendra... elle pourrait ne pas venir... elle ne l'oserait pas !...

Il broyait de nouveau convulsivement la lettre qu'il tenait dans ses mains, et il ajoutait :

— Il faut qu'elle soit folle, cette femme... oui, folle, pour m'avoir écrit cela !... elle sait bien qu'elle doit m'obéir !... qu'elle m'appartient, et qu'il faut qu'en toutes choses ma volonté soit faite !

. . . .

« Et dire que tout serait fini ! irrévocablement fini, sans cet imbécile qui ne tue pas et qui se laisse tuer !

« Enfin, c'est à refaire !...

« Pourquoi n'est-elle pas encore ici ?

« Elle a eu le temps de venir depuis l'hôtel, ce me semble ! »

Roland regarda de nouveau la pendule.

— Non, reprit-il, non, pas encore... Champagne marche plus vite qu'une femme... et elle aura été forcée de venir à pied...

« Mais dans dix minutes... dans un quart d'heure au plus, elle doit être ici !...

« Comme le temps me semble long !...

« Que va-t-elle me dire ?...

« Ce sera sans doute une scène de violence... ou de larmes !... Que m'importe ?

« Les dix minutes sont écoulées!... elle ne vient pas !...

« Ah ! la voilà ! »

Au moment où le comte Roland prononçait ces derniers mots, Champagne ouvrit la porte, et dit :

— Madame la marquise !

Diane entra.

Elle était enveloppée dans une grande pelisse de taffetas noir, dont le capuchon rabattu masquait en partie son visage.

Quand la porte se fut refermée derrière elle, elle ôta cette pelisse et la jeta sur un meuble.

Elle était étrangement pâle, mais ses yeux brillaient d'un éclat fiévreux, et pour ainsi dire phosphorescent.

— Me voici, fit-elle.

Une seconde avait suffi au comte Roland pour rendre à ses traits l'apparence du plus grand calme, et nulle trace de sa précédente agitation ne se voyait sur sa figure.

Il s'avança vers la marquise comme si leur entrevue avait été la chose la plus simple, et lui prenant galamment la main il la conduisit près d'un fauteuil, en lui disant :

— De grâce, asseyez-vous, chère Diane !

La jeune femme se laissa tomber sur ce siége et répéta :

— Me voici. Que me voulez-vous ?

— Ce que je vous veux, répondit Roland avec un sourire. Pouvez-vous me le demander ? Je veux vous voir, ma belle amie, pour vous répéter que je vous aime.

L'expression forcée avec laquelle furent prononcées ces galantes paroles, leur donnait quelque chose d'étrange et de terrible.

La jeune femme se leva sans répondre, reprit son mantelet et se dirigea vers la porte.

— Où allez-vous ? demanda Roland.

— Je m'en vais.

— Y songez-vous, Diane ?

— Oui, je le répète, puisque vous n'avez à me parler que de votre amour, je m'en vais !

— Ah ! c'est ainsi !

— C'est ainsi, oui, monsieur.

— Eh bien ! soit ! vous le voulez, j'y consens. Abordons de front et à l'instant même l'explication qu'il faut que nous ayons ensemble.

Diane ôta son mantelet et se rassit.

— J'attends, dit-elle.

— Nous y voici, madame. Depuis votre retour à Paris, je me suis présenté dix fois chez vous... est-ce vrai ?

— C'est possible, monsieur. Après ?

— A chacune de ces visites, la porte était fermée pour moi. Est-ce encore vrai, cela, madame ?

— C'est vrai.

— Par votre ordre, sans doute ?

— Par mon ordre, oui, monsieur.

— Enfin, hier, étonné et blessé de cette conduite à mon égard, je vous écrivis, et ce matin je reçus une lettre.

Le comte Roland montra à Diane le billet qu'il avait si longtemps froissé dans ses mains, et il ajouta :

— Cette lettre, la voici, elle est bien de vous, n'est-ce pas ?

— Elle est bien de moi, oui, monsieur.

— Vous m'enjoignez dans cette lettre de ne plus mettre les pieds à l'hôtel de Lormois, et vous ajoutez que si malgré cette défense j'osais y retourner, je ne vous y trouverais jamais. Ce que vous vouliez

alors, madame la marquise, le voulez-vous toujours?
— Toujours, oui, monsieur.
— Ainsi, vous ne m'aimez plus?
— Et je rougis de vous avoir aimé!
— Ainsi, vous êtes venue ici...
— Pour vous répéter ce que je vous ai déjà écrit, pour vous ordonner d'oublier que vous m'avez connue... Maintenant, je pars.

Diane fit un mouvement pour sortir. Roland l'arrêta.

— Pardon, madame, lui dit-il avec un calme effrayant. Il ne me convient pas que vous sortiez en ce moment de chez moi.

— Il ne vous convient pas, monsieur!! répéta Diane avec hauteur.

— Non, madame...

— Et de quel droit?

— J'en ai de positifs et d'incontestables, car enfin vous n'avez point, je le suppose, la prétention de nier que je suis votre amant?

— Vous, mon amant!... un assassin!!

— Diane, j'use de patience, vous le voyez ; cependant, prenez garde...

— A quoi, et qu'ai-je donc à craindre? je vous ai aimé, c'est vrai ; mais je ne vous connaissais pas! Je me suis donnée à vous, c'est vrai et c'est infâme ; mais je ne vous connaissais pas. Maintenant que je sais ce que vous avez fait, c'est à vous de trembler devant moi, c'est à vous de me remercier à genoux de ce que je ne vous ai point encore livré à la justice...

— Diane, interrompit le comte, vous êtes bien folle ou bien oublieuse... Je vais tâcher de vous rendre un peu de raison, et de raviver vos souvenirs. D'abord, vous n'êtes point venue ici, comme vous le prétendiez il n'y a qu'un instant, pour me dire d'oublier que je vous ai connue...

— Et pourquoi donc alors, monsieur ?...

— Tout simplement, mon Dieu, parce que vous vous sentez dans mon absolue dépendance ; parce que vous comprenez à merveille que vous êtes forcée de m'obéir !

— Est-ce tout, monsieur ?

— Non, madame. Vous me menacez de la justice... Me livrer ! vous ! allons donc ! nouvelle folie, nouvel oubli, car vous êtes ma complice.

— Votre complice ! moi ! moi !!!

— Sans doute. Écoutez plutôt. J'ai voulu faire tuer votre mari. Mon Dieu, c'est vrai, nous sommes seuls, et j'en conviens hautement devant vous. Vous ne saviez pas le premier mot de ce petit projet, j'en conviens de même avec vous, et je vous déclare innocente. Entre nous, madame, nous savons le mieux du monde à quoi nous en tenir, mais si vous me meniez devant des juges, qu'arriverait-il, je vous prie ?

» On commencerait par rechercher les motifs qui pouvaient me faire désirer la mort de M. de Lormois. Avais-je contre lui quelque sujet de haine personnelle ? Pas le moindre. Seulement il était votre mari et j'étais votre amant ; lui mort, je pouvais vous épouser, voilà tout. Et remarquez bien qu'on ne pourrait point élever une preuve contre moi qui ne retombât aussitôt sur vous. La clef avec laquelle les meurtriers se sont introduits dans le parc, n'est-ce pas vous qui me l'aviez donnée ? N'aurait-on pas le droit de supposer que, si j'ai été l'instrument qui frappe, vous étiez, vous, la pensée qui conçoit ? Je déclarerais, je vous le jure, que je n'ai agi que poussé par vous, et si je succombais, nous succomberions ensemble...

— Oh ! mon Dieu ! mon Dieu ! s'écria Diane en tombant à genoux et élevant les mains vers le ciel.

— Vous le voyez, continua froidement le comte, vous

êtes en mon pouvoir complètement, étroitement. Oublions tous deux, vous, la lettre que vous m'avez écrite, moi, la lettre que j'ai reçue de vous. Vivons ensemble comme par le passé ; je vous aime encore, aimez-moi toujours, et si quelque jour (un peu plus tôt, un peu plus tard), le hasard veut qu'il arrive *un malheur* à votre mari, eh bien ! nous n'en serons nullement responsables ; vous pleurerez autant que le décorum l'exigera ; vous ferez élever à ce cher marquis un magnifique mausolée, et sitôt après le deuil, au lieu de rester madame de Lormois, vous deviendrez la comtesse de Villarcy ! Voilà tout, qu'en dites-vous ?

— Et personne ne me sauvera de cet homme ! murmura la marquise.

— Personne, répondit Roland avec ironie ; je doute même que vous ayez grande envie d'appeler à votre secours, ma chère belle, car vous comprenez de reste qu'il ne serait guère prudent de mettre quelques intrus dans le secret de nos petites affaires d'intérieur...

Roland s'interrompit tout à coup.

— Qu'est-ce que cela ? s'écria-t-il.

On entendait dans l'antichambre le bruit d'une violente discussion, et la voix de Champagne n'avait pas le dessus.

Soudain la porte s'ouvrit.

XXIII

Guillaume Lepicard.

La porte s'ouvrit, disons-nous, et le plus inattendu des personnages de cette histoire, Guillaume Lepicard parut sur le seuil.

Il semblait grandi dans sa petite taille, il agitait avec des mouvements colériques sa longue canne d'ébène à pomme d'or ciselée, et ses yeux gris étincelaient d'indignation.

M. de Villarcy, à la vue de Guillaume, ne put retenir une exclamation d'étonnement.

La marquise se leva comme en sursaut, et une vive joie intérieure vint éclairer son visage pâle.

Lepicard se méprit à l'expression des traits de la jeune femme ; il fit un pas vers elle, et lui dit d'une voix émue :

— N'ayez pas peur, madame, ce n'est point à vous que j'ai affaire, c'est à monsieur le comte...

— A moi ! fit Roland, revenu de sa première surprise. Voilà qui est étrange... je ne vous connais point... je ne veux point vous connaître, je trouve fort surprenant que vous vous introduisiez dans mon logis et jusque dans ma chambre, malgré mes gens et malgré mes ordres ; enfin quoi que vous ayez à me dire, je refuse de vous entendre et je vous ordonne de sortir.

— Monsieur le comte, répondit Guillaume en croisant ses bras sur la poitrine, et sans paraître avoir entendu la tirade de Roland, écoutez-moi bien, je vous prie, et pesez mes paroles :

« Vous avez attiré chez vous, par je ne sais que moyen infâme, madame la marquise Diane de Lormois qui nous entend.

» A compter d'aujourd'hui, je vous défends de vous présenter chez elle !

» Je vous défends de lui écrire !

» Je vous défends de chercher à la voir ! Tenez-vous ceci pour dit, et pour bien dit, monsieur le comte !

— Vous me *défendez !* s'écria Roland, bouillant de colère. Ah ! vous me *défendez !* Le mot est plaisant, sur mon honneur... Mais qui donc êtes-vous, pour oser ?...

— Je suis, interrompit Guillaume, je suis un homme qui peut vous perdre.

» Le jour où vous aurez transgressé l'un des ordres que vous venez de recevoir de moi, une déposition en bonne forme sera remise à M. le lieutenant de police, et vous aurez à répondre de la tentative d'assassinat commise sur la personne de M. le marquis de Lormois.

» Toutes les preuves sont entre mes mains, et je m'en servirai.

» Qu'avez-vous besoin maintenant de savoir qui je suis, puisque vous savez ce que je ferai ? »

Roland, muet, de rage et d'épouvante, se taisait anéanti.

Guillaume reprit alors la parole, et dit en s'adressant à Diane :

— Je vais avoir l'honneur, madame la marquise, de vous reconduire jusqu'à votre hôtel ; daignerez-vous prendre mon bras ?

La jeune femme s'appuya silencieusement au bras de Lepicard, et tous deux quittèrent la chambre et bientôt la maison de M. de Villarcy.

La stupeur et l'anéantissement du comte, resté seul, ne furent point de longue durée.

Il échangea rapidement sa robe de chambre contre le premier vêtement qui lui tomba sous la main, prit son chapeau et son épée, bouscula dans l'antichambre Champagne, qui voulait s'excuser d'avoir laissé violer sa consigne, et s'élança dans l'escalier.

Il vit dans la rue, à deux cents pas à peu près, Diane et le vieillard dont la marche était lente, car la jeune femme, brisée par de si terribles émotions, se soutenait à peine.

Roland les suivit, en ayant soin de conserver la distance qui le séparait d'eux, et de raser les maisons du côté où les réverbères jetaient la plus faible lueur.

Cette précaution était utile pour n'être point reconnu si Lepicard venait à se retourner, ce qu'à vrai dire il fit plus d'une fois.

Diane et son guide arrivèrent à la place Royale, la traversèrent, et bientôt entrèrent dans la rue des Tournelles.

Guillaume agita le lourd marteau de l'hôtel. La porte s'ouvrit et se referma sur la jeune femme.

Le vieillard revint sur ses pas.

La rue n'était point complètement déserte.

Roland se cacha dans l'embrasure d'une porte et Lepicard passa devant lui sans l'avoir aperçu.

M. de Villarcy lui laissa prendre un peu d'avance, puis sortit de sa cachette et le suivit de nouveau.

Ceci dura longtemps, car Guillaume retournait chez lui, et il y a loin de la rue des Tournelles à la rue du Mail.

Cependant on approchait.

A l'angle de la rue Montmartre, il y avait dans ce moment une maison en démolition.

Des matériaux épars encombraient la voie publique ; l'un des réverbères avait été brisé par quelque rôdeur de nuit ; l'obscurité était compacte et personne ne passait.

Roland hâta silencieusement le pas, rejoignit Guillaume par derrière, tira son épée, et la lui plongea deux fois dans le corps.

Le vieillard se retourna à demi, reconnut Roland et tomba en poussant un faible cri.

Le comte essuya son arme souillée de sang dans les vêtements de sa victime, et s'éloigna rapidement.

Il n'avait pas fait deux cents pas, qu'une irrésistible impulsion le contraignit à revenir en arrière ; il voulut savoir ce qui allait arriver, et il se cacha parmi les décombres de la maison en démolition, à dix pas à peine du cadavre.

Pendant une demi-heure environ, il ne passa personne.

Enfin, un groupe de trois ou quatre bourgeois, dont l'un portait une petite lanterne, descendit des profondeurs de la rue Montmartre et s'engagea dans la rue du Mail.

L'homme au fallot heurta du pied le corps étendu, trébucha et faillit tomber.

Sa lanterne lui échappa des mains et s'éteignit.

— Miséricorde! s'écria-t-il, qu'y a-t-il là par terre?

— Un moellon, sans doute, répondit un de ses compagnons.

— Non pas, c'est quelque chose de mou; on dirait le corps d'un homme.

— Quelque ivrogne, peut-être, qui cuve son vin sur le pavé du roi.

— Dame! ça se peut. Rallumez la lanterne, vous autres, nous verrons bien.

Tandis que l'un des bourgeois battait le briquet, celui qui s'était heurté le premier au cadavre se pencha et toucha le corps.

— C'est bien un homme, dit-il en se relevant... ses habits sont mouillés.

— Il aura cassé sa bouteille en tombant.

— C'est possible...

En ce moment la clarté jaillit et une flamme vive vint s'attacher à la mèche du fallot.

— Que Dieu ait mon âme! s'écria le premier interlocuteur avec une terreur profonde, ce n'est pas du vin, c'est du sang!

— Un homme assassiné! mon doux Sauveur! il faut aller prévenir le guet...

— Certainement, mais d'abord voyons sa figure, nous le connaissons peut-être.

On souleva le corps de Guillaume, et l'un des bourgeois s'écria :

— Je le crois bien que nous le connaissons ! c'est ce pauvre Lepicard qui demeure à côté d'ici ! Dieu veuille avoir son âme ! c'était un bien brave homme !

— Que faire ?

— Portons-le chez lui, nous préviendrons le guet plus tard.

Les citadins choisirent parmi les décombres quelques débris de charpente avec lesquels ils firent une sorte de brancard qui servit à transporter jusqu'à sa maison le corps inanimé du vieillard.

Roland suivit le funèbre convoi, et voulant tout voir jusqu'au bout, il se cacha près de la porte.

———

Tandis que se passaient les sinistres événements que nous venons de raconter, Diane, rentrée dans son hôtel et livrée aux soins de Mariette, qui préparait sa toilette de nuit, semblait un corps sans âme, tant il y avait d'atonie dans son regard morne, et tant ses mouvements incertains et saccadés indiquaient l'absence complète de volonté et d'énergie.

Ses dents claquaient ; on voyait qu'elle était en proie à une fièvre violente.

Tout à coup il se fit en elle une révolution.

Elle se leva avec cette roideur automatique particulière aux somnambules. Une vive agitation et une singulière épouvante se peignirent presque en même temps sur son visage ; elle saisit la main de Mariette et la serra fortement en lui disant :

— J'ai peur ! j'ai peur !

— Vous avez peur, madame la marquise, répondit la jeune fille, et de quoi ?

— Il vient d'ariver un malheur, un grand malheur ! Je le sens, je le vois !

— Calmez-vous, madame, dit la femme de chambre effrayée de l'exaltation de Diane, vos mains brûlent, vous avez la fièvre.

— Qu'importe ?... Donne-moi mon mantelet, Mariette, et sortons.

— A cette heure !!!

— Il le faut.

— Mais, madame...

— Il le faut, je te le répète.

— Mais où allons-nous ?

— Rue du Mail.

— Chez M. Lepicard !... s'écria la jeune fille stupéfaite.

— Oui... chez lui ! chez MON PÈRE !!

Et Diane, de plus en plus exaltée par les ardeurs de la fièvre, s'enveloppa de son mantelet et sortit avec Mariette.

Quand elles arrivèrent, l'allée de la maison était pleine de monde et l'on entendait des voix qui murmuraient

— Il est mort !

Diane monta.

La porte de l'antichambre était ouverte, et des gens de justice encombraient cette pièce.

Elle ouvrit une seconde porte et vit un lit sur lequel reposait un corps ensanglanté.

De chaque côté brûlait un cierge.

Une jeune fille sanglotait en priant Dieu, agenouillée auprès du chevet.

Diane recula en poussant un long cri.

Puis elle tourna par deux fois sur elle-même et tomba sans connaissance au pied du lit.

XXIV

Le mot de l'énigme.

Nous avons dit que le comte Roland attendait, toujours caché, près de la maison de la rue du Mail.

Il avait vu entrer Mariette et la marquise, mais il ne les avait pas reconnues.

Au bout d'une demi-heure, Mariette ressortit escortée par un homme de la police.

Bientôt elle revint, et cette fois accompagnée par M. de Cout-Kérieux.

Roland reconnut le marquis et s'épouvanta de sa présence en ce lieu, tout en se disant que l'homme frappé par lui était mort et bien mort.

En cela il se trompait. Guillaume, quoique blessé mortellement, avait repris connaissance, et sa première parole, en se souvenant de ce qui s'était passé, avait été pour dire à Mariette, qu'il vit auprès de lui, de courir chez M. de Cout-Kérieux, et de le lui amener.

Hector se rendit en toute hâte à la prière du mourant.

Quant il entra dans la chambre, Guillaume, livide,

les yeux fermés et entourés d'un cercle bistré, semblait avoir déjà cessé de vivre.

On voyait au bord de ses lèvres une mousse sanguinolente, et les draps blancs de son lit étaient souillés par de larges taches de sang.

Frappé de stupeur par ce spectacle terrible, Hector ne vit point une jeune femme qui pleurait amèrement, assise au pied du lit.

Le corps toujours inanimé de la marquise Diane avait été transporté dans une autre chambre, avant que Guillaume sortît de son évanouissement léthargique.

Le vieillard, en entendant Hector, rouvrit les yeux, et dit d'une voix faible :

— Merci d'être venu, monsieur le marquis, merci.

Et il fit un effort pour lui tendre la main, que M. de Cout-Kérieux prit entre les siennes et serra affectueusement.

— Je vous ai fait appeler, poursuivit Lepicard, parce que j'ai à vous adresser une prière, et comme le dernier vœu d'un mourant est toujours exaucé, vous ne me refuserez point, et je mourrai tranquille.

— Vous avez eu raison de compter sur moi, dit Hector, quelle que soit la chose que vous me demandiez, par l'âme de ma mère, je jure de l'accomplir !

— Encore une fois merci ! Vous avez aimé Diane, n'est-ce pas ?...

— La marquise Diane de Lormois ! fit Hector stupéfait.

— Oui... répondit le mourant.

— Je l'ai aimée, poursuivit Hector. Et je l'aime toujours...

— Vous ne savez donc rien... Mariette ne vous a donc rien dit ?...

— Rien...

— Eh bien ! écoutez, écoutez... moi, je vais tout

vous dire, mais approchez-vous de mon lit, car mes forces s'épuisent et mon souffle s'en va...

En ce moment, la jeune femme assise au pied du lit laissa échapper un sanglot convulsif.

Hector la regarda pour la première fois, et ne put retenir un cri d'étonnement.

— Vous ici, madame! vous! dit-il.

— Qui donc? demanda le vieillard.

— Ne la voyez-vous pas!... elle!... madame Diane.

Lepicard secoua la tête en signe de dénégation.

— Non, dit-il, Diane est bien belle, c'est vrai, mais pas aussi belle que celle-ci.

Hector se tourna vers Mariette et l'interrogea du regard.

Guillaume saisit ce regard et en comprit le sens.

— Vous vous trompez, monsieur le marquis, reprit-il. Je n'ai point le délire et je vous dis la vérité. Cette enfant qui pleure auprès de moi, c'est la vivante image de Diane, mais ce n'est pas Diane.... D'ailleurs, vous allez tout comprendre...

Il s'interrompit pendant un instant, et poursuivit :

— Mon Dieu! je suis faible, ma voix s'étouffe... encore un moment! Seigneur mon Dieu! encore un moment!...

Après un nouveau silence, il appela Mariette du geste, et lui dit :

— Mon enfant, tu vois sur cette console un flacon et un verre... apporte-les moi...

— Mais c'est du vin d'Espagne, monsieur, répondit la jeune fille épouvantée.

— Je le sais bien...

— Mais pour vous, c'est mortel!

— Qu'importe! ce qu'il me faut, c'est de la force pour cinq minutes; ainsi, donne, mon enfant, donne vite

Mariette obéit en pleurant.

Elle remplit un verre à moitié, et Guillaume le vida d'un trait.

Une rougeur passagère vint empourprer les pommettes de ses joues livides, et il reprit d'une voix plus forte :

— Regardez, monsieur le marquis, regardez cette belle jeune fille que vous avez prise pour Diane. C'est Denise, c'est sa sœur et ma fille aussi, car j'ai deux enfants...

— Que dites-vous ? s'écria M. de Cout-Kéreùx. Quoi ! la marquise de Lormois est votre fille ?

— Ma fille aînée, oui, monsieur le marquis. Je poursuis : Vous vous souvenez, sans doute, que je vous ai dit autrefois que j'avais eu l'honneur d'être le valet de chambre de M. le duc de Richelieu. Un jour, j'appris que je me trouvais plus riche que mon maître. Un parent éloigné, que je connaissais à peine, mourut en me laissant par son testament une fortune immense, colossale, trois millions.

» Je quittai M. le duc, et je me mis à vivre pour mes enfants... J'étais veuf et j'avais deux filles, Diane et Denise...

» Les années se passèrent... mes filles devinrent belles comme des anges. De corps et de visage elles se ressemblaient tant, qu'on ne pouvait presque les distinguer l'une de l'autre ; mais pour le cœur, quelle différence ! Denise était modeste et douce comme une chaste fleur des champs ; Diane était orgueilleuse et fière, autant que le pourrait être une fille noble née dans un palais. Diane rougissait, et de mon ancien état, et de ma condition présente ; Denise ne voyait en moi que son père et se souciait peu de ma fortune immense.

» Moi, je les aimais autant l'une que l'autre... Je les voulais voir heureuses toutes les deux, et pour cela j'aurais donné ma vie...

» Il y a deux ans, un gentilhomme, un grand seigneur, M. le marquis de Lormois, ruiné par les folies d'une jeunesse orageuse, entendit parler de ma richesse.

» Il vit Diane, et fut ébloui de sa beauté; songeant à redorer son vieux blason avec mon or bourgeois, il me demanda la main de ma fille, à qui, en échange de deux millions, il offrit un nom et un titre.

» Seulement, il mettait à ce mariage une condition terrible pour moi : il exigeait que Diane, à l'avenir, oubliât que j'étais son père, et que tout rapport entre elle et moi fût pour jamais interrompu. Il voulait envelopper ainsi dans un impénétrable mystère la naissance plébéienne de sa femme !

» Oh ! du plus profond de mon cœur, j'espérai que Diane refuserait ! j'espérai qu'elle n'achèterait point ce rang de grande dame, en reniant ainsi ceux qui l'avaient tant aimée !

» Je me trompais !

» Dans ce titre qu'elle rêvait, Diane crut voir le bonheur.

» Ce fut un coup cruel !

» Le mariage se célébra...

» Diane me dit froidement : Adieu. Et tout fut fini entre nous.

La voix de Guillaume faiblissait; il se reposa pendant quelques instants, puis il continua :

— Je voulais, mais en vain, m'accoutumer à ne plus penser à ma fille, à ne plus entendre prononcer son doux nom. Je souffrais trop !

« Alors je trouvai moyen de faire placer chez elle en qualité de femme de chambre, Mariette, cette bonne jeune fille que voilà, et qui, presque chaque jour, s'échappait de l'hôtel, et venait me raconter ce que faisait Diane...

« Je la savais heureuse, et j'étais presque heureux! »

. . . .

Guillaume dit ensuite à Hector tout ce que nos lecteurs savent déjà, mais que M. de Cout-Kérieux ignorait de la manière la plus complète!

Il lui raconta l'intrigue de la marquise et du comte Roland.

Il lui apprit comment chaque nuit, au château de Lormois, l'amant de Diane s'introduisait par la petite porte du parc, et comment un jour, Champagne, ivre à moitié, avait trahi avec Mariette les sinistres secrets de son maître en lui laissant comprendre que bientôt le comte Roland deviendrait, par un crime, le mari de la marquise.

Il lui dit enfin comment, ce même jour, Champagne avait porté à la marquise un billet de Roland ; comment Mariette, sachant par le valet une partie des projets du maître, était accourue le prévenir, lui, Guillaume Lepicard dès qu'elle avait vu Diane sortir pâle et tremblante ; comment il était arrivé à l'improviste chez le comte, l'avait menacé, lui avait enlevé Diane, et comment enfin Roland s'était vengé.

— Et maintenant, murmura le vieillard en terminant d'une voix éteinte, et maintenant que vous savez tout, veillez sur Diane, puisque vous l'avez aimée, voilà ce que j'avais à vous demander ; protégez-la, défendez-la contre cet homme, ou plutôt contre ce démon qui s'appelle le comte Roland, et qui la poursuivra sans cesse dans son honneur et dans son bonheur.

« Veillez aussi sur cette pauvre enfant, ajouta-t-il en montrant Denise ; elle va rester orpheline sur cette triste terre; elle est pure comme les anges, je la confie à votre loyauté ! »

Hector, cependant, regardait cette belle jeune fille si semblable de forme à la marquise Diane, et il sentait son cœur se fondre à chacun de ses regards; et il comprenait qu'il n'avait aimé la sœur aînée d'un si violent amour que parce qu'elle ressemblait tant à la plus jeune sœur, car enfin c'était Denise et non point Diane qu'il avait rencontrée deux fois avant d'être présenté à l'hôtel de Lormois.

Il la regarda longtemps, silencieux et charmé, et dit ensuite d'une voix tremblante :

— C'est à mon tour maintenant de vous adresser une demande. — Devant Dieu, qui nous entend, mon père, voulez-vous que Denise soit ma femme?

Un frisson de joie passa dans les veines de Guillaume.

— Que le ciel vous bénisse d'avoir eu cette pensée, mon fils ! s'écria-t-il.

Et de sa main mourante il joignit les deux mains d'Hector et de Denise.

Un dernier rayon de bonheur éclaira le front de l'agonisant, quand il vit penchés sur sa couche ces deux beaux jeunes gens qui pleuraient.

— Je meurs en paix... je meurs... heureux... murmura-t-il, priez... pour moi...

Puis sa tête retomba.

Ses yeux se fermèrent d'eux-mêmes.

Tout était fini pour lui, en ce monde.

Hector quitta la chambre mortuaire et descendit pour aller chercher un prêtre qui vint dire auprès du cadavre les prières des morts.

A peine avait-il fait quelques pas dans la rue, qu'un homme marcha droit à lui et lui barra le passage.

M. de Cout-Kérieux reconnut le comte Roland.

— Votre victime n'est plus, lui dit-il d'une voix grave. Est-ce que vous voudriez m'assassiner aussi ?

— Vous assassiner ? non ; mais vous tuer, car vous savez un secret de mort. Vous avez une épée ?

— Oui.

— Alors nous allons nous battre...

— Soit, ici, et à l'instant.

— Non, point ici, la rue n'est pas assez déserte ; allons jusqu'au quai, le survivant jettera le mort dans la Seine.

— Allons, répondit Hector, mais passez devant, car, si je ne crains pas votre épée, j'ai peur de votre poignard !

Roland ne tressaillit même pas à cette dernière insulte et marcha le premier.

Ils arrivèrent au bord de l'eau.

Le duel sans témoins commença.

Les adversaires étaient d'égale force, jeunes et vigoureux tous deux, calmes tous deux, et se haïssant mutuellement.

Seulement, du côté d'Hector, le mépris se mêlait à la haine.

Bientôt des gouttelettes de sang tachèrent les vêtements des deux adversaires et mouillèrent la pointe de leurs épées.

Ni l'un ni l'autre ne rompait d'une semelle.

Hector voulut en finir et se fendit sur son adversaire.

Son épée passa entre le bras et la poitrine de Roland, et l'arme de ce dernier lui traversa l'épaule.

Un éblouissement passa devant ses yeux, il tomba, mais sans lâcher son épée.

Roland le crut mort et se pencha sur lui.

Le bras d'Hector se raidit et releva son arme.

Roland tomba le cœur percé.

Au milieu des dernières convulsions de l'agonie, il

roula jusque dans le fleuve dont les flots emportèrent son cadavre.

ÉPILOGUE.

Huit jours après la mort de Guillaume Lepicard, Diane succomba aux terribles accès d'une fièvre cérébrale qui ne lui permit point de reprendre un seul instant connaissance.

Le marquis de Lormois, veuf et sans enfants, fut donc forcé, à son grand regret, de restituer à Denise les deux millions de la dot de sa femme.

Il s'en consola cependant en épousant la fille d'un fermier général, qui, quoique laide, le rendit heureux, etc... (*Voyez* Molière.)

Le valet Champagne eut maille à partir avec la justice et fut pendu haut et court.

———

Deux ans après la catastrophe terrible qui termine ce livre, une belle jeune femme en robe blanche promenait dans les allées ombreuses du parc de Cout-Kérieux un délicieux petit enfant, rose et blond comme un chérubin.

C'était Denise, devenue marquise de Cout-Kérieux.

A quelques pas en arrière marchait Hector, soutenant les pas incertains du bon vieux Chrysostome Peritus, qui se proposait d'apprendre au fils de son premier élève le latin, le grec, l'histoire, la philosophie et les sciences exactes.

Durant une série de longues années, Hector et sa charmante femme goûtèrent, loin de Paris, le plus solide et le plus durable de tous les bonheurs.

Ils s'aimèrent jusqu'à leur dernier jour, et ils eurent beaucoup d'enfants.

Ce qui vous prouve, ami lecteur, que tout est pour le mieux dans le meilleur des mondes possibles.

Puissiez-vous être de notre avis, en lisant cette dernière page !

FIN.

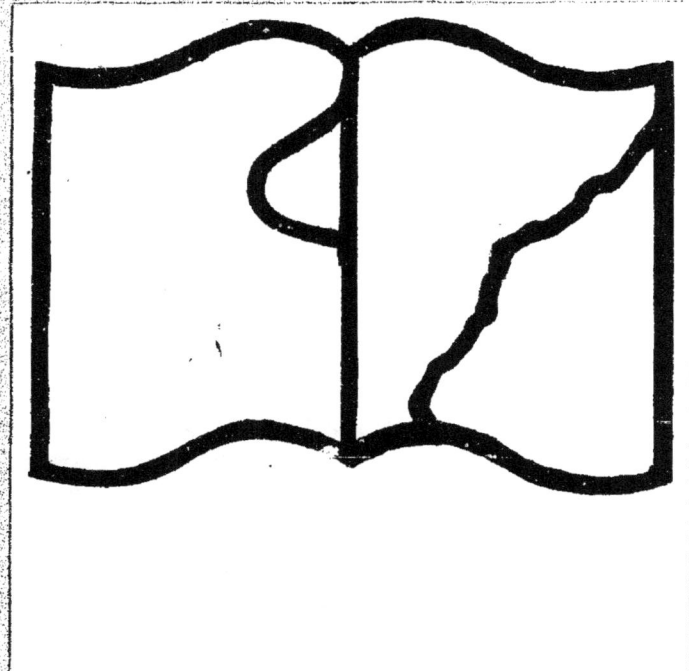

Texte détérioré — reliure défectueuse
NF Z 43-120-11

TABLE

PROLOGUE. — Près du Pont-Neuf......

PREMIÈRE PARTIE.
UN FILS DE FAMILLE.

CHAP.	I.	Hector...................................	1
—	II.	L'hôtellerie.............................	
—	III.	Le masque noir..........................	47
—	IV.	L'abîme..................................	61

DEUXIÈME PARTIE.
GUILLAUME LEPICARD.

—	V.	Le cabaret du Chariot d'Or.............	83
—	VI.	L'orange merveilleuse...................	96
—	VII.	Une rencontre...........................	108
—	VIII.	Monsieur de Cardillac...................	122
—	IX.	L'Opéra..................................	135
—	X.	Toilette de marquise....................	148
—	XI.	La fête..................................	159
—	XII.	Guillaume Lepicard......................	171

TROISIÈME PARTIE.
LES DEUX FRÈRES.

—	XIII.	Le comte Roland de Villarcy.............	189
—	XIV.	L'histoire d'une nuit...................	200
—	XV.	Les deux frères.........................	225
—	XVI.	Aventures de voyage.....................	238
—	XVII.	Richard.................................	265
—	XVIII.	Le nœud d'une intrigue..................	273
—	XIX.	Une mort et un mystère..................	294

QUATRIÈME PARTIE
LES PIÉGES.

—	XX.	Le château de Lormois...................	309
—	XXI.	Le rond-point...........................	322
—	XXII.	Le comte Roland.........................	336
—	XXIII.	Guillaume Lepicard......................	343
—	XXIV.	Le mot de l'énigme......................	350
		Épilogue................................	358

FIN DE LA TABLE.

F. Aureau. — Imp. de Lagny.

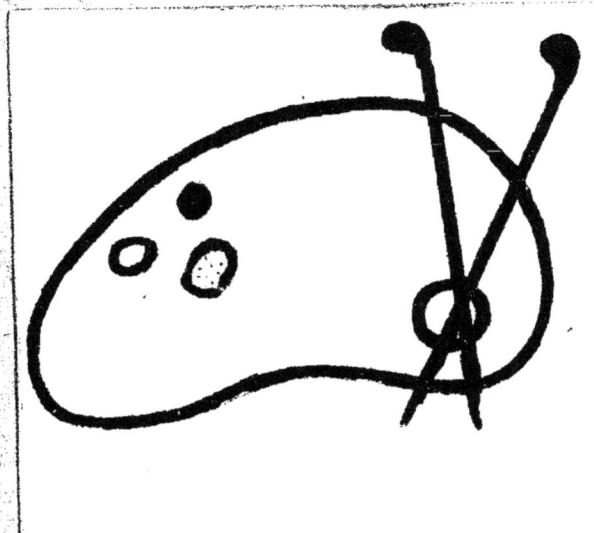

Original en couleur
NF Z 43-120-8

www.ingramcontent.com/pod-product-compliance
Lightning Source LLC
Chambersburg PA
CBHW070844170426
43202CB00012B/1941